12,80,3

VLM

Ernst Modersohn

Und Gott war mit Joseph

Warum war Josephs Leben so gesegnet?

JOHANNIS LAHR
EDITION VLM
Verlag der Liebenzeller Mission

ISBN 3-88002-418-9

TELOS-Bücher
TELOS-Taschenbuch Nr. 70 600
2. Auflage als Taschenbuch 1992 (6. Gesamtauflage)

Umschlaggestaltung: Grafisches Atelier Arnold, Dettingen/Erms
Herstellung: St.-Johannis-Druckerei, 7630 Lahr

Inhalt

Vorwort zur 4. Auflage

Das bewegte Leben Josefs zieht hier an unserem Auge vorüber. Von den Herden des Vaters ging es über Sklaverei und Gefangenschaft zu Macht und Ansehen am Hof des Herrschers Ägyptens. Immer wieder erkennen wir in seinem Leben Hinweise auf Christus. Auch Jesus war ausgezogen, um seine Brüder zu suchen und wurde ebenso von ihnen verraten und verkauft. Bei beiden ging es durch Schmach und Schande zur Herrlichkeit.

Die besondere Eigenart dieses Buches ist es, daß hier nicht nur über einen Mann des Alten Bundes berichtet wird, sondern daß dieser Mann in unsere Zeit hineingestellt wird und wir persönlich angesprochen werden.

Obgleich Josef so schwere Wege gehen mußte, war und blieb er ein Mann vor Gott, so konnte Gott ihn zu einem Menschen des Segens machen.

Möchte dieses Lebensbild vielen Lesern helfen, daß sie die Leiden und Nöte des Lebens als Hoch- oder besser Tiefschule Gottes erkennen, auf der er sie ausbilden und erziehen will für die großen Aufgaben, die er für die Seinen hat.

Im Frühjahr 1953 — Alfred Modersohn

Eine gute Losung

Josef war siebzehn Jahre alt und war ein Hirte bei den Schafen mit seinen Brüdern (1. Mose 37, 2).

Wie hat mich in meiner Jugend die Geschichte Josefs bewegt! Ich habe an seinen wechselvollen Schicksalen lebhaften Anteil gehabt! Es war doch ein so schwerer Lebensweg, den er zu gehen hatte. Aus dem Schutz des väterlichen Zeltes so plötzlich in die Sklaverei Ägyptens hinein zu müssen – und dann gar noch ins Gefängnis, wie rührte und bewegte mich das! Und wie gewann Josef meine Achtung, ja, geradezu Bewunderung durch die heldenhafte Art, wie er all dies Schwere ertrug!

Es war und ist aber nicht nur das Mitleid mit seinen Lebensführungen, das uns das Bild Josefs so anziehend macht; eine besondere Bedeutung gewinnt das Leben Josefs für uns dadurch, daß er auf allen Stationen seines Weges ein Vorbild für Jesus Christus ist.

Der Heilige Geist hat den Weg Jesu in wunderbarer Weise im Leben Josefs vorgebildet, von der Sendung an, wo Jakob zu seinem Sohn spricht: »Komm, ich will dich zu deinen Brüdern senden«, und wo Josef in willigem Gehorsam antwortet: »Hier bin ich!«, bis zum Thron Ägyptens, auf den dann Josef als der Erste nach dem König kam. Das Leben Josefs dient uns als Vorbild für den ganzen Weg Jesu vom Vaterherzen weg durch die Erniedrigung und Schmach hindurch, bis zum Thron Gottes hinauf.

Darin liegt die ewige Bedeutung, die das Leben Josefs hat. Gewiß werden auch wir Gewinn und Segen davon haben können, wenn wir uns in dieses Lebensbild versenken. –

Eine glückliche Kindheit war es, die Josef im Zelt seines Vaters Jakob erlebte. Zwar hatte er schon früh seine Mutter Rahel verloren, aber Jakob tat, was er konnte, um den Sohn diesen Verlust nicht so schwer empfinden zu lassen. Er schloß den Mutterlosen wie auch seinen Bruder Benjamin ganz besonders ins Herz.

Wie lauschte er, wenn der Vater die wunderbaren Geschichten aus vergangenen Tagen erzählte! Wie hing er am Mund des Vaters, wenn dieser von dem schönen Garten des Paradieses sprach, in dem die ersten Menschen einst in Kinderunschuld mit Gott Gemeinschaft gehabt hatten. Und wie bewegte es sein Herz, wenn der Vater erzählte, wie die Menschen diesen Paradiesfrieden durch eigene Schuld verloren hatten, wie die Sünde die Ursache war, daß Gott diesem wunderbaren Zustand ein Ende machte und Adam und Eva aus dem Garten vertrieb.

Da bekam Josef den ersten Eindruck von der Heiligkeit Gottes und von der Furchtbarkeit der Sünde.

Und weiter erzählte Jakob von der großen Flut, die über die ganze Erde gekommen war, die sogar die höchsten Gipfel der Berge überstiegen und alles Leben auf der Erde vernichtet hatte. Und was war der Grund von diesem entsetzlichen Strafgericht? Wieder die Sünde! Die Menschen wollten sich von Gottes Geist nicht mehr strafen lassen. Sie lehnten sich in frecher Empörung gegen Gott auf – da brach das Gericht über die Welt herein.

Wieder prägte sich in das Gemüt des Jungen die Heiligkeit Gottes und die Furchtbarkeit der Sünde ein. Jakob war ein Nomade, der mit seinen großen Herden bald dahin, bald dorthin zog, wo sich ihm günstige Weideplätze boten. Gewiß kam er so auch einmal in die Nähe des Toten Meeres. Da erzählte er seinem Sohn, hier hätten einmal blühende Städte gestanden, hier sei einmal noch in den Tagen seines Großvaters Abraham eine fruchtbare Gegend gewesen. Und als Josef nach der Ursache dieser Veränderung fragte, da hörte er wieder denselben Grund: die Sünde.

Da stand im Herzen Josefs der Entschluß fest: Wenn die Sünde etwas so Furchtbares ist, wenn die Sünde den heiligen Gott so betrübt und erzürnt, dann will ich nicht sündigen, auch wenn es das Leben kostet.

Wir sollten noch viel mehr als Josef wissen, wie furchtbar die Sünde ist. Sie hat den Vater im Himmel seinen Sohn gekostet. Sie hat den Sohn Gottes Blut und Leben gekostet. Am Kreuz von Golgatha können wir innewerden, wie der heilige Gott über die Sünde denkt, daß die Sünde ein Greuel vor ihm ist. Wenn wir daran denken, daß die Sünde der Menschen den Heiland der Welt ans Holz des Fluches getrieben hat, dann sollten wir doch auch der Sünde den Krieg erklären und genau so wie Josef die Sünde konsequent meiden.

Josef und seine Brüder

Josef war siebzehn Jahre alt und war ein Hirte bei den Schafen mit seinen Brüdern; er war Gehilfe bei den Söhnen Bilhas und Silpas, der Frauen seines Vaters, und brachte es vor ihren Vater, wenn etwas Schlechtes über sie geredet wurde. Israel aber hatte Josef lieber als alle seine Söhne, weil er der Sohn seines Alters war, und machte ihm einen bunten Rock. Als nun seine Brüder sahen, daß ihn ihr Vater lieber hatte als alle seine Brüder, wurden sie ihm feind und konnten ihm kein freundliches Wort sagen (1. Mose 37, 2-4).

Wenn Josef nach der Losung handelte: die Sünde meiden, selbst wenn es das Leben kostet, so könnte man auf den ersten Blick denken, dann müßte er die Liebe aller besessen haben, die ihn kannten. Er tat doch keinem etwas zuleide. Er hütete sich ängstlich vor jedem bösen und unfreundlichen Wort.

Aber nein, das Gegenteil war der Fall. Das Gegenteil ist immer der Fall, wenn jemand sein Leben in der Furcht Gottes führt; wenn jemand sich vor der Sünde in all seinem Tun und Lassen hütet und fürchtet, so wird er von seiner Umgebung bald als ein störendes Element angesehen werden. Bereits seine Gegenwart ist ihnen unangenehm. Sein Leben straft das ihre. Würde er mitmachen mit ihnen, dann würden sie ihn als einen angenehmen Gesellschafter lieben und loben. Aber wenn einer sich ausschließt und nicht mitmacht, was die andern tun und treiben, wenn einer den Plänen der andern gegenüber zu sagen wagt: »Aber das ist doch nicht recht!«, dann ist er ihnen ein Dorn im Auge, ein unangenehmer Mensch, den man nicht leiden kann, ein unausstehlicher Moralprediger.

So war es auch bei Josef. Er machte nicht mit, wenn seine älteren Brüder dies und das verübten, was nicht recht war. Er sagte ihnen auch seine Meinung darüber. Aber anstatt daß sie sich etwas hätten sagen lassen, wurden sie ihm feind und ärgerten sich über den Spielverderber.

Was war es denn, was die Pharisäer und Priester in Israel so gegen Jesus aufbrachte? Es war sein heiliger, unantastbarer Wandel. Sie empfanden ihn wie einen Fremdkörper, der beseitigt werden müsse. Sein reines Leben verdammte sie. Die Gesinnung seiner Liebe verurteilte ihre Habgier und ihre Selbstsucht. Darum beschlossen sie, ihn aus dem Wege zu räumen.

So geht es noch heute. Wer bewußt als Christ lebt, wer in Treue und Gewissenhaftigkeit dem Wort Gottes gemäß handelt, der macht sich bei seiner Umgebung unbeliebt. Halbe Christen läßt sich die Welt ganz gerne gefallen. Davor fürchtet sie sich nicht. Man muß nur nicht »zu extrem« werden. Man muß »nur nichts übertreiben«. Wer aber wirklich den Weisungen der Bibel gemäß lebt, der »ist zu schroff«, »mit dem ist nichts anzufangen«.

Darf ich dich fragen: Wie steht es mit dir? Was denkt deine Umgebung über dich? Gibt sie dir das Zeugnis, daß mit dir ganz gut auszukommen sei, daß du nicht so extrem seist, wie der und wie jene? Nein, das wäre kein gutes Zeichen für deinen Wandel! Denn Jesus hat gesagt: »Wehe euch, so euch jedermann wohl redet. Hat die Welt mich gehaßt, so wird sie euch auch hassen. Der Jünger ist nicht über seinen Meister.« Und Jakobus fügt hinzu: »Der Welt Freundschaft ist Feindschaft bei Gott. Wer der Welt Freund sein will, der wird Gottes Feind sein.«

Nein, die Welt muß den Eindruck haben, daß wir »so anders« sind. Hat sie das in deinem Wesen gemerkt?

Ich rate dir, daß du nur nicht aus falscher Menschengefälligkeit nachgiebig bist gegen deine Umgebung! Nein, der Weg der Kompromisse ist immer ein Weg der Untreue. Geh nur deinen Weg, laß dich durch keine falsche Rücksicht davon abbringen, Christus in Treue nachzufolgen.

Es war wohl eine Folge seiner entschiedenen Stellungnahme gegen die Sünde, daß Josef dann und wann es dem Vater mitteilte, wenn seine Brüder irgend etwas getan hatten, was nicht recht war. Er tat es wohl aus dem Grunde, weil durch das Leben und Treiben seiner Söhne auch Schimpf und Schande auf den Vater Jakob und die Sache Gottes gebracht wurde, dem er diente. Gewiß hatte er gute Absichten dabei, wenn er seinem Vater solche Taten seiner Brüder meldete. Er tat es gewiß nicht, um seine Brüder schlecht zu machen, um sich hochmütig über sie zu erheben, sondern um den Vater und um die Sache Gottes vor Schaden und Schande zu bewahren. Aber natürlich erregte das die Feindschaft seiner Brüder erst recht. Nun waren sie ganz mit ihm fertig. Nun stießen sie ihn ganz aus ihrem Kreis aus. Keiner sprach mehr ein freundliches Wort mit ihm.

Vermehrt und verstärkt wurde ihre Feindschaft noch dadurch, daß ihr Vater ganz offenbar Josef all seinen Brüdern vorzog. Es war ja zu verstehen. Er war der Sohn seiner geliebten Rahel, ihm noch im Alter geboren. Er war im Gegensatz zu seinen Brüdern so offen und empfänglich für Gottes Gebote. Da zog ihn Jakob besonders an sich heran. Und doch war es falsch, daß er ihn so offenbar seinen Brüdern vorzog.

Es ist nie gut, wenn Eltern bei ihren Kindern Unterschiede in der Liebe machen, wenn sie ein Kind lieber haben als das andere. Wie verstimmt das die Zurückgesetzten! Wie mißmutig und mißgünstig sagen sie dann: »Natürlich, der kann sich alles erlauben! Das hätte ich mal tun sollen!« Wie unrecht, wenn die Eltern das eine oder das andere Kind besonders bevorzugen! Gewöhnlich ist viel Kummer und Herzeleid die Folge davon.

Wieviel Unheil ist doch daraus hervorgegangen, daß Isaak den Esau vorzog und Rebekka den Jakob! Wieviel Schweres war die Folge davon! Da wird das Familienleben und die Familienliebe untergraben, wo Vater und Mutter unter den Kindern ihre besonderen Lieblinge haben. Da wird Neid und Mißgunst, Haß und Feindschaft großgezogen auf der einen Seite und hochmütige Überheblichkeit auf der anderen.

Obwohl Jakob es in seiner eigenen Jugend erlebt hatte, wieviel Kummer solche Vorliebe der Eltern nach sich zieht, ist er doch in denselben Fehler verfallen wie sein Vater Isaak. Er zeichnete Josef besonders aus vor seinen Brüdern. Er machte ihm einen bunten Rock. Das war ein lang herabwallendes Gewand, am Saum mit einem schmalen, bunten Streifen geziert. Solch ein langes, faltiges Gewand konnte nur einer tragen, der nicht durch seine Arbeit sein Brot verdienen mußte. Wer arbeiten mußte, der trug kurze Kleider, welche die Bewegungen bei der Arbeit nicht behinderten. So war der bunte Rock, den Jakob seinem Sohne machte, ein Zeichen: Du brauchst nicht zu arbeiten. Das hast du nicht nötig!

Wenn schon die Vorliebe des Vaters gegen Josef die andern

Söhne verdroß, der bunte Rock erbitterte sie nun noch mehr. Aus dem Neid wurde in ihrem Herzen bitterster Haß, der sogar daran dachte, den Bruder aus dem Wege zu räumen.

Laßt uns stille werden, um uns zu prüfen, ob wir genau wie Jakob mit zweierlei Maß unsere Nächsten lieben?

Träume

Dazu hatte Josef einmal einen Traum und sagte seinen Brüdern davon; da wurden sie ihm noch mehr feind. Denn er sprach zu ihnen: Höret doch, was mir geträumt hat. Siehe, wir banden Garben auf dem Felde, und meine Garbe richtete sich auf und stand, aber eure Garben stellten sich ringsumher und neigten sich vor meiner Garbe. Da sprachen seine Brüder zu ihm: Willst du unser König werden und über uns herrschen? Und sie wurden ihm noch mehr feind um seines Traumes und seiner Worte willen. Und er hatte noch einen Traum, den erzählte er seinen Brüdern und sprach: Ich habe noch einen andern Traum gehabt; siehe, die Sonne und der Mond und elf Sterne neigten sich vor mir. Und als er das seinem Vater und seinen Brüdern erzählte, schalt ihn sein Vater und sprach zu ihm: Was ist das für ein Traum, den du geträumt hast? Soll ich und deine Mutter und deine Brüder kommen und vor dir niederfallen? Und seine Brüder wurden neidisch auf ihn. Aber sein Vater behielt diese Worte (1. Mose 37, 5-11).

Als Jakob seine Zelte in der Nähe von Bethel aufgeschlagen hatte, erzählte er seinem Sohn Josef, was dieser Ort für eine besondere Rolle in seinem Leben gespielt hat. Er erzählte ihm, wie er eines Tages vor seinem Bruder Esau hatte fliehen müssen. Als ein einsamer Flüchtling hatte er dagelegen unter dem gestirnten Himmel, einen Stein als Kissen unter dem Haupt. Wie er so mit betenden Gedanken eingeschlafen sei, da habe er einen wunderbaren Traum gehabt. Sonst vergißt man Träume so leicht. Aber dieser Traum hatte sich ihm unvergeßlich eingeprägt. Er sah eine Leiter auf der Erde stehen, die mit ihrer Spitze bis an den Himmel reichte, und die Engel Gottes stiegen daran auf und nieder. Und oben darauf stand der Herr, der mit freundlichem Verheißungswort zu dem armen Flüchtling redete.

Das mag einen tiefen Eindruck auf Josef gemacht haben. Mit heiliger Scheu sah er den Ort an, wo damals sein Vater gelegen und diesen Traum gehabt hatte. Und gewiß ging durch seine Seele der Gedanke: Ach, wenn ich doch auch einmal so einen Traum hätte!

Ob er nicht in der nächsten Nacht sich da draußen sein Lager machte unter dem nächtlichen Himmel? Ich glaube es fast. Und ich glaube, daß er mit dem Gebet eingeschlafen ist, Gott möge sich ihm doch auch so im Traum nahen, wie damals seinem Vater.

Und – Gott tat es. Und Josef hatte einen merkwürdigen Traum in der Nacht. Er band Garben auf dem Feld mit seinen Brüdern zusammen. Da richtete sich seine Garbe auf und stand, und die Garben der Brüder neigten sich vor seiner Garbe.

Er hätte wohl lieber auch so ein Verheißungswort im Traum gehört wie einst Jakob. Aber Gott hatte ihm auch ohne ein Wort durch dieses Bild gezeigt, wie es in der Zukunft gehen würde.

Kam nicht später die Zeit, wo Josef in königlicher Hoheit dastand und seine Brüder in knechtischer Unterwürfigkeit sich vor ihm neigten?

Und noch einen andern Traum hatte er. Er sah, wie sich Sonne, Mond und elf Sterne vor ihm neigten. Auch das war ein Hinweis auf die Zukunft, auf die Zeit, wo er der Herr von Ägyptenland sein würde, der Retter der Welt.

»Träume sind Schäume«, sagen die Leute. Und gewiß ist das in vielen Fällen wahr. Manche Träume sind wohl nur ein Nachklang der Gedanken, mit denen wir uns am Tage beschäftigt haben. Aber manche Träume sind mehr als das. Gott hat auch durch Träume mit den Menschen geredet. Im Buch Hiob heißt es: »Denn in einer Weise redet Gott und wieder in einer andern, nur achtet man's nicht. Im Traum, im Nachtgesicht, wenn der Schlaf auf die Leute fällt, wenn sie schlafen auf dem Bett, da öffnet er das Ohr der Leute und schreckt sie und züchtigt sie, daß er den Menschen von seinem Vornehmen wende und behüte ihn vor Hoffart und verschone seine Seele vor dem Verderben und sein Leben, daß es nicht ins Schwert falle« (Hiob 33, 14-18).

Wie viele solcher Offenbarungsträume, von Gott eingegeben, finden wir in der Bibel aufgezeichnet! Was haben Träume im Leben Josefs für eine Bedeutung gehabt! Erst mußte er dem Obermundschenk und dem Oberbäcker ihre Träume deuten und danach dem König Pharao selbst. Und diese Träume und ihre gottgegebene Deutung waren die Ursache seiner Erhöhung auf den Thron Ägyptens.

Wie bedeutsam ist der Traum Nebukadnezars, in dem er das gewaltige Bild sah, aus den verschiedenen Mineralien zusammengesetzt. Da entrollte Gott ihm das ganze Programm der Weltgeschichte.

Ein Traum war es, in dem Gott den Weisen aus dem Morgenland den Befehl gab, nicht wieder zu Herodes zurückzukehren, sondern auf einem andern Weg in ihr Land zu ziehen.

Ein Traum war es, durch den Josef, der Zimmermann, den Auftrag bekam, mit Maria und dem Jesuskind nach Ägypten zu fliehen, um das Kind vor den Nachstellungen des Herodes in Sicherheit zu bringen.

Ein Traum war es, welcher der Gemahlin des Landpflegers Pontius Pilatus offenbarte, was für ein furchtbares Unrecht ihr Mann zu tun im Begriff stand.

Ein Nachtgesicht war es, in welchem dem Apostel Paulus in Troas der Mann aus Mazedonien erschien mit der Bitte: »Komm herüber und hilf uns!«

So sehen wir, wie oft sich Gott der Träume bedient hat, um bestimmte Aufträge zu geben, um seinen Willen zu offenbaren, um Aufschlüsse über zukünftige Dinge zu geben.

Darum soll man Träume nicht unterschätzen!

Freilich gilt es, dabei auf der Hut zu sein, daß man nicht etwas für einen Offenbarungstraum hält, was gar keiner ist.

Möchten wir alle solche Leute werden, mit denen Gott reden kann durch sein Wort und seinen Geist oder auch durch einen Traum, wie es ihm beliebt. Und möchten wir solche Leute werden, die entschlossen sind, unter allen Umständen seinen Willen zu tun, damit auch durch den Schlaf der Nacht die Gemeinschaft mit ihm nicht unterbrochen und gestört werde.

Des Vaters Auftrag

> *Als nun seine Brüder hingegangen waren, um das Vieh ihres Vaters in Sichem zu weiden, sprach Israel zu Josef: Hüten nicht deine Brüder das Vieh in Sichem? Komm, ich will dich zu ihnen senden. Er aber sprach: Hier bin ich. Und er sprach: Geh hin und siehe, ob's gut steht um deine Brüder und um das Vieh, und sage mir dann, wie sich's verhält. Und er sandte ihn aus dem Tal von Hebron, und er kam nach Sichem* (1. Mose 37, 12-14).

Wenn Jakob gewußt hätte, daß er seinen Sohn jahrelang nicht wiedersehen sollte, dann hätte er diesen Auftrag gewiß nicht gegeben. Das hatte er nicht geahnt, als der Sohn ihm aus der Ferne den letzten Gruß zuwinkte, daß es für viele Jahre das letztemal sein würde, daß er seinen Liebling sah.

Das wußte Jakob nicht, und darum gab er Josef diesen Auftrag: »Komm, ich will dich zu ihnen senden!« Und dieser erklärte sich sofort bereit: »Hier bin ich.«

Es war wohl kein leichter Auftrag für Josef. Er wußte ja, wie feindlich die Brüder gegen ihn gesinnt waren. Wenn er nun fern vom Zelt des Vaters mit ihnen zusammentreffen würde, was würde es da wieder für Szenen geben mit unfreundlichen und feindseligen Reden.

Aber wenn ihm das auch vielleicht durch den Sinn ging – er sagte jedenfalls kein Wort davon. Und als der Vater ihm den Auftrag gab und ihm sagte: »Komm, ich will dich zu ihnen senden«, da ist er sofort bereit, des Vaters Auftrag auszuführen.

Und wir?

Wie oft, wenn Gott uns irgendeinen Auftrag gab, haben wir ihn auf die Waage gelegt und gewogen, ob er leicht oder schwer sei. Kommt es denn darauf an, was uns leicht oder schwer erscheint? Es handelt sich doch nur darum, daß wir die Aufträge Gottes ausführen, ganz einerlei, ob sie leicht oder schwer sind.

Wie oft werde ich auf meinen Reisen gefragt: »Ist es Ihnen denn nicht schwer, so viel von zu Hause fort zu sein, von Ihrer

Familie getrennt?« Nun, natürlich würde ich auch gern bei Frau und Kindern daheim sein; ich habe ein glückliches und von Gott reich gesegnetes Familienleben, an dem ich mich von Herzen freue. Aber es handelt sich doch für ein Kind Gottes und für einen im Dienst Gottes Stehenden gar nicht darum, was uns leicht und was uns schwer ist, sondern daß wir einfach gehorchen. Ich bin gewiß, daß der Herr mich zu dieser Reisetätigkeit berufen hat. Und da gehe ich einfach, wenn die Stunde geschlagen hat, auf die Reise und befehle meine Lieben dem Schutz Gottes an.

Fragst du auch noch nach leicht und schwer? Legst du auch noch die Aufträge Gottes auf die Waage?

Dann denk einmal an Jesus! Was war das für ein Auftrag, den er von seinem Vater bekam! Der hieß:

»Geh hin, mein Kind, und nimm dich an
der Kinder, die ich ausgetan
zu Straf und Zornesruten.
Die Straf ist schwer, der Zorn ist groß,
du kannst und sollst sie machen los
durch Sterben und durch Bluten.«

Hat Jesus gesagt: »Aber Vater, das ist mir zu schwer!«? Nein! Sondern er hat gesagt:

»Ja, Vater, ja von Herzensgrund,
leg auf, ich will dir's tragen;
mein Wollen hängt an deinem Mund,
mein Wirken ist dein Sagen!«

Er wußte wohl, was der Auftrag des Vaters in sich schloß. Er wußte wohl, daß das Kreuz am Ende seines Weges stehen würde. – Und doch hat er sich keinen Augenblick besonnen. Dennoch war er sofort bereit. Ja, das Psalmwort paßt für ihn: »Deinen Willen, mein Gott, tue ich gern.« Sagt er doch selber: »Das ist meine Speise, daß ich tue den Willen des, der mich gesandt hat.«

Und wir?

Müssen wir uns nicht schämen, daß wir es uns oft so lange überlegt haben, bis wir uns entschlossen, den Willen Gottes zu tun? Wie oft waren da erst innere Widerstände zu überwinden in unserem Herzen, bis wir uns endlich bereit erklärten! Und ist nicht vielleicht – ich frage dich ganz leise – ist nicht vielleicht mancher Auftrag gar nicht ausgeführt worden, weil er dir zu schwer vorkam?

In einem Diakonissenhaus fand ich einmal an der Wand drei Worte. Die haben mir gut gefallen. Jetzt hängen sie auch bei mir an der Wand. Sie heißen: »Ganz! Gern! Gleich!« Ja, so sollen die Aufträge des Vaters ausgeführt werden! Sie sollen zuerst ganz ausgeführt werden, nicht nur teilweise. Ganz! Und sie sollen gern ausgeführt werden. Ist es denn nicht eine Ehre für uns, wenn Gott uns einen Auftrag gibt? Da wollen wir es doch gern tun, was er uns aufträgt. Er verlangt doch nichts Ungebührliches von uns. Und er legt uns auch nicht mehr auf, als wir tragen können. – Und endlich sollen die Aufträge Gottes gleich ausgeführt werden, sofort! Nicht gelegentlich einmal, wenn es uns paßt, sondern mit ganzer Pünktlichkeit.

Wenn du deinem himmlischen Vater Freude machen willst, dann mach diese drei Worte zu deinem Grundsatz! Wenn du willst, daß dein Leben ein gesegnetes werde, dann handle nach diesen drei Worten: Ganz, gern, gleich! Du wirst es nicht bereuen, das ist gewiß.

Das Geheimnis eines gesegneten Lebens liegt in unserem pünktlichen, bereitwilligen, völligen Gehorsam.

Ich wünschte, daß wir Christen ernsthaft danach trachten, unserem Vater Freude zu machen! Willst du es tun? Ja? Dann schreib fortan diese Worte über dein Leben: Ganz! Gern! Gleich!

»Ich suche meine Brüder«

Da fand ihn ein Mann, wie er umherirrte auf dem Felde; der fragte ihn und sprach: Wen suchst du? Er antwortete: Ich suche meine Brüder; sage mir doch, wo sie hüten. Der Mann sprach: Sie sind von dannen gezogen; denn ich hörte, daß sie sagten: Laßt uns nach Dotan gehen. Da zog Josef seinen Brüdern nach und fand sie in Dotan (1. Mose 37, 15-17).

Als Josef nach Sichem kam, waren seine Brüder nicht mehr da. Was hätte er jetzt überlegen können? Nicht wahr, er hätte jetzt denken können: Ich habe meinen Auftrag ausgeführt! Mein Vater hat mich nach Sichem geschickt. Nun ist der Auftrag erledigt. Nun kann ich ruhig wieder umkehren.

Ob du es nicht vielleicht auch schon so gemacht hast, wenn es sich um einen unangenehmen Auftrag handelte?

Du bekamst etwa einen Auftrag, einen bestimmten Besuch zu machen. Du solltest etwa einen Gruß bestellen. Es lag deinem Auftraggeber viel daran, daß du mit dem Betreffenden einmal reden möchtest über seine Probleme und über einen Ausweg daraus. Da sollte dir sein Gruß den Weg bahnen und die Tür aufschließen, bei Gott Hilfe zu suchen. Aus irgendeinem Grunde war dir der Auftrag nicht angenehm. Endlich gingst du hin. Aber – der Gesuchte war nicht zu Hause. Erleichterten Herzens kehrtest du um. Noch einmal hinzugehen, nein, das fiel dir nicht ein. Du warst froh, den Gang gemacht zu haben.

Ging es nicht schon so in deinem Leben? Ich habe das schon erlebt.

Hat es Josef auch so gemacht? Nein! Er wußte: Wenn der Vater auch gesagt hat, ich solle nach Sichem gehen, so kam es ihm doch darauf an, daß ich meine Brüder treffen sollte. Darum ist mein Auftrag in Sichem noch nicht erledigt. Ich muß weiter gehen und meine Brüder suchen.

Wenn er auch weiß, daß sie ihm keinen freundlichen Empfang bereiten werden, er folgt ihnen nach Dotan, wohin sie gezogen sind »Ich suche meine Brüder«.

Bedenke, so ist auch Jesus vom Vater ausgesandt worden, um seine Brüder zu suchen. Er wußte wohl, daß sie ihm keinen freundlichen Empfang bereiten würden. Und doch ging er aus, sie zu suchen auf den Irrwegen der Sünde. Und wie lange sucht der gute Hirte ein verlorenes Schaf? Bis daß er's findet!

Ja, was hat sich der Heiland für Mühe gegeben, seine Brüder zu suchen! Wie treulich ist er ihnen nachgegangen! Da sitzt er am Ölberg und schaut die Stadt Jerusalem an, die so lieblich im Sonnenschein daliegt, und die Augen werden ihm naß. »Jerusalem, Jerusalem, wie oft habe ich deine Kinder versammeln wollen, wie eine Henne sammelt ihre Küchlein unter ihre Flügel – und ihr habt nicht gewollt!«

Jesu ganzes Lebenswerk war – ein Suchen seiner Brüder. Darum zog er landein und landaus, darum ging er nach Jericho und nach Kapernaum und nach Sichem, um seine Brüder zu suchen.

Und wie es seine Lebensaufgabe gewesen war, so blieb es auch sein Werk im Sterben. Auch am Kreuz suchte er seine Brüder. Als er das erste Wort am Kreuz sprach: »Vater, vergib ihnen, denn sie wissen nicht, was sie tun«, da suchte er seine Brüder. Als er sich dem Schächer am andern Kreuz zuwandte und ihm sagte: »Heute noch wirst du mit mir im Paradiese sein«, da suchte er seine Brüder.

Und bis heute hat er seine Anhänger ausgesandt, um die Brüder zu suchen. »Wie mich mein Vater gesandt hat, also sende ich euch.« »Ihr sollt meine Zeugen sein zu Jerusalem und in ganz Judäa und Samarien und bis an das Ende der Erde.«

Wir sind beauftragt, unsre Brüder zu suchen. Weißt du das, daß auch du diesen Auftrag hast? Bist du ein überzeugter Christ, dann hast du auch den Auftrag, deine Brüder zu suchen. Dann darfst du nicht dir selbst leben und deiner eigenen Behaglichkeit. Dann darfst du deinen Glauben nicht in deinen vier Wänden verschließen, dann bist du verpflichtet, deine Brüder zu suchen. Ich hörte von einem Mann, dem Gott auch diesen Auftrag gegeben hatte, seine Brüder zu suchen. Während er im Krieg als Soldat in eine Stadt kam, ging er auf die Suche nach seinen Brüdern, bis es ihm gelungen war, einen Kreis von Gleichgesinnten zu bilden, der sich dann jede Woche um das Wort Gottes sammelte und dadurch gestärkt und erquickt wurde. Und als er dann in Gefangenschaft kam, stand dieses Wort ihm auch wieder vor der Seele: Ich suche meine Brüder. Wie dankbar war er, als er, die bekannten Glaubenslieder pfeifend, durchs Lager ging und einige Brüder fand. Und in dieser Bruderschaft standen sie dann als Gefangene all die Monate zusammen und stärkten sich am Wort Gottes. Auch bei Paulus lesen wir, wie er auf all seinen Missionsreisen sich immer wieder freute, wenn er Brüder fand.

Bist du deinem Auftrag schon nachgekommen?

Warum nicht? Du hast dich gefürchtet. Du hast gedacht: Dann werde ich ausgelacht, dann werde ich verspottet. Gewiß! Aber Josef wurde in die Sklaverei verkauft. Und Jesus wurde ans Kreuz geschlagen! Und sie gingen doch, um die Brüder zu suchen.

Jeder, der die Errettung seiner Seele erfahren hat, ist beauftragt, die Brüder zu suchen. Wir können und dürfen uns diesem Auftrag nicht entziehen. Du sollst die Brüder suchen, die in deinem Hause sind. Hast du nicht noch Hausgenossen, sind da nicht noch Familienglieder, die noch ohne Glauben sind? Hast du nicht noch Arbeitskollegen und Nachbarn, die noch in der Irre gehen? Auch die sollst du suchen!

»Aber sie werden mich auslachen!«

Und wenn auch! Ist denn das so schlimm? Und wenn es dir in deinem ganzen Leben gelingen wollte, nur eine einzige Seele zu finden, was für ein Gewinn wäre das! Eine Seele hat doch in den Augen Gottes mehr Wert als die ganze Welt! Das liegt doch in dem Wort: »Was hülfe es dem Menschen, wenn er die ganze Welt gewönne und nähme doch Schaden an seiner Seele?«

Und wenn zwanzig dich auslachen, ja wenn hundert deiner spotten und dich einen Phantasten und einen Toren schelten, wenn nur eine Seele gerettet wird! Ist das nicht Lohn genug?

Ich wünschte, daß doch alle glaubenden Christen ihre Aufgabe erkennen und ihre Verantwortung bedenken möchten, daß doch jedes Kind Gottes es als Lebensaufgabe verstehen möchte: »Ich suche meine Brüder!« Wie würde die Sache Christi vorangehen in der Welt, wenn alle seine Anhänger dieser Aufgabe eingedenk wären! Wieviel ist da schon versäumt worden! Wie viele Gelegenheiten haben wir schon verpaßt! Wollen wir weiter so dahingehen und nur an die eigene Seligkeit denken? Davor bewahre uns der Herr! Nein, wir wollen ihm unser Leben zur Verfügung stellen, wir wollen uns bereit erklären:

»Ich suche meine Brüder!«

Und da wollen wir uns nicht beirren und abschrecken lassen durch Enttäuschungen und durch Mißerfolge, durch Hohn und Spott. Es soll dabei bleiben, mit Wort und Werk, zur Zeit und zur Unzeit:

»Ich suche meine Brüder!«

Gefährliche Saat

Als sie ihn nun sahen von ferne, ehe er nahe zu ihnen kam, machten sie einen Anschlag, daß sie ihn töteten, und sprachen untereinander: Seht, der Träumer kommt daher! So kommt nun und laßt uns ihn töten und in eine Grube werfen und sagen, ein böses Tier habe ihn gefressen; so wird man sehen, was seine Träume sind (1. Mose 37, 18-20).

In grauer Vorzeit war es, da waren einmal zwei Brüder zusammen auf dem Felde. Weit und breit war kein Mensch zu sehen. Blau spannte sich der Himmel über dem Gefilde. Da geschah etwas Furchtbares, Grauenvolles, daß die Sonne sich am liebsten verhüllt hätte, um das Schreckliche nicht mit ansehen zu müssen. Da warf sich Kain auf seinen Bruder Abel und schlug ihn tot. Der erste Tod in der Welt – ein Mord, ein Brudermord.

Und warum geschah diese böse Tat? Es verdroß Kain, daß Gott Abels Opfer gnädig ansah und seins nicht.

Der erste Mord in der Welt – geschah um des Glaubens willen. Gewiß hat Abel seinem Bruder nie etwas zuleide getan. Aber das war es gerade, was Kain so ärgerte und reizte. Dieses friedliche Gesicht, dieses freundliche Wesen des Bruders war ihm ein täglicher Vorwurf, ein steter Ärger.

Er wurde gewarnt. Gott sagte ihm: »Die Sünde lauert vor der Tür, und nach dir hat sie Verlangen!«

Aber Kain ließ sich nicht warnen. Er riß die Giftpflanze des Neides, der Mißgunst nicht aus seinem Herzen heraus. Und sie wuchs und wuchs, und aus dem Neid wurde der Haß. Und dann auf dem Felde, in der schweigenden Einsamkeit, da wurde aus dem Haß der Mord.

Ja, wenn Kain zu seinem Schöpfer gekommen wäre und ihm gesagt hätte: »O mein Gott, der Neid frißt an meinem Herzen! Hilf mir doch vor mir selber!« Gott hätte ihm geholfen. Aber Kain kam nicht. Und so blieb der Neid in seinem Herzen, und so wurde Kain ein Mörder. –

Es war geradeso eine sonnige Stunde wie damals, als Kain seinen Bruder erschlug, als Josef nach Dotan kam. Auf den Felsen, die das grüne Tal umgaben, lag der Schein der Mittagssonne. Josefs Brüder rasteten und ruhten. Da sahen sie einen Jüngling daherkommen. Sie kannten diesen leichten Schritt, sie kannten diesen weißen Rock mit den bunten Säumen. Das war Josef.

Und heiß stieg der Haß in ihren Herzen auf. Die Gelegenheit war so günstig. Weit und breit war niemand zu sehen. Da konnten sie sich des unbequemen Mahners, der ihnen so lange ein Dorn im Auge war, mit einem Mal entledigen. »Und sie machten einen Anschlag, daß sie ihn töteten.« Ihr Entschluß war auch bald gefaßt, wie sie ihn umbringen wollten. Sie wollten ihn in eine Grube werfen und ihn dem Hungertod ausliefern. Wenn sie den Platz verlassen hätten, würde niemand sein Rufen und Schreien hören. Er würde elend zugrunde gehen in der weiten Einsamkeit.

Was für ein Plan! Nicht mit einem Mal war dieser Haß in ihren Herzen entstanden. Es hatte Zeit gebraucht, bis es soweit mit ihnen kam. Längst schon war der Unmut, der Widerwille gegen ihren Bruder in ihren Herzen. Da wäre es Zeit gewesen, diese Giftpflanze aus ihren Herzen zu reißen. Aber das geschah nicht. Sie ließen sie wachsen. Ja, sie hegten und pflegten sie. Sie reizten sich gegenseitig immer mehr zum Haß an.

Wenn doch Juda zu seinem Vater gekommen wäre, um ihm offen und ehrlich zu sagen: »Vater, ich kann es nicht ertragen, daß du uns den Josef vorziehst! Vater, ich kann es nicht ertragen, daß du ihm den bunten Rock gemacht hast! Wenn ich ihn darin sehe, dann meine ich, ich müßte ihm den Rock herunterreißen!« Wenn doch Juda seinem Herzen durch ein offenes Bekenntnis Luft gemacht hätte! Aber nein, dieses Wort wurde nie gesprochen! Und so wuchs die Feindschaft und wurde Haß, bitterer Haß, der endlich vor dem Entschluß nicht mehr zurückschreckte, den Bruder umzubringen.

Und wieder war es eine Mittagsstunde. Wieder lag der Schein der Sonne über den Bergen und Hügeln. Und wieder waren Brüder damit beschäftigt, ihren Bruder umzubringen. Ans Kreuz hatten sie Ihn geschlagen. Höhnend und spottend standen sie da und weideten sich an dem Anblick. Was war das für eine Stunde! Am hellen Mittag verlor die Sonne ihren Schein. Sie konnte das Schreckliche nicht mit ansehen. Und tiefe Finsternis breitete sich schaurig über Stadt und Land. Da durchschnitt ein Schrei die Finsternis, die das Kreuz umlagerte: »Mein Gott, mein Gott, warum hast du mich verlassen?« Da brachten die verblendeten, verführten Brüder ihren Bruder um.

Nicht mit einem Mal war der Plan entstanden, Jesus zu töten. Das hatte auch seine Geschichte. Zunächst war man nur ungehalten über ihn, weil er »so anders« war, weil sein heiliges Leben das Leben seiner Umgebung strafte. Die Macht seiner Liebe klopfte an die Herzen, sein reines Vorbild warb um sie. Aber sie verhärteten sich gegen sein Wesen der Gnade. Und der Giftbaum wuchs und wuchs. Und so beging Israel den Justizmord an seinem Messias. Da schlug die Menschheit ihren Retter und Heiland ans Kreuz.

Wollen wir aus diesen Geschichten etwas lernen? So ein Samenkörnlein ist so klein und winzig, das dahergeflogen kommt in der Luft. Aber wenn es ein Fleckchen Erde gefunden hat, wo es haften kann, dann schlägt es Wurzeln. Und dann wächst und wächst es und wird ein Baum. Nimm dich vor der Sünde in acht! Dulde keine Sünde in deinem Herzen! Gestattest du einem einzigen Sündenkeim, in dein Herz zu fallen und darin zu wurzeln, so wird das Ende Verderben sein. Denn der Keim wird wachsen, und die Sünde wird sich entfalten.

Schau in dich! Wohnt da etwas in deinem Herzen? Ist da so eine Neigung, etwas Böses zu tun? Dann komm unter das Blut Jesu! Laß dich reinigen von aller Untugend. Das kann es. Das wird es.

Spiel nicht mit der Sünde! Denke nicht, die Sache sei ja doch nicht so schlimm. Vielleicht noch nicht; aber es kann schlimm werden. Und es wird schlimm werden, wenn du sie wachsen läßt.

Darum »laß der Sünde nicht ihren Willen, sondern herrsche über sie«!

Eine dunkle Stunde

> *Als das Ruben hörte, wollte er ihn aus ihren Händen erretten und sprach: Laßt uns ihn nicht töten! Und weiter sprach Ruben zu ihnen: Vergießt nicht Blut, sondern werft ihn in die Grube hier in der Wüste und legt die Hand nicht an ihn! Er wollte ihn aber aus ihrer Hand erretten und ihn seinem Vater wiederbringen. Als nun Josef zu seinen Brüdern kam, zogen sie ihm seinen Rock aus, den bunten Rock, den er anhatte, und nahmen ihn und warfen ihn in die Grube; aber die Grube war leer und kein Wasser darin. Und sie setzten sich nieder, um zu essen* (1. Mose 37, 21-25).

Als die Brüder Josefs den Plan faßten, ihren Bruder umzubringen, da widersetzte sich Ruben. Wie kam das, daß gerade er Partei für Josef ergriff?

Es war noch nicht lange her, da hatte er sich schwer an seinem Vater Jakob versündigt. Er hatte ehebrecherischen Umgang mit Bilha gepflegt, einer der Nebenfrauen seines Vaters. Dadurch war eine tiefe Kluft zwischen ihm und dem Vater entstanden. Nie hat Jakob vergessen können, was Ruben ihm dadurch angetan hatte. Noch in dem Abschiedswort, das er über Ruben aussprach vor seinem Tode, gedachte er dieser schweren Verschuldung. Es war ein Riß zwischen dem Vater und dem Sohn entstanden, der nie wieder heilte.

Das fühlte Ruben aufs schmerzlichste. Er wußte, was für einen Kummer, was für eine Schmach er dem Vater angetan hatte mit diesem wilden Ausbruch seiner Leidenschaft. Darum wollte er es verhindern, daß dem Vater nun ein neuer Schmerz zugefügt werde, der ihn noch viel tiefer treffen würde. Aber er wagte es nicht, offen und ehrlich vor seine Brüder hinzutreten und ihnen zu sagen: »Führt euren Plan nicht aus! Bereitet dem Vater doch nicht solchen Kummer!« Dann hätten sie ihn ja ausgelacht und gesagt: »Das sagst du uns? Du willst uns Moral predigen? Sei du doch still! Du hast doch dem Vater schon selber Kummer genug bereitet!«

Seine Sünde verschloß ihm den Mund. Seine Sünde nahm ihm den Mut.

Er versuchte es deshalb mit List, zu seinem Ziel zu kommen und Josef zu erretten. Er machte ihnen den Vorschlag, ihn nicht zu töten, sondern ihn nur in die Grube zu werfen, die da in der Wüste war. Im stillen dachte er, wenn sie nachher weitergezogen seien, wolle er dann hingehen und ihn herausziehen. Vielleicht, daß dann der Vater ihm auch seine alte Schuld verzeihen wollte, wenn er ihm seinen Liebling heil und unversehrt wiederbringen sollte.

Die Brüder gingen auf seinen Vorschlag ein. Und Ruben ging fort. Er konnte es nicht mit ansehen, wie sie ihn nun umringten.

Der Geschichtsschreiber geht hier schnell an der traurigen Szene vorüber. Aber wir wissen doch, wie es dabei zuging. Viele Jahre später hören wir aus dem Munde Juda's, wie es ging. Zuerst überschütteten sie ihn mit Vorwürfen, er sei nur gekommen, um zu spionieren. Alle seine Beteuerungen, der Vater habe ihn gesandt, um ihnen einige Lebensmittel zu schicken und zu sehen, wie es ihnen gehe, beantworteten sie mit Hohnlachen. »Du bist gekommen, um zu spionieren, was wir tun, und uns dann beim Vater zu verklagen.«

Je mehr er seine Unschuld beteuerte, um so wütender wurden sie. Sie rissen ihm den bunten Rock herunter, der sie so gereizt und gekränkt hatte. Weinend bat er sie, ihn doch zu schonen. Aber da gab es keine Schonung. Er hätte ebensogut einen Stein um Gnade anflehen können wie die harten Herzen seiner Brüder. Neun starke Männer warfen sich auf einen wehrlosen jungen Mann! – und stürzten ihn in die Grube hinab.

Und dann setzten sie sich neben der Grube nieder und fingen an, die Vorräte zu verzehren, die er ihnen mitgebracht hatte. Während seine Angst- und Schmerzensrufe aus der Grube emportönten, während seine Bitten und Seufzer aus der Tiefe aufstiegen, saßen sie da und aßen.

Zu welch einer Grausamkeit und Roheit ist doch ein Herz fähig, das unter der Obrigkeit der Finsternis steht, das von der Macht der Sünde beherrscht wird.

Wie war es nur möglich, daß sie so hartherzig und gleichgültig bleiben konnten bei dem Angstgeschrei ihres Bruders?

Ja, wie war das denn möglich, daß die Leute so teilnahmslos

unter dem Kreuz von Golgatha stehen konnten? Daß da der Spott und der Hohn der Feinde Jesu noch nicht verstummte? Wie war das nur möglich?

Und wie ist das nur möglich, daß noch heute so viele an dem Kreuz Jesu Christi vorübergehen, als ob es sie gar nichts anginge? Wie ist das nur möglich, dem Gekreuzigten den Rücken zuzukehren?

Und doch, das haben wir getan. Ich wenigstens, ich habe es getan. Heute kann ich's nicht verstehen, wie das möglich war, aber geschehen ist geschehen. So kalt, unempfindlich war mein Herz gegen die Liebe, die sich für uns zu Tode blutete. – War es vielleicht auch so in deinem Leben? Gab es da vielleicht auch eine Zeit, wo dir der Gekreuzigte nichts galt? Wo du keinen Blick für ihn hattest, kein Ohr für seine Worte, kein Herz?

Und über solche Leute wie dich und mich hat sich Jesus erbarmt! Ist das nicht eine wunderbare, ist das nicht eine anbetungswürdige Liebe und Herablassung?

Nicht wahr, wenn er sich so über uns erbarmt hat, dann wollen wir uns in Liebe derer annehmen, die es auch noch so machen, wie wir es einst gemacht haben. Sie wissen es nicht besser. Sie kennen Jesus noch nicht. Sie haben noch kein Verständnis für seine unendliche, unbegreifliche Liebe. Die armen Menschen, sie wissen ja nicht, was sie tun!

Was für ein Bild! Da sitzen die Brüder und essen. Und wenn die Klagelaute aus der Tiefe herauftönen, dann lachen sie dazu. Ja, jetzt haben sie gelacht. Aber wie manches Mal haben sie später sich seufzend und stöhnend dieser Stunde erinnert und gewünscht, sie ungeschehen machen zu können. Wie hat diese helle, sonnige Mittagsstunde bei Dotan einen tiefen, dunkeln Schatten über ihr ganzes Leben geworfen! Wie hat diese Stunde ihre ganze Zukunft unter einen Druck gebracht!

Gott sei Dank, daß es Vergebung gibt auch für solche Stunden, daß es Befreiung gibt auch von solchen Lasten! Auch diese Stunde hat Josef seinen Brüdern vergeben. Und Jesus sollte sich von Josef beschämen lassen? Nimmermehr! Er ist auch uns gnädig.

Verkauft!

Indessen hoben sie ihre Augen auf und sahen eine Karawane von Ismaelitern kommen von Gilead mit ihren Kamelen; die trugen Harz, Balsam und Myrrhe und zogen hinab nach Ägypten. Da sprach Juda zu seinen Brüdern: Was hilft's uns, daß wir unsern Bruder töten und sein Blut verbergen? Kommt, laßt uns ihn den Ismaelitern verkaufen, damit sich unsere Hände nicht an ihm vergreifen; denn er ist unser Bruder, unser Fleisch und Blut. Und sie gehorchten ihm. Als aber die midianitischen Kaufleute vorüberkamen, zogen sie ihn heraus aus der Grube und verkauften ihn um zwanzig Silberstücke den Ismaelitern; die brachten ihn nach Ägypten. Als nun Ruben wieder zur Grube kam und Josef nicht darin fand, zerriß er sein Kleid und kam wieder zu seinen Brüdern und sprach: Der Knabe ist nicht da! Wo soll ich hin? (1. Mose 37, 25-30).

Während die Brüder Josefs ihre Mittagsmahlzeit hielten, kam eine Karawane von Osten her auf Dotan zu. Die Straße, auf der sie herankamen, war einer der Hauptverkehrswege Palästinas; sie verband Gilead und die andern Gebiete jenseits des Jordans mit der Küste des Meeres. Und dann ging der Weg weiter durchs Land der Philister bis zum Delta des Nils.

Als diese Karawane herannahte, kam den Brüdern plötzlich ein Gedanke. Sie wußten, daß diese Karawanen nicht nur mit allerlei Würze aus dem Orient beladen zu sein pflegten, die man in Ägypten zum Einbalsamieren der Toten gebrauchte, sondern daß sie auch lebende Waren nach Ägypten brachten, Sklaven, die auf den Märkten Ägyptens ein sehr begehrter Artikel waren.

Juda gab den Gedanken, die beim Anblick der Karawane wach wurden, zuerst Ausdruck. »Was hilft's uns, daß wir unsern Bruder töten und sein Blut verbergen? Kommt, laßt uns ihn den Ismaelitern verkaufen, daß sich unsere Hände nicht an ihm vergreifen!«

Dieser Vorschlag fand sofort allseitige Zustimmung. Sie eilten zu der Grube, um Josef herauszuziehen. Wie mag Josef sich gefreut haben! Und wie er ihnen dankte! Er dachte ja nur, daß die Brüder ihm hätten einen Schrecken einjagen wollen, nun würden sie ihn wieder nach Hause gehen lassen.

Armer Josef!

Inzwischen war die Karawane herangekommen. Wie groß war Josefs Entsetzen, als er merkte, was seine Brüder vorhatten. Noch einmal beschwor er sie, mit Tränen bat er sie, doch das nicht zu tun, aber sie achteten nicht auf ihn. In wenigen Minuten war der Handel abgeschlossen. Die Brüder strichen ihr Sündengeld ein, und Josef ging in der langen Reihe der Sklaven, mit denen er zusammengekoppelt war, der Ferne zu.

Verkauft!

Zuerst kam es gewiß wie eine Lähmung über ihn. War denn das möglich? Heute morgen der glückliche Sohn eines freien Mannes – und nun ein Sklave? War das nicht ein böser Traum? War das Wirklichkeit?

Vorwärts, nur vorwärts! Wenn er sich umblickte, wo die blaue Linie des Libanon in der Ferne verschwamm, dann wurde er von Faustschlägen und Fußtritten getrieben, vorwärts zu gehen.

So versank hinter ihm die Heimat, das Vaterhaus, die Kindheit mit all ihrem Glück. Er war von seinen Brüdern in die Sklaverei verkauft!

Wie gut war es, daß er früh in der Jugend in dies innige persönliche Verhältnis zu Gott, dem Herrn, eingetreten war! Was hätte jetzt aus ihm werden sollen, wenn er keinen Halt gehabt hätte an seinem Gott?

In guten Tagen mag man denken, man könne ohne ihn auskommen, man habe ihn nicht nötig. Aber wenn Nöte und Trübsal kommen, wie gut ist es dann, wenn man sich auf Gott stützen und lehnen kann, wenn man ihn dann nicht erst suchen muß, wenn man dann mit ihm in Verbindung steht!

Kinder Gottes haben es doch gut. Wenn die armen Gottlosen in Trübsal und Leid den Mut verlieren, wenn sie nicht mehr aus noch ein wissen und sich der Verzweiflung überlassen, dann sind Kinder Gottes getrost. Dann erfahren sie erst so recht, was sie an ihrem Glauben an Gott haben. Es ist wahr, was das alte Lied sagt:

»Mit dir, o Herr, verbunden,
fühl ich mich nie allein;
mir bleibt zu allen Stunden
dein tröstlich Nahesein.
In frohen, lichten Tagen,
auf blumenreicher Bahn,
darf ich mein Glück dir sagen,
und du nimmst teil daran.
Doch wenn die Wunden brennen,
der Pfad voll Dornen ist,
dann lernt man erst erkennen,
wie stark und treu du bist.
Du kannst den Schmerz verstehen,
den keiner sonst versteht,
du kannst die Wunde sehen,
die jedem Blick entgeht.«

Die Menschen tun mir so leid, die durchs Leben gehen müssen mit all seinen Nöten und Schwierigkeiten – und haben keinen Heiland! Das muß schrecklich sein.

Aber wer sich mit ihm im Bunde weiß, der spricht auch im dunklen Tunnel: »Und ob ich schon wanderte im finstern Tal, fürchte ich kein Unglück; denn du bist bei mir, dein Stecken und Stab trösten mich.«

So schritt Josef dahin. Die Füße schmerzten wohl, und die Knie wurden müde. Aber im Herzen trug er den Frieden Gottes und war darum nicht verzweifelt.

Nach einer Weile kam Ruben zurück. Er wußte nichts von dem Handel. Er kam an die Grube. Sie war leer. Da zerriß er seine Kleider. Da überließ er sich der Verzweiflung. »Der Knabe ist nicht da, wo soll ich hin?«

Ruben war ein freier Mann. Er hatte Weib und Kind. Er war gesund. Aber er hatte keinen Halt an seinem Gott.

Josef war ein Sklave. Seine Knie wankten. Seine Füße brannten. Er war von seinen Brüdern verkauft. Aber er hatte eine Stütze, einen Halt an dem lebendigen Gott. Er war auch jetzt nicht allein. Er war auch jetzt nicht verlassen. Zufriedener Josef!

Schwere Tage

Da nahmen sie Josefs Rock und schlachteten einen Ziegenbock und tauchten den Rock ins Blut und schickten den bunten Rock hin und ließen ihn ihrem Vater bringen und sagen: Diesen haben wir gefunden; sieh, ob's deines Sohnes Rock sei oder nicht. Er erkannte ihn aber und sprach: Es ist meines Sohnes Rock; ein böses Tier hat ihn gefressen, ein reißendes Tier hat Josef zerrissen. Und Jakob zerriß seine Kleider und legte ein härenes Tuch um seine Lenden und trug Leid um seinen Sohn lange Zeit. Und alle seine Söhne und Töchter kamen zu ihm, ihn zu trösten; aber er wollte sich nicht trösten lassen und sprach: Ich werde mit Leid hinunterfahren zu den Toten, zu meinem Sohn. Und sein Vater beweinte ihn (1. Mose 37, 31-35).

Josefs Vater wurde unruhig, als sein Sohn so lange ausblieb. Nach seiner Annahme hätte er längst zurück sein müssen. Es wird ihm doch nichts zugestoßen sein? denkt er. Er wird immer ruheloser, je länger Josef nicht zurückkommt.

Endlich erscheint ein Mann in der Ferne. Da kommt er, denkt der Vater. Aber nein, wie der Mann näher kommt, ist es einer der Knechte. Nun, immerhin wird er Nachricht bringen! Und schon von weitem ruft Jakob ihm zu: Wo bleibt Josef? Bringst du Nachricht von Josef?

Der Knecht kommt näher. Er antwortet nicht. Als er ganz nahe bei Jakob angelangt ist, zieht er einen blutigen Rock hervor und spricht: »Deine Söhne senden mich und lassen dir sagen: Diesen haben wir gefunden. Siehe, ob es deines Sohnes Rock sei oder nicht!«

Jakob braucht nur einen Blick auf den Rock zu werfen, dann weiß er: Ja, das ist meines Sohnes Rock! Wie herzzerreißend schallt dann die Klage des alten Mannes: »Ein böses Tier hat ihn gefressen, ein reißendes Tier hat Josef zerrissen.«

Und dann kamen die Selbstvorwürfe, die in solchem Falle kommen: »Ach, wenn ich ihn doch nicht fortgeschickt hätte! Nun habe ich ihn in den Tod getrieben! Ach, wenn ich ihn doch nur nicht fortgeschickt hätte!«

Und dann rief er sich die Szene wieder in die Erinnerung zurück, wie Josef sich von ihm verabschiedet und ihm den letzten Gruß zugewinkt hatte.

Ob er wohl auch an eine Szene in seiner Jugend dachte? Ob er sich wohl daran erinnerte, wie er einst seinen Vater Isaak belogen und betrogen hatte in seines Bruders Rock? Ja, damals hatte er den alten Vater mit Esaus Rock betrogen. Und heute wurde er von seinen Söhnen mit Josefs Rock belogen und betrogen. Ja, Jahwe ist ein heiliger Gott!

Wie oft verstehen wir nicht, warum dies oder das so kommen mußte in unserm Leben – und es ist vielleicht die Folge einer Sünde, die wir in früheren Jahren begangen haben. Es ist so, wie jemand gesagt hat: Die Sünde ist ein Stein, der immer auf den zurückfällt, der ihn geworfen hat.

Wie lange Jahre war es her, daß Jakob seinen Vater betrogen hatte! Er dachte vielleicht kaum mehr daran. Nun erfährt und erlebt er das gleiche.

Gott ist ein heiliger Gott. Er hat Jakob gefunden. Er wird auch Jakobs Söhne finden. Wenn auch noch Jahre darüber hingehen!

Vorläufig sieht es noch nicht danach aus, als ob Jakobs Söhne zur Erkenntnis ihrer Sünde kommen würden. Zuerst bleiben sie solange fort wie nur möglich. Es ist ihnen doch unheimlich, dem alten Vater zu begegnen und seine Klagen um Josef anzuhören. Aber endlich müssen sie doch nach Hause kommen. Es würde sonst auffallen, wenn sie länger ausblieben.

Die erste Begegnung!

Brechen sie nicht zusammen, als sie das vergrämte Gesicht des Vaters sehen? Fallen sie ihm nicht zu Füßen, um ihm zu sagen: »Vergib, Vater, daß wir dir solchen Schmerz zugefügt haben! Josef ist nicht tot. Wir haben ihn verkauft. Aber wir wollen hin und ganz Ägypten nach ihm durchsuchen. Und wir wollen nicht ruhen, bis wir ihn gefunden und dir zurückgebracht haben.«

Nein, so sprachen sie nicht. Sie »traten auf, daß sie ihn trösteten«. Was für eine Heuchelei! Lug und Trug! Aber ihr Trost tröstete nicht.

Derweil stand Josef vielleicht auf dem Sklavenmarkt. Wie ein Stück Vieh stand er da an einen Pfosten gebunden. Und die Käufer kamen und gingen. Was für eine Entwürdigung für einen Menschen mit einer unsterblichen Seele, zum Kauf ausgeboten zu werden wie das Vieh! Und doch – Josef war nicht so sehr zu bedauern. Josef schaute auf Gott, und Gott stand ihm bei.

Aber Josefs Brüder sind zu bedauern. Mit solcher Last durchs Leben zu gehen, wie furchtbar ist das. Jedesmal, wenn sie nach Hause kamen und sahen, wie gebückt jetzt Jakob ging, wie schwer er sich auf seinen Stock stützte, wie grau er geworden war, dann sagten sie sich im Herzen: Das ist unsere Schuld!

Und wenn sie aus seinem Mund die Worte hörten: »Ich werde mit Leid hinunterfahren in die Grube zu meinem Sohn«, – dann war es ihnen, als ob sie etwas gewürgt hätte an der Kehle.

Juda, sag es doch! Juda, bekenne doch deine Schuld! Hundertmal besser, die ganze Schuld zu bekennen, als mit dieser Last durchs Leben zu gehen! Aber nein, kein Wort kommt über seine Lippen.

So geht es durch Jahre und – durch Jahrzehnte! Zweiundzwanzig lange Jahre stehen sie unter dem Druck ihrer Schuld. Was für ein elendes Leben!

Laß dich fragen: Liegt auch auf deinem Herzen so eine Last? Ist da etwas geschehen in vergangenen Tagen, was sich schwer auf deine Seele gelegt hat? Verschweige es nicht! Bekenne es doch! Du machst dich unglücklich, wenn du es nicht tust. Dein ganzes Leben wird verdorben durch diese alte Geschichte!

Und wenn es eine Demütigung für dich ist, und wenn deine Tat Strafe nach sich zieht, ist es besser als dein Leben lang mit einem beladenen Gewissen umherzugehen und nie Frieden zu bekommen!

Ja, ich bin solchen armen Menschen begegnet, die jahrzehntelang Sünden trugen, die sie nicht bekennen wollten. Was für ein bedrücktes Leben! Es gibt nicht eher Ruhe und Frieden, bis du den alten Schutt abladst!

Tu es doch! Und wenn es dir äußerlich noch so gut geht, – was hilft es dir, wenn du keinen Frieden mit Gott hast? Du bist doch bei all deinem äußeren Wohlergehen ein armer, unglücklicher, friedeloser Mensch!

Ja, das bist du! Und darum bitte ich dich, mache es nicht wie die Brüder Josefs. Du betrügst dich selbst! Und wenn deine Sünde blutrot wäre, sie soll schneeweiß werden! Was es auch sein mag, was dich beschwert und bedrückt, sag es doch, sag es doch!

Wenn man jetzt einen Vergleich hätte anstellen wollen, wer glücklicher sei, ob Josef auf dem Sklavenmarkt in Ägypten oder seine Brüder daheim, es wäre nicht schwer gewesen, die rechte Antwort zu finden. Die armen Brüder! Welch ein elendes Leben unter der Last ihrer Schuld.

Und Josef? Trotz allem – ein glückseliger Mann!

Wie man glücklich wird

Josef wurde hinab nach Ägypten geführt, und Potifar, ein ägyptischer Mann, des Pharao Kämmerer und Oberster der Leibwache, kaufte ihn von den Ismaelitern, die ihn hinabgebracht hatten. Und der Herr war mit Josef, daß er ein glückseliger Mann wurde. Und er war in seines Herrn, des Ägypters, Hause (1. Mose 39, 1.2).

Da finden wir Josef nun als Sklaven in Potifars Haus. Welch ein Unterschied gegen sein bisheriges freies und ungebundenes Leben! In Licht und Luft und Sonne war er aufgewachsen, der Sohn eines reichen Mannes – und nun ist er verurteilt, niedrige Sklavenarbeit zu verrichten. War das nicht zum Verzweifeln, wenn er das Jetzt mit dem Einst verglich?

Ja, ich würde mich nicht wundern, wenn es hier hieße: Da nun Potifar Josef gekauft hatte, da überließ Josef sich der Verzweiflung! Oder wenn es hieße: Da legte Josef Hand an sich selber. Wie viele machen es so, die einen schmerzlichen Todesfall erlebt oder den Verlust ihres Vermögens erlitten haben, sie wissen sich dann keinen andern Rat mehr als die Giftflasche.

Aber nein, hier heißt es nicht, daß Josef verzweifelte. Wie steht hier? »Der Herr war mit Josef, daß er ein glückseliger Mann ward.«

Ein merkwürdiges Wort! Ein merkwürdiger Mensch, dieser junge Josef! In einer solchen Lage glückselig zu sein, das ist etwas! Wirklich, da müssen wir es von Josef lernen können, wie man glücklich wird.

Wie brachte Josef es fertig, in dieser Lage, als Sklave in Potifars Haus, glückselig zu sein?

Soviel ist auf den ersten Blick klar, daß Josefs Glück nicht auf äußerlich günstigen Verhältnissen beruhte. Wenn je eines jungen Mannes Verhältnisse trauriger Art waren, dann die Josefs. Er war in einem Lande, dessen Sprache er erst mühsam erlernen mußte, umgeben von Götzendienst und Heidentum. Niemand wußte etwas von Jahwe, dem lebendigen Gott. Niemand kümmerte sich um Josef – niemand hatte ein Herz für sein Weh. Mutterseelenallein war er in einer kalten, fremden Umgebung. Und keine Hoffnung war vorhanden, daß das je anders werden würde. Nie sollte er die Heimat wiedersehen, die er so geliebt hatte. Nie würde er seinen Vater wiedersehen, dessen Freude und Sonnenschein er gewesen war. Nie eine Kunde, eine Botschaft bekommen, wie es ihm gehe, und ob der Schmerz um seinen Sohn ihm nicht das Herz gebrochen habe. Nie, nie wieder!

Nicht wahr, wenn Josefs Glück von äußeren Umständen abhängig gewesen wäre, dann hätte er in dieser Lage todunglücklich sein müssen!

Wie viele erwarten ihr Glück von äußeren Umständen! Sie denken: wenn ich diese Stellung erhalten haben werde, wenn ich diese Frau bekommen haben werde, wenn ich diese Wohnung bezogen haben werde – dann bin ich glücklich. Gefehlt! Unser Glück hängt nicht von unserer Stellung im Leben ab und nicht von unserer Wohnung! Und wenn unser Glück auf der liebsten Frau und auf dem besten Mann beruht, wie unsicher, wie vergänglich ist es dann! Wie, wenn der Tod kommt und die geliebte Frau abruft von der Seite des Gatten, aus dem Kreise der Kinder, ist es dann um das Glück geschehen? Sind wir dann dem Unglück ausgeliefert?

Ja, wir sind arme Leute, wenn unser Glück von unseren äußeren Umständen abhängt. Solange das der Fall ist, kennen wir kein rechtes Glück.

Josef hat ein Glück gehabt, das war unabhängig von seiner äußeren Lage. Worin bestand es? Die Worte sagen es uns: »Der Herr war mit Josef, daß er ein glückseliger Mann ward.« Sein Glück bestand in der Gemeinschaft mit Gott. Er wußte es, er erfuhr es: Ich bin sein und er ist mein, und niemand kann uns scheiden!

Ja, das ist Glück! Dieses Glück bricht nicht zusammen, wenn man Hab und Gut verliert, wenn man liebe Angehörige zu beweinen hat. Dieses Glück der Gemeinschaft mit dem Herrn ist ein dauerndes, ein bleibendes Glück. Von diesem Glück gilt das Sprichwort nicht: »Glück und Glas, wie leicht bricht das!« Nein, dieses Glück besteht die Probe. Gerade dann, wenn die äußeren Umstände trauriger Art sind, bewährt und beweist es sich erst recht. Es ist keine dünne Vergoldung, die leicht abgewaschen werden könnte, nein, dieses Glück überdauert auch die Stürme des Todes und setzt uns in den Stand, an den Krankenbetten und Särgen und Gräbern unserer Lieben mit dem Psalmisten Asaph zu sprechen: »Wenn ich nur dich habe, so frage ich nichts nach Himmel und Erde, und wenn mir gleich Leib und Seele verschmachtet, so bist du doch, Gott, allezeit meines Herzens Trost und mein Teil.«

Als nach einem furchtbaren Bombenangriff ein Freund von mir aus dem Luftschutzkeller heraufsteigt, findet er von seinem Haus nur noch einen Trümmerhaufen vor. Alles ist zerstört – nur sein Flügel steht noch. Mit Hilfe einiger Männer setzt er den Flügel auf die Straße. Da steht nun sein Instrument inmitten von Schutt und Trümmern. Er setzt sich und greift in die Tasten und singt: »Warum sollt ich mich denn grämen, hab ich doch Christum noch, wer will mir den nehmen? Wer will mir den Himmel rauben, den mir schon Gottes Sohn beigelegt im Glauben?«

Gelobt sei Gott, daß es so ein tiefes, wahres, ewiges Glück gibt! Ein Glück nicht nur für gute Tage, ein Glück auch für schwere Stunden, für Leben und für Sterben, ja, für Zeit und Ewigkeit!

Kennst du dieses Glück? Hast du dieses Glück? Du willst dich doch nicht von Josef beschämen lassen? Wieviel besser kennen wir Gott, als Josef ihn kannte! Wir kennen ihn als unsern Vater in Christus Jesus. Wir haben das Wort Jesu: »Siehe, ich bin bei euch alle Tage, bis an der Welt Ende.« Er gibt uns seinen heiligen Geist, der in uns wohnt und bei uns bleibt. Er kehrt selber in unserem Herzen ein – und da sollten wir als Christen noch den Kopf hängen lassen und über unsere Verhältnisse klagen? Dann müßten wir uns ja vor Josef schämen!

Wieviel leichter hast du es doch als Josef! Er hatte keine Bibel, keine Gemeinschaft mit Gleichgesinnten. Er konnte nichts tun, als sich betend an seinen Gott klammern und an die Worte sich erinnern, die er einst von seinem Vater gehört hatte. Und du hast deine Bibel! Ein Altes und ein Neues Testament. Du kannst Gemeinschaft pflegen mit anderen Christen, du kannst dich fördern durch christliche Literatur. Wie viele Mittel zum Wachstum in deinem Glauben stehen dir zur Verfügung. Wieviel leichter hast du es, glücklich zu sein als Josef!

Bist du es?

Aber wenn du es nicht bist, dann liegt es nicht an deinen Verhältnissen, dann liegt es daran, daß du dein Leben nicht führst in der Gegenwart Gottes, von ihm alles empfangend. Vertraue dich ganz dem Herrn an mit deinem ganzen Leben und Herzen, und du wirst es auch erfahren, wie man glücklich wird!

Und wie man glücklich macht

Und sein Herr sah, daß der Herr mit ihm war; denn alles, was er tat, das ließ der Herr in seiner Hand glücken, so daß er Gnade fand vor seinem Herrn und sein Diener wurde. Der setzte ihn über sein Haus; und alles, was er hatte, tat er unter seine Hände. Und von der Zeit an, da er ihn über sein Haus und alle seine Güter gesetzt hatte, segnete der Herr des Ägypters Haus um Josefs willen, und es war lauter Segen des Herrn in allem, was er hatte, zu Hause und auf dem Felde. Darum ließ er alles unter Josefs Händen, was er hatte; und kümmerte sich, da er ihn hatte, um nichts, außer um das, was er aß und trank (1. Mose 39, 3-6).

Wie man glücklich wird, das hat uns Josef gezeigt. Wir können aber von ihm noch etwas anderes lernen, nämlich auch die Kunst, wie man glücklich macht. Heißt es doch in unserer Geschichte: Alles, was Potifar tat, dazu gab der Herr Glück durch Josef. Potifar hatte Glück in allem, was er hatte, und in allem, was er tat. Und zu diesem Glück verhalf ihm Josef. Darum können wir wohl von Josef auch lernen, wie man glücklich macht.

Josef war keiner von denen, die mit ihren Gedanken immer in der Vergangenheit leben, die immer darüber nachsinnen, wie es früher so ganz anders war. Nutzt das etwas? Hat irgend jemand Vorteil davon? Nein, kein Mensch! Man verleidet sich nur die Gegenwart mit den klagenden Gedanken an die Vergangenheit. Man wird untüchtig und unbrauchbar für die Aufgaben der Gegenwart, wenn man immer in der Vergangenheit lebt.

Wie viele Witwen machen es so, daß sie immer nur denken, wie es einst so ganz anders war, und die Kinder entbehren derweil die Aufsicht und Pflege der Mutter.

Josef lebte in der Gegenwart. Er sagte nicht schmerzlich und seufzend: Es war einmal! Er sagte sich: Ich bin nun hier in Potifars Haus als Sklave. Da ist es meine Aufgabe, meinem Vorgesetzten ein treuer Diener zu sein.

Mit großer Hingabe und Gewissenhaftigkeit widmete er sich der kleinsten und geringsten Dienste, die er zu tun hatte.

Es dauerte nicht lange, da fiel seine Treue seinem Herrn auf. So einen Sklaven hatte er noch nie gehabt. Alles, was Josef anfaßte, geriet und gelang. Denn er hatte eine verborgene Quelle der Kraft, aus der er schöpfte. Es war offenbar, daß mit Josef Glück und Segen in Potifars Haus gekommen war. Gott bekannte sich zu Josefs Dienst. Und er bezahlte Potifar auch ein reiches Kostgeld dafür, daß er Josef in sein Haus aufgenommen hatte.

Es kann gar nicht anders sein: wer wirklich in lebendiger Verbindung mit Gott steht, der wird ein Segen für seine Umgebung, von dem geht ein Einfluß aus, auch ohne daß er es will und weiß.

Zu dem Prediger Spurgeon kam einmal eine Magd und sagte, sie habe sich bekehrt. »Kind, womit willst du mir das beweisen?« fragte er sie. Sie antwortete: »Seitdem ich bekehrt bin, fege ich auch unter den Matten.« Gewiß hat die Herrschaft bald bemerkt, daß mit dem Mädchen eine Veränderung vorgegangen war, daß sie ihre Arbeit tat, nicht nur vor den Augen der Vorgesetzten, sondern auch dann, wenn deren Augen nicht auf ihrem Tun ruhten, mit großer Treue und Gewissenhaftigkeit.

Wenn es daran fehlt, dann ist die Verbindung mit Gott gewiß nicht in Ordnung. Wer mit ihm in Verbindung steht, der wird es in seinem täglichen Leben, im Hause, in der Familie, im Beruf beweisen. Der wird den Eindruck machen: Auf den kann man sich verlassen.

Darf ich dich fragen: Hat dein Verhalten zu Hause und in deinem Beruf den Eindruck gemacht, daß man sich auf dich verlassen kann? War dein Alltagsleben ein Beweis deines Christentums? Bedenke, Jesus hat in der Bergpredigt gesagt, wir sollten unser Licht leuchten lassen, damit es denen leuchte, die in unserm Hause seien. Unser Haus, das ist der erste Platz, wo sich unser Christentum beweisen soll. Wenn es da nicht stimmt, dann stimmt's überhaupt nicht!

Wie geht es nun vielfach zu Hause? Da denkt man, man könne sich gehen lassen. Im Beruf, da muß man sich zusammennehmen, da möchte man doch gern einen guten Eindruck machen. Aber zu Hause glaubt man, das nicht nötig zu haben. Da läßt man sich gehen. Da gibt es unfreundliche und barsche Worte. Da offenbart sich die rücksichtsloseste Selbstsucht.

Das ist nicht die Art, wie man glücklich macht.

Woran fehlt es? Am Bewußtsein der Gegenwart Gottes. Man steht nicht in der rechten Verbindung mit ihm. Hättest du die, dann würde deine Frau gewiß von dir rühmen, du verständest dich auf die Kunst, wie man glücklich macht.

Laß es dir sagen: du magst sehr gut sprechen können in der Bibelstunde, dein Christentum aber hat Krebs, wenn deine Frau mit einem so gedrückten Wesen einhergeht, ohne Sonnenschein im Gesicht. Ich werde erst dann Achtung vor deinem Christentum haben, wenn deine Frau bezeugt, daß du dich darauf verstehst, wie man glücklich macht.

Wer du auch bist: du hast eine wichtige Aufgabe. Du denkst vielleicht: Ach, was kann eine kleine Angestellte ausrichten? Ich kann niemandem zum Segen sein! So? Gerade auf dich kommt viel an. Gerade deine Arbeit ist besonders wichtig. Vielleicht bekümmert sich deine Umgebung nicht um ewige Dinge. Sie lebt in der Welt und fragt nicht nach Gott. Aber da hat er nun in seiner Liebe dich in dieses ungläubige Haus gestellt, damit sie Anschauungsunterricht bekommen sollen, was lebendiges Christentum ist. Wieviel hängt davon ab, ob du jetzt wie Josef deine Arbeit mit großer Treue tust wie einen Gottesdienst. Deine Umgebung beobachtet dich. Sie weiß: die geht in die Bibelstunde. Nun passen sie auf, ob dein Wesen mit dem Bekenntnis übereinstimmt. Wenn du es wie Josef machst, wenn du aus der Gemeinschaft mit Gott die Kraft ziehst zu einem gewissenhaften Wandel, zu treuem Dienst, dann ist dein Einfluß unberechenbar groß.

Siehe, das ist der Weg, wie man glücklich macht, wenn man im täglichen Leben, im Haus und Beruf in enger Verbindung mit Gott steht und aus dieser Verbindung die Kraft zieht zu einem Wandel mit Gott. Das macht Eindruck, heute geradeso wie in den Tagen Josefs.

Ich bitte dich um Jesu willen und um deiner Mitmenschen willen, beweise deinen Glauben im Leben des Alltags, daß auch dein Leben, wie das Leben Josefs, die Kunst offenbart, wie man glücklich macht!

Bewahrende Gnade

> *Und Josef war schön an Gestalt und hübsch von Angesicht. Und es begab sich danach, daß seines Herrn Frau ihre Augen auf Josef warf und sprach: Lege dich zu mir! Er weigerte sich aber und sprach zu ihr: Siehe, mein Herr kümmert sich, da er mich hat, um nichts, was im Hause ist, und alles, was er hat, das hat er unter meine Hände getan; er ist in dem Hause nicht größer als ich, und er hat mir nichts vorenthalten außer dir, weil du seine Frau bist. Wie sollte ich denn nun ein solch großes Übel tun und gegen Gott sündigen? Und sie bedrängte Josef mit solchen Worten täglich. Aber er gehorchte ihr nicht, daß er sich zu ihr legte und bei ihr wäre* (1. Mose 39, 6-10).

Es war eine angenehme Stellung, die Josef im Lauf der Jahre im Haus Potifars bekommen hatte. Sein Herr war ihm sehr wohlgesonnen. Von Stufe zu Stufe stieg Josef empor, bis er endlich Haushofmeister und Verwalter wurde. Potifar schenkte ihm unbegrenztes Vertrauen. So war es ein ganz angenehmes Leben, das Josef hatte.

Nur – eine Wolke hing an seinem Himmel. Die verdunkelte sein Glück. Potifars Weib warf die Augen auf ihn.

Sie hatte nichts zu tun. Die Arbeit im Hause geschah durch Sklaven. Für all die verschiedenen Dienste waren Sklaven da. Sie hatte nur zu gebieten. Nun war ihr Tag nicht ausgefüllt. Und das ist immer eine böse Sache, wenn man nichts zu tun hat. Es ist ein wahres Sprichwort: Müßiggang ist aller Laster Anfang. So lange David seinen Regierungsgeschäften nachging, so lange war er ein Mann nach dem Herzen Gottes. Aber als er in bequemer Ruhe zu Hause blieb, da kam sein Fall.

Potifars Weib fand Gefallen an dem hübschen und freundlichen jungen Mann. Sie unterhielt sich gern mit ihm. Sie ließ sich von ihm von seiner Heimat erzählen. Vielleicht glaubte er, daß ihr Interesse höherer Art sei und erzählte ihr von den Taten Gottes in der Vergangenheit. Und sie hörte ihm gespannt zu. Aber es waren nicht die Geschichten, die er erzählte, welche sie fesselten. Es war der überzeugende Ausdruck seines Gesichts, der sie so anzog.

Und da, eines Tages, ganz unerwartet, überraschte sie ihn mit dem Geständnis ihrer Liebe. Josef war erschrocken. Daran hatte er nicht im entferntesten gedacht. Er wies sie darauf hin, was es für eine Sünde gegen Potifar sei, wenn er ihr nachgeben wollte. Sie sei doch Potifars Weib und schulde ihm Treue und Liebe. Und er sei Potifars Sklave, er besitze das Vertrauen seines Herrn, da würde es doch schändlich sein, dieses Vertrauen zu enttäuschen. Und außerdem, es sei nicht nur eine Sünde gegen Potifar, es sei, und das wiege für ihn noch schwerer, eine Sünde gegen Gott. »Wie sollte ich denn nun ein solch großes Übel tun und gegen Gott sündigen?«

War es nicht gut, daß Josef in jungen Jahren schon zu dem Grundsatz gekommen war: Lieber nicht sündigen, auch wenn es das Leben kostet? Was wäre jetzt aus Josef geworden, wenn das nicht sein Grundsatz gewesen wäre! Er wäre elend untergegangen in dieser Zeit der Versuchung.

Denn es geschah nicht nur einmal, daß Potifars Weib ihn mit ihren Verführungskünsten umgarnte. Sie trieb solche Worte täglich gegen ihn.

Wie oft mag Josef in seiner Kammer auf den Knien gelegen haben, um von Gott Kraft zum Überwinden und zum Sieg zu erbitten! Wie brünstig mag er gerungen haben: Gott, hilf mir durch! Ich bin verloren, wenn du mir nicht beistehst!

Josef war jung. In seinen Adern rollte heißes Blut. Und Potifars Weib wußte alle Künste der Verführung aufzubieten, um zum Ziel zu kommen. Da blieb Josef kein anderer Weg, als sich betend an seinen Gott zu klammern. Auf seine eigene Kraft und seine Grundsätze zu vertrauen, das wagte er nicht. Er wußte, die besten Grundsätze haben keine Kraft, wenn das Feuer der Leidenschaft sie wie dünne Fäden versengt und verzehrt.

Wie viele haben es schon erprobt, sich den Versuchungen gegenüber auf die eigenen Grundsätze zu stützen. Sie haben auf ihre eigene Kraft vertraut - und sind zuschanden geworden!

Wenn du dich bisher auch bemüht hast, gegen die Versuchung anzukämpfen mit deinen guten Vorsätzen und deinen schönen Grundsätzen – tu es nicht mehr! So kommst du nicht zum Ziel!

»Mit unsrer Macht ist nichts getan, wir sind gar bald verloren« sagt Luther. Der Versucher ist nicht mit ein paar guten Vorsätzen aus dem Feld zu schlagen. Er ist ein Fürst und ein Gewaltiger! »Groß Macht und viel List sein grausam Rüstung ist.« Das ist wahr. Und gegen diesen Fürsten der Finsternis sollten wir etwas ausrichten mit ein paar guten Vorsätzen? Nimmermehr!

Gott sei Dank, daß wir nicht in eigener Kraft in den Kampf zu ziehen brauchen. Wir würden ja nur traurige Niederlagen erleiden! Der Hebräerbrief fordert uns (4, 16) auf, »hinzutreten mit Freudigkeit zu dem Gnadenstuhl, auf daß wir Barmherzigkeit empfangen und Gnade finden auf die Zeit, wenn uns Hilfe not sein wird.« Wörtlich übersetzt lautet das: »Daß wir Gnade finden zur rechtzeitigen Hilfe.«

Es gibt eine Gnade zur rechtzeitigen Hilfe. Und wann ist die Hilfe eine rechtzeitige? Vor der Sünde oder nachher?

Nach der Sünde gibt's auch Gnade, vergebende Gnade. Aber rechtzeitige Hilfe ist die Hilfe, die wir vor der Sünde in der Stunde der Versuchung in Anspruch nehmen dürfen; rechtzeitige Hilfe bringt die bewahrende Gnade.

Warum nehmen so wenige diese bewahrende Gnade in Anspruch? Und warum gibt es so viele Sündenfälle auch unter glaubenden Christen? Weil sie noch so viel Selbstvertrauen und Selbstbewußtsein haben. Mit der bewahrenden Gnade rechnet nur der, um die rechtzeitige Hilfe bittet nur der, der tief davon überzeugt ist: »Auf dem so schmalen Pfade gelingt mir ja kein Tritt, es geh' denn seine Gnade bis an das Ende mit.« Mit der bewahrenden Gnade rechnet man erst dann, wenn man gründlich bankrott geworden ist in sich selber, wenn man zu der Erkenntnis gekommen ist: Ich kann nichts, und ich bin nichts; »an mir und meinem Leben ist nichts auf dieser Erd«.

Ist es dahin schon bei dir gekommen? Hat Gott dir schon dein Selbstvertrauen zerbrechen können, so wie er dem Jakob das Gelenk seiner Hüfte verrenkte in der Nacht am Jabbok? Bist du schon zur Erkenntnis deiner Unfähigkeit und Untüchtigkeit gekommen?

Ja, erst dann macht man richtigen Gebrauch von der Gnade. Erst dann setzt man, wie Petrus auffordert, seine Hoffnung ganz auf die Gnade. Bis dahin hat man die Hoffnung zunächst auf sich selbst und seine festen Grundsätze gesetzt. Und den Mangel soll dann die Gnade ausfüllen – »Gottes Gnad und Christi Blut machen allen Schaden gut«.

Wer bankrott ist, wer nichts mehr von sich selber hält, wer nichts mehr von sich selber erwartet, der setzt sein Vertrauen ganz auf die Gnade. Der fängt jeden Tag damit an, daß er sagt: »Herr Jesus, da liegt wieder ein Tag vor mir mit seinen Aufgaben und Anforderungen, mit seinen Versuchungen und Gefahren. Wie soll ich da durchkommen? Herr, ich vertraue mich deiner Gnade an, daß du mich bewahrest vor dem Argen.«

Wer so seine Tage anfängt und so durch seine Tage geht im Bewußtsein: Ich kann nichts, aber: »Ich vertraue dir, Herr Jesu!« – der wird Gnade finden zur rechtzeitigen Hilfe. Der wird sich in allen Lagen, in die er kommt, der Hilfe und Leitung Gottes versichern. Der wird in betender Verbindung mit dem Höchsten bleiben. Der wird erfahren:

»Auf Gnade darf man trauen,
man traut ihr ohne Reu,
und wenn uns je will grauen,
so bleibt's: Der Herr ist treu!«

So hat es Josef erfahren. Er hat sich der Gnade Gottes anvertraut, und die Gnade Gottes hat ihn bewahrt und ihn siegreich durch diese schwere, gefährliche Zeit hindurchgebracht. Die Gnade Gottes will auch uns bewahren. Wir müssen uns nur bewahren lassen. Wir müssen nur unsere Hoffnung ganz auf die Gnade setzen. – Tust du das?

Jesus ist Sieger

Und sie bedrängte Josef mit solchen Worten täglich (1. Mose 39, 10).

Das machte die Versuchung so gefährlich, daß sie täglich wieder kam. Beim ersten Angriff war die Versuchung zurückgeschlagen worden. Aber wenn sie täglich wieder kommt – wird Josef nicht endlich müde und mürbe werden wie Simson, der endlich der Delila nachgab?

Der Feind ist voll arger List. Er hat in all den Jahrtausenden, seitdem es Menschen gibt auf der Erde, nichts anderes getan, als das Menschengeschlecht zu studieren. Er ist ein Menschenkenner. Er weiß ganz genau, wie er jeden Menschen fangen und zu Fall bringen kann.

Der eine hat seine schwache Stelle da, daß er kein Geld liegen sehen kann. Mancher andere kann daran vorbeigehen und es ist ihm gar keine Gefahr. Ja, der Gedanke kommt ihm gar nicht, sich etwas anzueignen. Aber wer hier seine schwache Stelle hat, der fühlt sich wie mit magnetischer Kraft zu dem Geld hingezogen.

Das war die schwache Stelle bei Judas. Wie oft hob Jesus den Finger auf, um Judas zu warnen. Er ließ sich nicht warnen. Er geriet in die Netze des Feindes.

Der andere hat seine schwache Stelle auf dem Gebiet, wo Potifars Weib Josef versuchte. Wie viele haben ihre besondere Gefahr auf diesem Gebiet! Und wie viele bringt der Feind zu Fall mit den Versuchungen zur Sinneslust. Man kann diese Sünde geradezu »die Sünde« nennen, so verbreitet, so allgemein ist sie.

Da gilt es auf der Hut zu sein und Schildwachen aufzustellen bei den Toren, durch die der Feind so gern eindringt. Manchmal versucht er es, durch das Tor der Augen einzudringen. Die Augen lesen ein Buch, das die Phantasie reizt, das die Gedanken erregt. Oder sie betrachten ein Bild, das unreine Gedanken und Lüste erweckt. Da gilt es, Schildwachen aufzustellen, welche dieses Tor der Augen bewachen, daß da der Feind nicht eindringen kann. Nimm dich in acht mit dem, was du liest! Sei vorsichtig mit deiner Lektüre! Wie mancher hat schon durch falsche Lektüre seine Phantasie vergiftet, sein Gewissen befleckt, sein Leben verdorben!

Ein anderes Tor ist das der Ohren. Da hört man eine zweideutige Rede oder einen zweifelhaften Scherz. Man horcht hin, und das Gehörte findet den Weg zu den Kammern des Gedächtnisses und wird dort aufbewahrt. Sei auf der Hut! Stell Schildwachen auf bei dem Tor der Ohren, daß der Feind da nicht eindringen kann!

Und wenn du weißt: da ist Gefahr für dich, dann geh ihr aus dem Wege. Wer sich in Gefahr begibt, der kommt darin um. Wenn du weißt, dieser Umgang ist gefährlich für mich, da bekomme ich nichts Gutes zu hören, dann gib ihn auf! Wenn dich deine rechte Hand ärgert, dann hau sie ab! Und wenn dich dein Auge ärgert, dann reiß es aus! Es ist dir besser, du gehst als Krüppel ins Himmelreich als mit heilen Gliedern in die Hölle.

Der Feind ist geschäftig. Er ist immer auf dem Posten. Er geht nie in die Ferien. Er nimmt nie Urlaub. Und gerade dann, wenn du einen Sieg errungen hast, dann ist es oft am allerschlimmsten. Gerade wenn du dich deines Sieges freust und der Ruhe dich hingibst, dann schießt er seine Pfeile aus dem Hinterhalt. Er kommt wieder. Vergiß das nicht.

Was war das für ein herrlicher Sieg, den Elia auf dem Karmel errungen hatte. Als einzelner Mann hatte er einem ganzen götzendienerischen Volk gegenübergestanden. Und Gott hatte sich wunderbar zu seinem Gebet bekannt. Und dann, als Isebel ihm die Botschaft schickte, er solle sich vor ihr in acht nehmen, sie würde ihn umbringen – da floh er um seines Lebens willen. Wenn Gott imstande gewesen war, ihn vor Ahab und seinen Baalspriestern zu beschützen, war er dann nicht imstande, ihn vor der Wut der Königin Isebel zu schützen? Aber nach seinem Sieg auf dem Karmel war bei Elia ein gewisser Rückschlag, eine gewisse Abspannung eingetreten, und diese müde Stunde benutzte der Feind zu seinem Angriff.

Potifars Weib trieb ihre Verführungskünste täglich. Und das machte sie so gefährlich. Man denkt so leicht: Das ist ein überwundener Standpunkt; damit bin ich fertig; das ist keine Gefahr für mich. Und damit gerade wird dem Feind der Schlüssel zur Burg überliefert.

Sei auf der Hut! Wache und bete! Blicke auf Jesus! Vertraue ihm. Er ist auch versucht worden. Er ist versucht worden allenthalben gleichwie wir. Aber er hat in allen Versuchungen siegreich bestanden. Und nun kann er denen helfen, die versucht werden.

Du kennst deine eigene Ohnmacht. Ich hoffe wenigstens, daß du sie kennst. Du kennst die Macht des Teufels. Sie ist groß. Aber so schwach du bist und so groß die Macht des Feindes ist, du brauchst dich nicht zu fürchten, wenn du auf Jesus traust und baust. Wenn du zum Bewußtsein deiner Ohnmacht gekommen bist, wenn dir die Gefährlichkeit des Feindes klar geworden ist, dann fürchte dich nicht und verzage nicht, sondern – vertraue dem Herrn, der imstande ist, dir Sieg zu geben, dich zu bewahren.

»Blicke nur auf Jesus
mitten in dem Streit!
Wird der Kampf auch heißer,
Hilfe ist bereit.
Ist der Feind gleich mächtig,
deine Kraft nur klein -
blicke nur auf Jesus!
Sein Sieg ist auch dein!«

So hat's Josef gemacht. Er hat nicht auf seine eigene Ohnmacht geblickt, nicht auf die Künste der Verführerin, er hat auf Gott geblickt, und der hat ihm den Sieg gegeben.

Mach du's auch so! Rechne nicht mit dir und deiner eigenen Kraft oder deiner Ohnmacht. Fürchte dich nicht vor dem Feind und seiner Macht. Rechne mit Gott! Vertraue dem Herrn, und du wirst es erfahren: Jesus ist Sieger!

Ein kritischer Tag

Es begab sich eines Tages, daß Josef in das Haus ging, seine Arbeit zu tun, und kein Mensch vom Gesinde des Hauses war dabei. Und sie erwischte ihn bei seinem Kleid ... Aber er ließ das Kleid in ihrer Hand und floh und lief zum Hause hinaus. Da sie nun sah, daß er sein Kleid in ihrer Hand ließ und hinaus entfloh, rief sie dem Gesinde ihres Hauses und sprach zu ihnen: Seht, er hat uns den hebräischen Mann hergebracht, daß der seinen Mutwillen mit uns treibe. Er kam zu mir herein und wollte sich zu mir legen; aber ich rief mit lauter Stimme. Und als er hörte, daß ich ein Geschrei machte und rief, da ließ er sein Kleid bei mir und floh und lief hinaus. Und sie legte sein Kleid neben sich, bis sein Herr heimkam, und sagte zu ihm ebendieselben Worte und sprach: Der hebräische Knecht, den du uns hergebracht hast, kam zu mir herein und wollte seinen Mutwillen mit mir treiben. Als ich aber ein Geschrei machte und rief, da ließ er sein Kleid bei mir und floh hinaus. Als sein Herr die Worte seiner Frau hörte, die sie ihm sagte und sprach: So hat dein Knecht an mir getan, wurde er sehr zornig. Da nahm ihn sein Herr und legte ihn ins Gefängnis, in dem des Königs Gefangene waren. Und er lag allda im Gefängnis (1. Mose 39, 11-20).

In diesen kritischen Tagen und Wochen kam es Josef zum ersten Mal schmerzlich zum Bewußtsein, daß er ein Sklave war. Wäre er ein freier Mann gewesen, er hätte sofort das Haus verlassen. Aber nun war er an dieses Haus gebunden. Wenn Potifars Weib ihn rief, dann mußte er kommen. Sie war seine Herrin. Welch eine schwierige Lage!

Wie wird Josef den Herrn angefleht haben, ein Ende zu machen und ihn unversehrt durch diese Versuchungen hindurchzubringen!

Und Gott machte ein Ende. Er ließ auch diese Versuchung ein Ende gewinnen. Wie ging das zu?

Eines Tages war das ganze Gesinde auf dem Feld beschäftigt. Hatte Potifars Weib es so einzurichten gewußt, oder hat sie nur die Gelegenheit benutzt? – Kurz, sie war ganz allein zu Hause. Da kam Josef ins Haus. Gewiß hatte er einen wichtigen Grund. Sonst wäre er nicht gekommen. Und da benutzte die Versucherin die Gelegenheit zu einem letzten Angriff. Sie wollte und mußte zum Ziel kommen. Denn der Gedanke war ihr unerträglich, daß er in seiner Reinheit wirklich den Sieg davontragen und sie in ihrer Schamlosigkeit verachten würde. Sie mußte erreichen, was sie wollte.

Alle Künste wußte das schöne Weib anzuwenden. Wie mag sie ihm versichert haben, daß sie sterben müsse, wenn er ihre Liebe nicht erwidere. Weiche Arme schlang sie um seinen Nacken. Glühende Liebesworte trafen sein Ohr. Josef schwindelte es. Wird sein Glaube aus dem Feuer dieser Versuchung bewährt hervorgehen, oder wird diese höllische Glut seinen Glauben verzehren?

Er hatte nicht umsonst so oft um bewahrende Gnade gebeten. Die Gnade bewahrte ihn. Gott erinnerte ihn an die Austreibung aus dem Paradies, an die große Flut, welche das Menschengeschlecht ausgerottet hatte, an den Untergang von Sodom und Gomorra – und da trat wieder die Losung seiner Kindheitsjahre vor seine Seele: Nicht sündigen, auch wenn es das Leben kostet.

Er machte sich los aus der Umarmung des verführerischen Weibes. Und als sie ihn festzuhalten suchte, da ließ er lieber sein Kleid in ihren Händen zurück und floh.

Wie ein gehetztes Wild kam er in seine Kammer. Sein Puls flog. Aber er war unversehrt aus dieser Stunde davongekommen. »O, mein Gott, ich danke dir«, wird er gewiß gebetet haben, »ich danke dir, daß du mich bewahrt hast. Aber Herr, es kann nicht so weitergehen. Mach End', o Herr, mach Ende! Befreie mich aus dieser entsetzlichen Lage!«

Dann kam Potifar nach Hause. Dienstfertig wie immer, war Josef zu seinem Empfang bereit. Wie freute er sich, wie dankte er Gott im stillen, daß er seinem Herrn offen und ehrlich ins Auge sehen konnte, daß er nicht als ein Ehebrecher vor ihm stand.

Dann ging Potifar zu seiner Frau. Josef verschwand wieder in seiner Kammer. Ob er eine Ahnung davon hatte, was jetzt kommen würde? Ob er wußte, daß Potifars Weib ebenso glühend hassen konnte, wie sie liebte?

Er wird gerufen. Potifar steht da, wie er ihn noch nie gesehen hat. Die Zornesader auf der Stirn ist hoch geschwollen. Seine Augen lodern Blitze. »Josef, von dir hatte ich so etwas am allerwenigsten erwartet! Pfui! All deine Frömmigkeit war also nur Lug und Trug, um deine Schändlichkeiten zu verbergen!«

Was antwortet Josef? Er antwortet nichts. Warum denn nicht?

Was hätte er denn antworten sollen? Wenn er sich verteidigte, dann mußte er seine Herrin verklagen, dann mußte er die Ehe seines Herrn, der ihm so viel Gutes getan hatte, zerstören. Soll er um diesen Preis seine eigene Ehre retten? Nein! Lieber schweigt er und nimmt den falschen Verdacht auf sich, als daß er seinem Herrn Potifar diesen Schmerz antäte.

Er schweigt. Auch hierin ein Vorbild von dem, der wie ein Schaf zur Schlachtbank geführt wurde und verstummte vor seinem Scherer und den Mund nicht auftat.

Aber Josefs Schweigen erschien als Eingeständnis seiner Schuld. Sein Kleid in der Hand von Potifars Frau war ja auch Beweis genug.

Wenn ein Sklave den Zorn seines Herrn erregte, dann wurde er gepeitscht. Es steht nicht besonders hier, daß Josef gepeitscht wurde – vielleicht steht es darum nicht da, weil es ganz selbstverständlich in so einem Fall war. Seine Mitsklaven rissen ihm die Kleider vom Leib und dann sausten die grausamen Hiebe auf ihn nieder, bis er zusammenbrach und die Besinnung verlor.

Und Potifars Weib sah zu und freute sich mit satanischer Freude seiner Qualen.

Dann schleppte man Josef ins Gefängnis.

Und das hat Gott zugelassen? Ja, das hat Gott zugelassen. Und das soll ein gerechter Gott sein? Ja, das ist ein gerechter Gott! Wir verstehen ihn wohl nicht immer gleich. Wir fragen vielleicht einmal: Warum, Herr, warum? Aber es kommt die Stunde, wo wir erkennen: Gott hat alles wohlgemacht.

Was war das erste, als Josef im Kerker angekommen war und zum Bewußtsein seiner Lage kam, was er tat? Ich bin überzeugt, daß aus seinem Herzen inbrünstiger Dank stieg. Er hatte Gott gebeten, ein Ende zu machen mit dieser schrecklichen Versuchung. Das hatte Gott getan. In diesen Kerker würde ihm die Schlange nicht nachfolgen. Hier war er in Sicherheit vor ihr. Und darum dankte er Gott für diesen Bergungsort.

Soll ich noch ein Wort hinzufügen zu dieser ergreifenden Geschichte, dann soll es nur dies sein: Wie gut war es, daß Josef in dieser kritischen Stunde die Flucht ergriff. Das ist oft die beste Art des Kampfes, daß man flieht. Darum sagt Paulus: »Fliehe die Lüste der Jugend.«

Man sagt so oft, die Versuchungen heutzutage, namentlich für junge Leute und in den großen Städten seien so groß, daß man nicht durchkommen könne. Doch, man kann. Aber man kann nur, wenn man flieht. Wer die Orte verderblicher Lust aufsucht, der kann freilich nicht durchkommen. Der flieht ja nicht. Der sucht ja die Gefahr und die Sünde geradezu auf!

Willst du durchkommen? Möchtest du Sieg haben in den Versuchungen und Gefahren, dann fliehe! Laß dich nicht auf einen Kampf mit der überlegenen Macht der Versuchung ein, geh ihr vielmehr aus dem Wege!

Und wenn deine Kameraden auch über den »keuschen Josef« spotten – wenn nur das Wohlgefallen Gottes auf deinem Leben ruht!

Wenn die Versuchung auch um dich die verführerischen Arme schlingt, ich bitte dich, fliehe!

Leben heißt loben

Aber der Herr war mit ihm und neigte die Herzen zu ihm und ließ ihn Gnade finden vor dem Amtmann über das Gefängnis, so daß er ihm alle Gefangenen im Gefängnis unter seine Hand gab und alles, was dort geschah, durch ihn geschehen mußte (1. Mose 39, 21.22).

Im Gefängnis!

Ein Gefängnis heutzutage ist schon kein angenehmer Aufenthaltsort. Aber gegen ein Gefängnis von dazumal ist es gewiß wie ein Palast. Ein Gefängnis im Altertum war ein elender Raum ohne Luft und Licht, vielfach sogar ganz unterirdisch angelegt.

Und warum kam Josef ins Gefängnis? Weil er dem Willen Gottes treu und gehorsam gewesen war. Weil es sein Grundsatz gewesen war: Nicht sündigen, auch wenn es das Leben kostet.

Wie nahe hätte es gelegen, daß Josef jetzt an der Gerechtigkeit Gottes irre geworden wäre, ja, daß es ihm überhaupt fraglich geworden wäre, ob es wirklich einen Gott gäbe! Denn, wenn es einen Gott gibt, wie konnte er dann eine solche himmelschreiende Ungerechtigkeit geschehen lassen?

Hat Josef so geredet? Hat er an Gott gezweifelt oder mit Gott gehadert? Nein, mit keinem Wort, mit keinem Gedanken. Wo das steht? In den kurzen Worten: »Der Herr war mit ihm.« Hätte der Herr mit ihm sein können, wenn er gemurrt und gehadert hätte? Nein, das wäre ganz unmöglich gewesen. Der Herr war mit ihm, weil Josef in Gebetsverbindung mit Gott war.

Auch mit diesem Weg war Josef einverstanden und zufrieden. Er sah es als eine Erhörung seiner Gebete um Beendigung der schweren Versuchungen in Potifars Haus an, daß er jetzt hier im Gefängnis war. Hier hatte er Ruhe vor der Versucherin. Hier war er in Sicherheit. Und dafür war er seinem Gott dankbar.

Das ist wichtig, was wir da von Josef lernen können. Leben heißt: loben, einverstanden sein mit Gott und seinem Walten und Führen. Ich weiß von einem, der in Kriegsgefangenschaft kam. Zuerst wollte es ihm gar nicht passen, daß er hinter Stacheldraht saß, während seine Kameraden der Heimat zuwandern konnten. Zuerst wollte er aufbegehren. Doch dann wurde es ihm klar: Leben heißt einverstanden sein mit den Führungen seines Gottes. Er fing an, ja zu sagen zu diesem Weg, der ihm erst gar nicht gefallen konnte. Und er klagte nicht mehr, mit einem Mal hatte sein Leben wieder Inhalt bekommen. Er sagte sich, daß Gott ihn hierher geschickt habe, und da habe Gott gewiß eine Absicht dabei. So wurde ihm die Zeit hinter dem Stacheldraht eine sehr heilsame Klasse in der Schule des Lebens. Und als er das gelernt hatte, was Gott in seinem Lehrplan vorgesehen hatte, da öffneten sich die Tore des Gefangenenlagers.

Josef wußte nicht, was Gott mit ihm vorhatte. Er wußte nicht, daß er auf den Thron als Regent von Ägypten kommen sollte. Nun wollte ihn Gott für diesen Platz erziehen und zubereiten.

Wer eine besondere Stellung erringen will, der muß eine Hochschule besuchen. Wen Gott in besonderer Weise gebrauchen will, den läßt er auch gerne eine Hochschule besuchen. Nur ist es merkwürdig, daß die Hochschulen Gottes eigentlich Tiefschulen sind. Ehe uns Gott hinaufführt, führt er uns hinab.

Josefs Hochschule war das Gefängnis.

Das ist ein Gesetz im Reich Gottes: erst hinab und dann hinauf! Durch Kreuz zur Krone! Durch Nacht zum Licht!

So ist es auch unserm Heiland ergangen. Gott hat den Erlöser der Menschen durch Leiden vollkommen gemacht. Jesus mußte erst hinabsteigen in Schmach und Schande, in die tiefste Erniedrigung, ehe Gott ihn erhöhte und ihm einen Namen gab, der über alle Namen ist. Auch sein Weg zum Thron ging durchs Kreuz.

Und unser Weg ist kein anderer. Wir sind auch zur Krone und zum Thron berufen. Es steht ja geschrieben: »Sei getreu bis an den Tod, so will ich dir die Krone des Lebens geben.« Und wiederum: »Wer überwindet, dem will ich geben, mit mir auf meinem Thron zu sitzen, wie ich überwunden habe und bin gesessen mit meinem Vater auf seinem Thron.« Aber unser Weg zum Thron geht durchs Kreuz. Auch wir müssen durch die Tiefschule Gottes gehen, um für unseren Platz auf dem Thron zubereitet zu werden. Es geht gar nicht anders.

»Unter Leiden prägt der Meister
in die Herzen, in die Geister

sein allgeltend Bildnis ein.
Wie er dieses Leibes Töpfer,
will er auch des künft'gen Schöpfer
auf dem Weg der Leiden sein.«

Wenn wir den Blick gewinnen für das Ziel, das Gott sich mit uns gesteckt hat, wenn wir erkennen, wir sollen einmal auf den Thron, wie fällt dann Licht von oben in unser Leben und auf die Leiden und Nöte unseres Lebens! Wir haben es oft nicht gewußt, warum wir diesen und jenen dunkeln Weg gehen mußten. Wir konnten Gott manchmal gar nicht recht verstehen.

Wenn uns der Blick für das Ziel aufgeht, dann verstehen wir die Wege Gottes. Dann erkennen wir: Er führt mich in die Tiefschule, um mich darin für den Thron auszubilden.

Wenn man das erkennt, dann hören die Leiden auf, uns so schwer und so schmerzlich vorzukommen. Dann seufzen und klagen wir nicht mehr, sondern wir sehen Gottes Liebesabsichten und seine gutgemeinten Pläne darin, wenn er uns in die Tiefschule führt. Wir wissen: Nach der Tiefschule Gottes wartet der Thron.

So lernt man, die Nöte des Lebens mit ganz anderen Augen anzusehen. Man bleibt nicht bei der gegenwärtigen Trübsal stehen, sondern man sieht hinter allem und über allem die guten Absichten Gottes, der zielbewußt seine Pläne hinausführt – zu unserem Heil.

So lernt man es, mit Gott einverstanden und zufrieden zu sein. So lernt man es: Leben heißt loben.

Hast du das schon gelernt? Wenn ja, dann wirst du glücklich und fröhlich werden. Dein Herz wird zur Ruhe kommen, zur Ruhe in Gott. Du wirst nicht mehr unzufrieden sein mit den Wegen Gottes, du wirst dich nicht mehr ärgern über das, was die Menschen dir antun, du wirst aus dem Klagen und Jammern herauskommen zur Ruhe und Gelassenheit in Gott. Er macht keine Fehler. Und wenn er dich dunkle Wege führt, wenn du durch Kränkungen und Ungerechtigkeiten hindurchgehen mußt, dann schickt das Gott, um dich in dieser Tiefschule für den Thron tauglich zu machen.

Nicht wahr, auf den Thron in Gottes Nähe möchtest du gern! Nun wohl! Aber dann mußt du dir auch den Weg gefallen lassen, der allein dorthin führt.

Ja, sei überzeugt, jeder dunkle Weg führt zu deinem Heil! Jede Trübsal braucht Gott zu deiner Erziehung!

Denke einmal: Wenn du mit lauter liebenswürdigen und freundlichen Menschen zusammen wärest, die alle so höflich und artig mit dir umgingen, würde dann wohl etwas aus dir werden? Würdest du dann Gelegenheit haben, dich in Demut und Geduld, in Sanftmut und Freundlichkeit zu üben? Würdest du es dann lernen, Unrecht zu dulden und deine Feinde zu lieben?

Darum erkenne, daß Gott dich richtig führt, wenn er dich in seine Tiefschule nimmt, daß er dabei mit dir nur Absichten mit hohen Zielen verfolgt.

Wer das erkennt, wem dafür der Blick aufgeht: »Es kann mir nichts geschehen, als was er hat ersehen und was mir selig ist«, der lernt es dann auch, Gott für alles zu danken. Bei dem wird es wahr: Leben heißt loben.

Leben heißt lieben

Der Amtmann über das Gefängnis kümmerte sich um nichts; denn der Herr war mit Josef, und was er tat, dazu gab der Herr Glück (1. Mose 39, 23).

Unser Leben hat zwei große Beziehungen. Wir stehen in Beziehung zu Gott und zu Menschen. Unsere Beziehung Gott gegenüber ist recht geregelt, wenn unser Leben ein Loben wird, ein Einverstandensein mit Gott und seinem Willen. Und unsere Beziehung den Menschen gegenüber wird recht geordnet, wenn unser Leben ein Lieben wird.

So war es bei Josef. Sein Leben war ein Loben und ein Lieben.

Wenn einer Grund gehabt hätte, sich über die Schlechtigkeit der Menschen zu beklagen, dann wäre es Josef gewesen. Was hatte er alles erlebt und erlitten! Wie schändlich hatten seine Brüder an ihm gehandelt! Wie hatte Potifars Weib ihn verleumdet! Und wie hatte Potifar selbst ihn behandelt, ihn ohne Untersuchung und Urteil ins Gefängnis werfen lassen!

Nicht wahr, wenn jetzt Josefs Herz voll Bitterkeit gewesen wäre, wenn er allen Leuten gegenüber sich darüber beklagt hätte, was er schon alles durchgemacht habe und wie er behandelt worden sei, das könnte man gut verstehen. Aber nein, das hat er nicht getan. Er hat nicht von der erlittenen Ungerechtigkeit gesprochen.

Wer das tut, der verbittert sich nur das Leben. Je mehr man von solchen Erfahrungen redet, um so mehr redet man sich in die Bitterkeit hinein. Je weniger man davon spricht, um so besser! Und gar nicht davon zu sprechen, das ist das allerbeste.

So hat es Josef gemacht. Er hat nicht von der Vergangenheit gesprochen. Er hat der Gegenwart und ihren Aufgaben gelebt. Er sagte sich: »Wenn ich nun hier im Gefängnis bin, dann will ich den armen Gefangenen doch, so gut ich kann, ihre Lage zu erleichtern suchen, denn sie haben es doch alle viel schlimmer als ich. Ich habe ja einen lebendigen Gott, der mein Trost und meine

Hilfe ist; aber diese armen Menschen haben an Isis und Osiris, ihren falschen Göttern, keinen Halt. Darum sind sie doch viel übler daran als ich.«

Und so fing er an, ihnen allerlei Dienste zu tun, ihnen allerlei Liebes zu erweisen, um ihre traurige Lage zu erleichtern.

Solche Leute kann man überall gebrauchen, die hat jeder gern. Leute, die immer von sich reden, die immer Beachtung für sich und ihre Sorgen beanspruchen, sind jedem lästig. Aber Leute, die dienstwillig und freundlich sind, sind überall angenehm und willkommen.

So war's auch hier im Gefängnis. Wenn Josef mit seinem freundlichen Gesicht nur in eine Kammer trat, dann war es schon, als ob die Kammer nicht mehr so dunkel und traurig sei. Und wenn er so freundlich und teilnehmend fragte, wie man geschlafen habe, dann war es, als ob ein Sonnenstrahl durch das vergitterte Fenster fiele. Überall war Josef gern gesehen.

Ich habe von Diakonissen gehört, von denen auch so eine Atmosphäre ausging. Wenn sie nur in den Krankensaal traten, dann war es, als ob ein heller Strahl der Sonne durch den Saal huschte. Das ist ein schönes Urteil. Möchten alle Schwestern solche Sonnenstrahlen sein! Und das ist nicht nur eine Aufgabe für Diakonissen, das ist eine Aufgabe für alle Christen: »Leuchten müssen wir, du in deiner Ecke, ich in meiner hier.«

Der Amtmann über das Gefängnis bemerkte bald, was für eine Hilfe er an Josef hatte. Er übertrug ihm allerlei Dienste im Gefängnis. Immer mehr wurde Josef der Mann seines Vertrauens, bis er schließlich zum Oberaufseher oder Gefängnisinspektor gemacht wurde.

War auch dein Leben ein Lieben? Ja, geliebt werden, das möchten viele. Aber lieben? Liebe empfangen, ja! Aber Liebe geben?

Solange wir immer Liebe haben wollen, solange werden wir es nie zu einem glücklichen und fröhlichen Leben bringen. Denn wir werden nie auf unsere Kosten kommen; unsere Ansprüche werden nie befriedigt werden. Und dann werden wir darüber klagen, daß wir verkannt werden, daß man uns nicht versteht usw.

Josef meinte nicht, wenn ihm irgendwelche Arbeiten zugemutet wurden: »Das ist unter meiner Würde! Das tue ich nicht!« Sondern er tat es. Er tat es mit Freude.

Ich habe einmal gelesen, der geplagteste Mensch auf der Welt heiße »Jemand anders«. Das ist wahr. Wenn einer irgendeine Arbeit nicht tun will, weil sie ihm nicht gut genug ist, dann sagt er: »Das kann jemand anders tun!« Und wenn er zu träge ist, dies oder das zu tun, dann sagt er auch wieder: »Das kann jemand anders machen!« Alle Arbeit, die man nicht tun will, wozu man keine Lust hat, die wird auf »jemand anders« abgeschoben.

Nun, Josef war so ein »Jemand anders«. Was andern nicht paßte, das übernahm er.

Willst du nicht auch so ein »Jemand anders« werden? Das wäre schön! Ich wünschte, daß auch dein Leben ein Lieben würde! Wieviel schöner und gesegneter würde es sein!

Ist dein Leben deiner Umgebung gegenüber ein Lieben? Weißt du, was Lieben heißt? Lieben heißt: sich auf den Standpunkt des andern stellen. Hast du das immer getan? Oder hast du alles von deinem Standpunkt aus angesehen? Dann kannst du nicht recht lieben, wenn du das tust!

Nimm einmal ein Gleichnis aus dem Leben, wie es sich oft genug zuträgt. Da kommt der Mann nach Hause. Er hat im Büro allerlei Unannehmlichkeiten gehabt. Er ist verstimmt. Er hat sich geärgert. Nun ist er mit seinen Gedanken noch bei dem Ärger, den er erlebt hat. Gewiß sollte das nicht so sein; es ist aber so. Infolge seiner Verstimmung ist sein Gruß nicht so freundlich wie sonst. Auch sein Gesicht nicht.

Die Frau sieht auf. Keinen Blick für sie? Kein Wort für sie?

Wenn sie nun liebt, das heißt, wenn sie sich nun auf seinen Standpunkt stellt, dann sagt sie sich: »Mein Mann hat heute irgend etwas Unangenehmes gehabt; ich will besonders freundlich zu ihm sein, um sein Gesicht wieder aufzuhellen!«

Wenn die Frau freundlich zu ihm ist, was wird dann der Mann sagen? »Es ist doch schön, wenn man zu Hause ist. Wenn es auch im Büro oft unangenehm ist, zu Hause ist es doch immer gemütlich.« Und die Wolken weichen, die auf seiner Stirn gelagert hatten, und es gibt einen harmonischen Abend.

Aber wie wird die Sache, wenn die Frau noch nicht begriffen hat, daß unser Leben ein Lieben sein soll?

Ach, dann geht es ganz anders! Die Frau hört den unfreundlichen Gruß, sieht das brummige Gesicht; sie denkt nicht daran, Liebe zu geben, sie will Liebe haben. Sie denkt: »Na, was fällt dem denn ein? Ich stehe hier den ganzen Tag und plage mich, habe den ganzen langen Tag meine Not mit den Kindern und mit allem, und dann so? Das brauche ich mir doch nicht bieten zu lassen!« Und ihr Gesicht wird ebenso mürrisch, wie das seine. Ihr Gruß ebenso unfreundlich.

Eine Weile sieht er es mit an. Dann denkt er: »Im Büro hat man die Schererei, nun denkt man, zu Hause wird es besser – da sieht man auch ein brummiges Gesicht.« Nimmt den Hut und geht ins Wirtshaus.

Und tagelang dauert der Zwist zwischen den beiden.

Ist das nicht ein Bild aus dem Leben? Leider ja!

Warum passieren solche Geschichten? Weil man noch nicht gelernt hat: Leben heißt lieben. Und lieben heißt: sich auf den Standpunkt des andern stellen.

Wenn du es bisher noch nicht getan hast, – willst du es nicht jetzt anfangen? Stell dich auf den Standpunkt des andern, sieh die Sache einmal mit seinen Augen an, und du wirst anfangen zu lieben.

Ich wünschte, daß wir es alle beweisen möchten in unserem Leben, im Haus und im Beruf: Leben heißt lieben!

Die letzte Klasse

Als nun am Morgen Josef zu ihnen hineinkam und sah, daß sie traurig waren, fragte er sie und sprach: Warum seid ihr heute so traurig? Sie antworteten: Es hat uns geträumt, und wir haben niemand, der es uns auslege. Josef sprach: Auslegen gehört Gott zu; doch erzählt mir's. Da erzählte der oberste Schenk seinen Traum und sprach zu Josef: Mir hat geträumt, daß ein Weinstock vor mir wäre, der hatte drei Reben, und er grünte, wuchs und blühte, und seine Trauben wurden reif. Und ich hatte den Becher des Pharao in meiner Hand und nahm die Beeren und zerdrückte sie in den Becher und gab den Becher Pharao in die Hand. Josef sprach zu ihm: Das ist seine Deutung: Drei Reben sind drei Tage. Nach drei Tagen wird der Pharao dein Haupt erheben und dich wieder an dein Amt setzen, daß du ihm den Becher in die Hand gebest wie vormals, als du sein Schenk warst. Aber gedenke meiner, wenn dir's wohlgeht, und tu Barmherzigkeit an mir, daß du dem Pharao von mir sagst und mich so aus diesem Hause bringst. Denn ich bin aus dem Lande der Hebräer heimlich gestohlen worden; und auch hier hab ich nichts getan, weswegen sie mich hätten ins Gefängnis setzen dürfen... Aber der oberste Schenk dachte nicht an Josef, sondern vergaß ihn (1. Mose 40, 6-15. 23).

Lange war Josef schon im Gefängnis, da wurden eines Tages zwei Männer aus der Umgebung des Königs in das Gefängnis eingeliefert, wie es scheint, unter dem Verdacht, daß sie den König hätten vergiften wollen, der Obermundschenk und der Oberbäcker.

Als Josef eines Morgens zu ihnen kommt, sieht er sie verstimmt und traurig. Er fragt sie nach dem Grund ihrer Traurigkeit und erfährt, daß sie beide einen Traum gehabt haben in der Nacht. Und nun zerbrechen sie sich den Kopf und wissen nicht, was die Träume zu bedeuten haben.

Auf Josefs Bitte erzählen sie ihm ihre Träume. Der Mundschenk hat einen Weinstock gesehen, der drei Reben hervorbrachte. Die Trauben nahm er und zerdrückte sie in Pharaos Becher und gab dann den Becher in Pharaos Hand.

Dazu meinte Josef. »Der Traum ist nicht schwer zu deuten! Drei Reben sind drei Tage. Nach drei Tagen wirst du wieder in dein Amt gesetzt werden und den König wieder bedienen wie zuvor!«

Da erzählte ihm auch der Bäcker seinen Traum. Er berichtete, er habe drei Körbe auf seinem Haupt getragen mit allerlei Gebäck für den König. Da seien die Vögel gekommen und hätten von dem Backwerk oben in dem Korb gefressen.

»O«, rief Josef, »die Vögel gefallen mir nicht! Die Vögel gefallen mir nicht! Ich fürchte, die Vögel werden dein Fleisch fressen, wenn du jetzt über drei Tage an den Galgen gehängt wirst!«

Als er so die Träume gedeutet hatte, kam ihm ein Gedanke. Wenn der Mundschenk jetzt aus dem Gefängnis entlassen wird, kann er doch ein gutes Wort für mich einlegen. Er bittet ihn darum: »Aber gedenke meiner, wenn dir's wohlgeht, und tue Barmherzigkeit an mir, daß du Pharao erinnerst, daß er mich aus diesem Haus führe.«

Und der Mundschenk hat gewiß Josef auf die Schulter geklopft und zu ihm gesagt: »Josef, verlaß dich nur auf mich!«

Und Josef verließ sich nur auf ihn.

Nach drei Tagen ging es so, wie Josef gesagt hatte. Der Mundschenk wurde wieder in sein Amt gesetzt, und der Bäcker wurde gehenkt. Nun wird es nicht mehr lange dauern, daß auch Josef frei wird!

Mit einem Mal kam ihm das Gefängnis so viel heller vor. Der frohe Schein der Hoffnung war hereingekommen in seine dunkle Kammer. »Jetzt werde ich bald frei!« dachte Josef. »Der Mundschenk hat mir's ja versprochen!«

Jedesmal, wenn sich der Schlüssel im Schloß drehte, dachte Josef: »Jetzt kommen sie, um mich zu holen! Jetzt werde ich entlassen!«

Aber nein, die Freiheit kam nicht.

Zwei Tage, drei Tage vergingen. Josef wunderte sich. Aber er fand bald einen Trost. »Gewiß hat er viel Arbeit vorgefunden, die liegengeblieben war in seiner Abwesenheit. Er wird schon an mich denken. Er hat mir's ja versprochen!«

Es vergehen acht Tage, vierzehn Tage, immer geschieht noch nichts. Aber Josef weiß auch jetzt einen Trost: »Er ist jedenfalls krank geworden. Es wäre ja auch kein Wunder. Die schlechte Luft hier im Gefängnis kann wohl einen Menschen krank machen! Sobald er wieder gesund ist, wird er schon die Gelegenheit benutzen, um mit dem König zu reden. Er hat mir's ja versprochen!«

Aber es vergehen drei Wochen, vier Wochen, sechs Wochen, ein Vierteljahr - da endlich kann sich Josef nicht mehr der furchtbaren Wahrheit verschließen: »Er hat mich vergessen!«

Wie dunkel mit einem Mal das Gefängnis ist! Wie matt und müde sich Josef fühlt! Wie mechanisch er seine Arbeiten verrichtet! Er hat die Hoffnung aufgegeben. Und das ist etwas Furchtbares, eine Hoffnung aufgeben zu müssen!

Es war eine schmerzliche Lektion, die er zu lernen hatte; aber er mußte sie lernen. Wer sich auf Menschen verläßt, der ist verlassen. Er sollte einmal auf dem Thron Ägyptens sitzen; er sollte für ein großes Volk sorgen. Da mußte er diese Lektion lernen.

Wie lange dauerte es, bis seine Seele das verlorene Gleichgewicht wiederfand? Zwei lange schwere Jahre. Das war die letzte Klasse der Hochschule Gottes, die er durchzumachen hatte. Da mußte er das Schwerste lernen.

Aber er lernte es. Er kam dahin, zu seinem Gott zu sagen: »Herr, wenn du willst, daß ich mein Leben lang hier im Gefängnis bleiben soll, dann will ich es auch!«

Als er das sagen konnte, da hatte er ausgelernt. Ich bin überzeugt, daß es dieselbe Nacht war, in der Josef diese Worte sprach und in der Pharao seine wunderbaren Träume hatte, deren Deutung Josef aus dem Gefängnis führte, auf den Thron.

Zwei schwere Jahre! Aber – er hat seine Lektion gelernt. Und wir? Wie lange lernen wir nun schon an der Lektion: »Dein Wille geschehe«? Wie lange schon? Und haben wir sie schon gelernt? Schlägt unser Herz nun einen Schlag mit dem Herzen Gottes? Sagen wir nun, nicht bloß mit dem Mund, sondern mit dem Herzen: »Herr, wie du willst, so schick's mit mir!«?

Ich fürchte, es werden manche unter denen sein, die dies lesen, die haben diese Lektion immer noch nicht gelernt. Soll uns denn Josef beschämen? Wollen wir denn nicht endlich glauben und überzeugt sein, daß Gott keine Fehler macht, daß sein Wille der allein gute und rechte ist?

Wie ging es Josef, als er seine Lektion gelernt hatte? Da gab ihm Gott das Reifezeugnis und entließ ihn aus der Tiefschule des Gefängnisses. Da wurde er Herr von Ägyptenland.

Hast du schon einmal darüber nachgedacht, was geschehen wäre, wenn der Mundschenk Josef nicht vergessen hätte? Ich stelle mir vor, er wäre zu seinem Kollegen, dem obersten Koch, dem Küchenchef gegangen und hätte ihm gesagt: »Hast du nicht ein Plätzchen für einen flinken, anstelligen jungen Mann? Ich habe da einen Mann im Gefängnis kennengelernt, für den suche ich eine Stelle.«

»Jawohl«, hätte der Küchenchef darauf geantwortet: »Wir könnten wohl jemand brauchen zum Gemüseputzen, zum Geschirrspülen und dergleichen.«

So wäre Josef Küchenjunge geworden.

Oder der Mundschenk hätte mit einem andern Bekannten gesprochen, dem Vorsteher der königlichen Kanzlei. Und der hätte geantwortet: »Nun ja, wenn er zuverlässig ist, könnte er vielleicht Botengänge und Besorgungen machen!«

So wäre Josef Laufjunge geworden.

Das wäre der Fall gewesen, wenn Menschen seine Zukunft in die Hand genommen hätten. Aber als Gott seine Zukunft in die Hand nahm, wurde Josef Herr von Ägypten.

Wie wahr ist doch das Wort der Schrift: »Gesegnet ist der Mann, der sich auf den Herrn verläßt und des Zuversicht der Herr ist« (Jer 17,7).

Aber auch das andere Wort gilt noch: »Verflucht ist der Mann, der sich auf Menschen verläßt und hält Fleisch für seinen Arm und weicht mit seinem Herzen vom Herrn« (Jer 17,5).

Die Bibel behält recht. Es bleibt dabei, auch heute noch: »Gesegnet ist der Mann, der sich auf den Herrn verläßt!«

Bist du so ein Mann? Bist du so eine Frau?

Der Herr helfe uns, daß wir in der Schule Gottes in unserem Leben dasselbe lernen, was Josef gelernt hat, unserm Gott völlig zu vertrauen und zu sagen: »Dein Wille geschehe!«

Nichts für mich!

Da sandte der Pharao hin und ließ Josef rufen; und sie ließen ihn eilend aus dem Gefängnis. Und er ließ sich scheren und zog andere Kleider an und kam hinein zu Pharao. Da sprach Pharao zu ihm: Ich habe einen Traum gehabt, und ist niemand, der ihn deuten kann. Ich habe aber von dir sagen hören, wenn du einen Traum hörst, so kannst du ihn deuten. Josef antwortete dem Pharao und sprach: Das steht nicht bei mir; Gott wird jedoch dem Pharao Gutes verkünden (1. Mose 41, 14-16).

Als Josef im Gefängnis dahin gekommen war, zu sagen: Herr, dein Wille geschehe! – als er ganz zufrieden damit war, lebenslang im Gefängnis zu bleiben, da hatte Pharao in einer Nacht zwei wunderbare Träume. Er träumte, er sähe aus dem Nil sieben fette Kühe aufsteigen, die gingen auf der Weide, danach kamen sieben magere Kühe, die fraßen die sieben fetten Kühe. Da wachte Pharao auf.

Als er wieder eingeschlafen war, hatte er einen andern Traum: sieben volle Ähren wuchsen aus einem Halm hervor. Danach kamen sieben dürre und versengte Ähren, die verschlangen die vollen Ähren.

Am Morgen ließ Pharao alle seine Wahrsager und Magier kommen, damit sie ihm seine Träume deuteten; aber keiner konnte sagen, was sie zu bedeuten hätten. Da erinnerte sich der Mundschenk plötzlich an Josef, der ihm im Gefängnis seinen Traum ausgelegt hatte. Er sagte das dem König, der sofort Befehl gab, Josef holen zu lassen.

Was für eine Botschaft! Josef soll vor dem König erscheinen!

Ja, aber so ohne weiteres geht das nicht! Sein Haar ist wild und wüst geworden im Gefängnis. Das mußte erst geschoren werden. Auch seine Kleider sind zerlumpt und zerrissen. Er muß andere anlegen. Er hat über all den eiligen Vorbereitungen keine Zeit, darüber nachzudenken, was er wohl bei dem König soll, warum der König ihn hat rufen lassen.

Endlich steht er im Audienzsaal. Der König redet ihn freundlich und mit ehrenden Worten an: »Mir hat ein Traum geträumt, und ist niemand, der ihn deuten kann; ich habe aber gehört von dir sagen, wenn du einen Traum hörst, kannst du ihn deuten.« Auf diese Anrede antwortet Josef demütig und bescheiden: »Das steht bei mir nicht; Gott wird doch Pharao Gutes weissagen.«

Das Wort, das hier mit den fünf Worten »das steht bei mir nicht« wiedergegeben worden ist, kommt nur zweimal in der Bibel vor. Das erste Mal spricht es Abraham, als er zurückkommt von der Verfolgung Kedor Laomors. Der König von Sodom kommt ihm entgegen und sagt ihm: »Gib mir die Leute! Die Güter behalte für dich!« Da antwortete ihm Abraham mit dem Wort biladaj. Das heißt soviel als: nichts für mich.

Abraham will damit sagen: Ich habe diesen Kriegszug nicht gemacht, um mich zu bereichern, um Beute zu machen. Es war mir nur darum zu tun, Lot aus seiner Gefangenschaft zu befreien. Ich will von der Beute »nichts für mich«, damit du nicht sagest, du habest Abraham reich gemacht.

So ist das Wort auch in der Geschichte Josefs zu verstehen. Pharao spricht ehrende Worte zu Josef: »Ich habe gehört von dir sagen, wenn du einen Traum hörst, kannst du ihn deuten.«

Diese Ehre lehnt Josef ab. »Nichts für mich.« Ich kann diese Ehre nicht in Anspruch nehmen. Träume deuten, das ist Gottes Sache. Wenn du meinst, ich könnte es, so tust du mir zuviel Ehre an!

Nichts für mich!

Wenn die Zeit im Gefängnis seit dem Versprechen des Mundschenks die letzte Klasse der hohen Schule Josefs war, dann ist diese Audienz vor dem König das Entlassungsexamen, die Reifeprüfung. Da muß Josef unter Beweis stellen, was er in der hohen Schule gelernt hat. Und er sagt es mit einem einzigen Wort: biladaj! Nichts für mich!

Was für ein wichtiges, bedeutsames Wort!

Hast du einmal nachgerechnet, wie lange Josef in dieser hohen Stellung als Vizekönig von Ägypten blieb? Er war 30 Jahre alt, als er vor Pharao zu erscheinen hatte. Und er war 110 Jahre alt, als er starb. Also ist er 80 Jahre Herr von Ägypten gewesen. Was für eine lange Zeit! Und in dieser ganzen Zeit hat der Griffel des heiligen Geschichtsschreibers keine Verfehlung, keine Veruntreuung Josefs aufgezeichnet. Wie ist das möglich gewesen?

Das Geheimnis einer so langen und gesegneten Regierung liegt in diesem einen Wort biladaj, nichts für mich.

Stell dir einmal vor: Die Vornehmen und Großen in Ägyptenland, Männer aus alten und edlen Geschlechtern, bekommen plötzlich als Vorgesetzten einen Ausländer, einen jungen Mann, einen Sklaven, ja, einen aus dem Gefängnis entlassenen Sklaven. Wie ungern werden sie sich gefügt und gebeugt haben! Gewiß wäre es zu Komplotts und Verschwörungen gegen Josef gekommen, wenn Josef nicht den Grundsatz »nichts für mich« gehabt hätte. Hätte er nach der Art eines Emporkömmlings es die Großen des Landes fühlen lassen: Ich bin mehr als ihr! – dann wären Zusammenstöße und Reibereien unvermeidlich gewesen. Aber nun wollte Josef nichts anderes sein als der erste Diener des Staates. Als später seine Brüder kamen, da leitete Josef persönlich den Verkauf des Getreides. Das hielt er nicht für unter seiner Würde, wenn er auch der erste Beamte des Königs war. Er wollte nicht herrschen, er wollte nur dienen.

Und gegen einen Diener empört man sich nicht. Man empört sich nur gegen einen despotischen Gebieter, gegen einen hochmütigen Herrscher.

Wenn Josef in der langen Zeit seiner Amtsführung mit den Würdenträgern des Hofes in Frieden lebte, dann dankte er das diesem Wort biladaj, das sein Grundsatz war.

Als er dann die großen Magazine gebaut hatte und ganz Ägypten mit Getreide versorgte, da gingen ungeheure Summen durch seine Hand. Wie leicht wäre es da gewesen, daß etwas von diesen Geldern den Weg in Josefs Tasche gefunden hätte! Niemand hätte ihn kontrollieren können, denn er hatte keinen Aufseher über sich. Aber Josef war treu und uneigennützig. Das verbürgt uns seine Parole: Nichts für mich!

So ist wirklich dieses eine Wort der Schlüssel zu dem wunderbaren Segen seines Lebens. Er wäre nicht das geworden und geblieben, was er war, wenn nicht dies Wort biladaj der Ausdruck seiner inneren Einstellung gewesen wäre!

Diese Gesinnung Josefs war auch dieselbe bei Jesus. Auch hier ist uns Josef wieder ein Vorbild für Christus. Wenn wir in Philipper 2 lesen, daß Jesus es nicht für einen Raub hielt, Gott gleich zu sein, sondern daß er sich selbst entäußerte und Knechtsgestalt annahm, daß er sich erniedrigte und gehorsam wurde bis zum Tode, ja bis zum Tode am Kreuz, dann sehen wir, daß auch die Losung Jesu lautete: Nichts für mich.

Er hätte wohl mögen Freude haben – und doch erduldete er das Kreuz und achtete der Schande nicht! Er wohnte über den Lobgesängen der Cherubim; die Morgensterne jauchzten ihm zu. Und das alles verließ er, um sich für uns dahinzugeben als Opferlamm. Offenbart das nicht seine Gesinnung: Nichts für mich!

Ja, über der Krippe von Bethlehem wie über dem Kreuz von Golgatha steht die Inschrift: Nichts für mich!

Als der Versucher ihm in der Wüste entgegentrat, sagte er zu ihm: »Sprich, daß diese Steine Brot werden!« Hätte Jesus das gekonnt? Ohne Zweifel! So wie er das Wasser zu Kana in Wein verwandelte, so konnte er auch Steine in Brot verwandeln. Warum tat er es denn nicht? Weil er nie seine Wundermacht für sich gebrauchte. Niemals!

Ja, sein Leben war eine große Predigt über dieses Wort biladaj, nichts für mich!

Und nun höre! Wie es die Gesinnung Josefs war, des Vorbildes, wie es die Gesinnung Jesu war, des Urbildes, so soll es auch unsere Gesinnung sein, die der Nachbilder.

»Ein jeglicher sei gesinnet, wie Jesus Christus auch war.«

Gott will, daß diese Gesinnung auch uns erfülle und regiere.

Nun frage dich: war dein Leben auf diesen Ton »nichts für mich« gestimmt?

Ja, die Selbstsucht, die Begehrlichkeit des eigenen Ichs verfolgt uns bis in das Heiligtum des Gebetskämmerleins. »Wenn ich nur!« Das ist der Sinn auch noch vieler frommer Christen. Ja, man könnte geradezu sagen, der Sinn heiße: »Alles für mich!«

Überall wollen sie beachtet und anerkannt werden. Warum gibt es so viele Zwistigkeiten bei Vorstandswahlen in christlichen Gemeinschaften? Weil es noch so viele Brüder gibt, die denken: Alles für mich! Auf diese Stellung, auf diese Ehre habe ich doch den ersten Anspruch! Ich bin doch der Befähigtste dazu.

Sie kommen in die Versammlung, wie andere ins Theater oder ins Konzert gehen. Sie wollen ihre Erbauung haben. Sie wollen eine Anregung haben, einen religiös-ästhetischen Genuß.

Aber, wer immer haben will, wer immer Ansprüche stellt, der

wird nie auf seine Kosten kommen, der wird nie zufrieden werden, der wird nie genug haben. Nie genug Ehre, nie genug Beachtung, nie genug Liebe, nie genug Anerkennung. Und dann muß man sich natürlich ärgern und das übelnehmen, wenn man »nicht genügend beachtet« wird!

Die armen Leute, die »alles für sich« haben wollen, werden nie glücklich und zufrieden. Denn niemand wird ihnen das geben und tun, was sie wünschen und beanspruchen. Man sagt von ihnen: ein eingebildeter Mensch, eine hochmütige Person!

Aber wer die Parole hat »nichts für mich«, der wird überall beliebt sein. Den kann man überall gebrauchen. In jeder Stellung, auf jedem Posten ist der an seinem Platz.

Wir haben es in unserer Hand, ob wir unser Leben erleichtern oder erschweren wollen. Wir können es uns erschweren, wenn wir den Grundsatz haben: Alles für mich! Dann kommen wir nie aus dem Übelnehmen und dem Gekränktsein heraus. Wir können es uns erleichtern, wenn das Wort biladaj der Ausdruck unsrer Gesinnung wird.

Wer keine Beachtung für sich verlangt, der wird sich nicht ärgern, wenn er sie nicht erfährt. Und findet er sie, dann wird er Gott für solche Gnade danken. So wird man fröhlich und dankbar und zufrieden.

Willst du darauf eingehen, dieses Wort Josefs zu deiner Parole zu machen?

Gott will es! Er verlangt es von »einem jeglichen«.

Darum können wir wie Paulus (1. Kor 2,16) sagen: »Wir aber haben Christi Sinn!«

Ein Mensch Gottes

Josef antwortete dem Pharao: Beide Träume des Pharao bedeuten das gleiche. Gott verkündet dem Pharao, was er vorhat. Die sieben schönen Kühe sind sieben Jahre, und die sieben guten Ähren sind dieselben sieben Jahre. Es ist ein und derselbe Traum. Die sieben mageren und häßlichen Kühe, die nach jenen aufgestiegen sind, das sind sieben Jahre; und die sieben mageren und versengten Ähren sind sieben Jahre des Hungers. Das meinte ich, wenn ich gesagt habe zum Pharao, daß Gott dem Pharao zeigt, was er vorhat. Siehe, sieben reiche Jahre werden kommen in ganz Ägyptenland. Und nach ihnen werden sieben Jahre des Hungers kommen, so daß man vergessen wird aller Fülle in Ägyptenland. Und der Hunger wird das Land verzehren, daß man nichts wissen wird von der Fülle im Lande vor der Hungersnot, die danach kommt; denn sie wird sehr schwer sein. Daß aber dem Pharao zweimal geträumt hat, bedeutet, daß solches Gott gewiß und eilend tun wird. Nun sehe der Pharao nach einem verständigen und weisen Manne, den er über Ägyptenland setze, und sorge dafür, daß er Amtleute verordne im Lande und nehme den Fünften in Ägyptenland in den sieben reichen Jahren und lasse sie sammeln den ganzen Ertrag der guten Jahre, die kommen werden, daß sie Getreide aufschütten in des Pharao Kornhäuser zum Vorrat in den Städten und es verwahren, damit für Nahrung gesorgt sei für das Land in den sieben Jahren des Hungers, die über Ägyptenland kommen werden, und das Land nicht vor Hunger verderbe (1. Mose 41, 25-36).

Als Josef auf die Anrede Pharaos so bescheiden geantwortet hatte: »Nichts für mich; Gott wird doch Pharao Gutes weissagen«, da gewann der König Vertrauen zu ihm und erzählte ihm seine Träume.

Josef hörte aufmerksam zu. Und gewiß nicht nur aufmerksam, sondern auch mit dem Gebet, Gott möge ihn erleuchten, daß er dem König die Träume deuten könne.

Als der König ausgeredet hatte, ergriff Josef das Wort und sagte: »Gott verkündigt Pharao, was er vorhat.«

Die sieben fetten Kühe, die aus dem Wasser aufstiegen, deutete Josef als ein Bild der Fruchtbarkeit. Wie oft war dieses Bild zu sehen! Die Fruchtbarkeit Ägyptens hing ja vorwiegend vom Nil ab. Wenn er über seine Ufer trat und das Land überschwemmte, dann gab es ein fruchtbares Jahr und einen guten Ernteertrag. Wie oft sah man in solchen Jahren die Rinder bis an den Hals im Wasser stehen und dann wieder herauskommen und weiden.

Ebenso erkannte Josef den Traum von den sieben Ähren, die aus einem Halm hervorwuchsen als ein Zeichen großer Fruchtbarkeit. Bei dem ägyptischen Weizen wachsen mehrere Ähren aus einem Halm hervor. Ist der Boden besonders gut und fett, dann wachsen viele Ähren aus einem Halm hervor.

Waren die sieben fetten Kühe und die sieben Ähren an einem Halm ein Bild von fruchtbaren Jahren, so waren die sieben mageren Kühe und die sieben vom Ostwind versengten Ähren ein Bild von teurer Zeit.

Das war so einleuchtend, daß der König sofort den Eindruck hatte: Ja, so ist es; es kann gar nicht anders sein. Das war keine Künstelei und Deutelei. Das war so einfach, so lichtvoll, daß es sofort klar war: Das ist die Wahrheit.

Woher hatte Josef das? Woher wußte Josef das?

Der König selber sprach es nachher aus, daß Josef ein Mann sei, in dem der Geist Gottes sei. Sonst hätte Josef die Träume wohl ebensowenig deuten können wie die Magier des Königs. Aber Gott erleuchtete ihn durch seinen Geist, die Bedeutung der Träume zu verstehen und zu erkennen: »Gott zeigt Pharao was er vorhat. Und daß der König zweimal dasselbe geträumt hat, das bedeutet, daß Gott solches gewißlich und eilend tun wird.«

Damit hätte nun Josef seine Rede beenden können. Aber er fährt noch fort. In großen Zügen und klaren Umrissen entwickelt er, was nun angesichts dieser Zukunft zu geschehen habe. Der König solle überall Kornhäuser errichten und die Leute veranlassen, den Fünften ihrer Ernteerträge an die königlichen Magazine abzuliefern. So werde man der kommenden Teuerung getrost entgegensehen können.

Wie klar und einfach das alles ist! Wie bestimmt die Anordnungen und Maßnahmen sind, die Josef empfiehlt!

Und wieder hat der König den Eindruck: Ja, so muß es gemacht werden! Das ist der richtige Weg, den wir zu gehen haben!

Wie doch der Heilige Geist Weisheit und Verstand gibt in allen Lagen und Verhältnissen des Lebens! Woher hat Josef solchen staatsmännischen Blick? Er hat doch auf keiner Hochschule Staatswissenschaft studiert! Er ist doch eben erst aus dem Gefängnis gekommen, ein gefangener Sklave. Gewiß, er hat keine menschliche Hochschule besucht; aber er ist in die Schule Gottes gegangen. Er ist ein Mann, in dem der Geist Gottes ist. Und der Geist Gottes leuchtet in alle Wahrheit hinein, nicht nur in die Wahrheiten des Wortes Gottes, sondern auch in die rechte Besorgung und Verwaltung irdischer Güter.

Als später die Stiftshütte erbaut werden sollte, sagte Gott zu Mose: »Siehe, ich habe mit Namen berufen Bezaleel, den Sohn Uris, des Sohnes Hurs, vom Stamm Juda, und habe ihn erfüllt mit dem Geist Gottes, mit Weisheit und Verstand und Erkenntnis und mit allerlei Geschicklichkeit, kunstreich zu arbeiten an Gold, Silber, Erz, kunstreich Steine zu schneiden und einzusetzen, und kunstreich zu zimmern am Holz, zu machen allerlei Werk.«

Wozu bekam Bezaleel den Geist Gottes? Um ein tüchtiger Goldschmied zu werden, um ein geschickter Steinschneider zu werden und ein guter Zimmermann!

Manche denken, den Heiligen Geist brauchte man nur zum Verkündigen des Wortes Gottes. Gewiß, dazu braucht man ihn auch. Aber wenn etwas Rechtes aus uns werden soll zur Ehre Gottes, dann brauchen wir ihn auch zu den Arbeiten unseres Berufs. Dazu gehören nicht nur Kenntnisse und Kunstgriffe. Dazu gehört vor allen Dingen Heiliger Geist.

Weißt du das?

Der gläubige Schneider, der im Vertrauen auf seine Übung und Geschicklichkeit sagt: »Das wollen wir schon machen«, – der wird gewiß keinen gut sitzenden Rock fertigen.

Aber wer sagt: »Mit Gottes Hilfe«, der wird etwas Gutes leisten. Davon bin ich überzeugt.

Darum denke doch nicht in den täglichen Dingen des praktischen Lebens: »Auf die Geschichte verstehe ich mich.« Wieviel ist schon mißlungen und mißraten um dieses Selbstbewußtseins und Selbstvertrauens willen.

Nimm das Wort Jesu doch ganz buchstäblich: »Ohne mich

könnt ihr nichts tun!« Glaube es doch, daß das Wort eine Wahrheit ist, auch für dich und deine beruflichen Arbeiten und Aufgaben.

Du brauchst ja gar nicht mehr deine Arbeiten allein zu machen. Du darfst in allem dich an den Allmächtigen wenden, der dir seinen Beistand und seine Hilfe zugesagt hat. Mach doch Gebrauch davon!

Wieviel gesegneter wird dein Leben, wieviel besser wird deine tägliche Arbeit vonstatten gehen, wenn du von Josef lernst, in allem auf Gott zu blicken und von ihm dich unterweisen und belehren zu lassen.

Siehe, dann wird es auch von dir wahr werden, was Paulus an Timotheus geschrieben hat: »Ein Mensch Gottes sei vollkommen, zu allem guten Werk geschickt.«

Josef war so ein Mensch, nicht durch Veranlagung und Begabung, sondern durch Begnadung.

Wenn es auf Begabung ankäme, dann müßtest du am Ende sagen: Ich bin nun einmal nicht dazu begabt; ich kann das nicht! Ich bin so ungeschickt. Nein, es kommt auf Begnadung an. Und die ist für jeden da. Auch für den Ungeschickten.

Ich kenne eine Schneiderin, die hat gar kein Geschick und keinen Geschmack für ihren Beruf. Aber sie hat den Heiligen Geist. Und da betet sie bei ihrer Arbeit und ihre Arbeit gelingt, daß sie kaum imstande ist, ihre ganze Kundschaft zu bedienen.

Darum laß dir sagen: vertraue auf die Gnade auch in den Fragen deines Berufs. Und Gott wird dir Weisheit und Verstand geben und Erkenntnis und allerlei Geschicklichkeit!

Gott kann es. Und Gott will es. Er läßt es auch dir sagen:

Ein Mensch Gottes sei vollkommen, zu allem guten Werk geschickt!

Josefs Erhöhung

Die Rede gefiel dem Pharao und allen seinen Großen gut. Und der Pharao sprach zu seinen Großen: Wie könnten wir einen Mann finden, in dem der Geist Gottes ist wie in diesem? Und er sprach zu Josef: Weil dir Gott dies alles hat kundgetan, ist keiner so verständig und weise wie du. Du sollst über mein Haus sein, und deinem Wort soll all mein Volk gehorsam sein; allein um den königlichen Thron will ich höher sein als du. Und weiter sprach der Pharao zu Josef: Siehe, ich habe dich über ganz Ägyptenland gesetzt. Und er tat seinen Ring von seiner Hand und gab ihn Josef an seine Hand und kleidete ihn mit kostbarer Leinwand und legte ihm eine goldene Kette um seinen Hals und ließ ihn auf seinem zweiten Wagen fahren und ließ vor ihm her ausrufen: Der ist des Landes Vater! Und setzte ihn über ganz Ägyptenland. Und der Pharao sprach zu Josef: Ich bin der Pharao, aber ohne deinen Willen soll niemand seine Hand oder seinen Fuß regen in ganz Ägyptenland. Und er nannte ihn Zafenat-Paneach (1. Mose 41, 37-45).

Wie mag es Josef wohl zumute gewesen sein, als der König ihn so unerwartet zum ersten Beamten des Landes machte?

Welch ein Tag! Des Morgens war er aufgewacht im Gefängnis, hatte dort in gewohnter Weise allerlei Arbeiten verrichtet, dann war die Botschaft gekommen, er solle sofort vor dem König erscheinen, und nun war er durch die Gnade Pharaos zum Regenten eines großen und mächtigen Volkes berufen! Welch eine Wende durch Gottes Führung!

Als Josef dem König seine Pläne entwickelt hatte, wie der künftigen Teuerung vorgebeugt werden könne, da war dem König und auch seinen Räten, mit denen er sich besprochen hatte, klar geworden, daß kein Mann so gut imstande sei, diese Anordnungen auszuführen, die da vorgeschlagen wurden, als Josef selbst.

Darum sagte der König unter dem Eindruck der edlen Persönlichkeit Josefs und unter dem Eindruck des Geistes Gottes, der aus ihm redete: »Du sollst über mein Haus sein und deinem Wort (eigentlich: deinem Mund) soll all mein Volk gehorsam sein.«

Damit war ihm der Titel beigelegt, der uns in den hieroglyphischen Inschriften noch heute als der Titel des ersten Beamten begegnet: »Der höchste Mund im ganzen Lande.«

Dann wurden ihm die Insignien seiner Würde verliehen. Der König tut seinen Ring von seiner Hand und gibt ihn Josef. Damit wird Josef mit königlicher Macht bekleidet. Er kann siegeln und zeichnen im Namen des Königs. Und seine Verfügungen gelten, als wären sie vom König selbst ausgegangen.

Im Buch Esther lesen wir, wie der König Ahasveros seinen Ring an Haman gibt. Und darauf erläßt Haman den Blutbefehl gegen die Juden, den sogar der König nicht zurücknehmen kann.

Als der verlorene Sohn nach Hause kam, gab ihm der Vater seinen Ring. Damit wird der Sohn in alle Rechte des Vaters eingesetzt. Er kann zeichnen im Namen des Vaters. Der Ring bevollmächtigt ihn dazu.

So bekommt auch Josef den Ring als Zeichen seiner königlichen Macht.

Darauf wird er mit leinenen Kleidern angetan. Solche Gewänder trugen nur die Priester und die Vornehmen. Die trugen keine Wolle, die trugen nur Leinen.

Und dann hängt ihm der König eine goldene Kette um den Hals als Zeichen seiner Gunst. Das war die höchste Auszeichnung, die ein König jener Zeit verlieh. Belsazer verlieh Daniel die goldene Kette in jener schrecklichen Nacht, als die geheimnisvolle Hand das Mene Tekel an die Wand geschrieben hatte.

Dann wurde Josef dem Volk vorgestellt. In feierlichem Zug fuhr er auf einem königlichen Wagen durch die Stadt, während Läufer vor ihm her ausriefen: »Beuget die Knie!« Denn so haben wir das ägyptische Wort, das hier steht, wohl zu übersetzen.

War das kein Traum? War das Wirklichkeit? Am Morgen ein gefangener Sklave und jetzt der Regent des Landes, vor dem das Volk aufs Angesicht fiel, um ihm zu huldigen?

Wie gut, daß diese Erhöhung Josefs nicht früher kam! Daß er erst die ganze Schule Gottes durchmachen mußte, bis er das demütige »Nichts für mich!« gelernt hatte. Sonst wäre ihm all die Ehre an diesem Tag gewiß in den Kopf gestiegen.

Und weiter sprach Pharao zu ihm: »Ich bin Pharao; ohne deinen Willen soll niemand seine Hand oder seinen Fuß regen in ganz Ägyptenland.« Das will sagen: Du sollst der unbedingte und unumschränkte Herr und Gebieter sein. Ich gebe alle meine Macht und Gewalt in deine Hände.

Schließlich gab er ihm noch einen wunderbaren Namen. Zafenat-Paneach wurde er genannt. Luther übersetzt: »Er nannte ihn den heimlichen Rat.« Andere Übersetzungen sagen »Erretter der Welt«. Am richtigsten ist es wohl zu übersetzen: »Speise der Lebenden« oder: »Brot des Lebens«!

War das nicht ein zutreffender Name für ihn? Brachte seine kluge Regierung nicht »Speise den Lebenden«? Ohne Josef wäre Ägypten elend verhungert und Kanaan dazu. Er war der »Erretter der Welt«, er war das »Brot des Lebens«.

Muß ich besonders darauf hinweisen, wie wunderbar hier Josef ein Vorbild auf Jesus ist? So wie Josef aus dem Kerkerloch herausgeholt wurde, um den Thron der Herrschaft zu besteigen, so hat Gott den Herrn Jesus aus dem Grabe auferweckt und ihn gesetzt zur Rechten der Kraft Gottes im Himmel. So wie Josef der Herr und Gebieter wurde über das ganze Volk der Ägypter, so kann Jesus auch sagen: »Mir ist gegeben alle Gewalt im Himmel und auf Erden.« So wie Josef »der höchste Mund« im ganzen Land war, so ist Jesus das ewige Wort, das da Fleisch wurde und unter uns wohnte. Und endlich, wenn Josef schon »Brot des Lebens« genannt wurde, wieviel mehr trifft diese Bezeichnung bei Jesus zu. Er ist in Wahrheit »das Brot, das vom Himmel gekommen ist und gibt der Welt das Leben«.

Wie es hier dreimal von Josef heißt, daß er Herr wurde über ganz Ägyptenland, so will Jesus und soll Jesus auch Herr sein über das ganze Land deines Herzens. Ist ihm wirklich alles schon unterworfen? Ist da kein Gebiet mehr, das sich seinem Einfluß bisher entzogen hat? Leider gibt es Christen, bei denen ist die Unterwerfung noch keine völlige gewesen.

Hörst du nicht, wie die Läufer vor Josef her ausrufen: »Beuget die Knie!«?

Willst du nicht dem König Jesus huldigen, ihm das ganze Herz und Leben unterwerfen? Ich bitte dich, tue es! So wie es Ägypten gut hatte unter dem Regiment Josefs, so wirst du es gut haben unter der Herrschaft Jesu, nein, tausendmal besser! Aber gib ihm dein Leben ganz und rückhaltlos.

Dann erfährst du ihn auch als den Erretter der Welt, als das Brot des Lebens!

Josefs Weib

Und Pharao gab ihm zur Frau Asenat, die Tochter Potiferas, des Priesters zu On (1. Mose 41, 45).

Eine Ehre nach der andern wird Josef übertragen. Ein herrlicher Palast wird ihm als Wohnung angewiesen. Prächtige Zimmer öffneten sich nach geräumigen Höfen und gutgepflegten Gärten, in denen Palmen und Akazien wuchsen. Die Einrichtung der Gemächer war prunkvoll. Überall kunstvolles Schnitzwerk, eingelegtes Ebenholz, goldene Verzierungen. Aus alabasternen und bronzenen Vasen und Schalen stiegen Wohlgerüche empor. Orientalische Teppiche oder Felle von wilden Tieren bedeckten den marmornen oder mosaikgeschmückten Boden. Josef war der Herr all dieser Herrlichkeit. Selbst ein Sklave gewesen, war er nun der Herr einer großen Zahl von Sklaven, die seines Winkes gewärtig standen und nach seinen Befehlen fragten.

So herrlich jetzt alles war, eines fehlte doch noch zu Josefs Glück. Er fühlte sich einsam in seinem Palast. Er sehnte sich nach einem Herzen, mit dem er alle seine Ehren und alle seine Herrlichkeit teilen könnte.

Aber wie sollte er ein Weib finden, das seiner jetzigen Stellung entsprechend war? Er war ja bisher ein Sklave gewesen und ein Gefangener.

Da erfüllte der König den Wunsch seines Herzens. Er gab ihm Asenat, die Tochter Potiferas, des Priesters zu On, zum Weib. In der alten Tempelstadt On, oder wie die Griechen sagten: Heliopolis, lebte das vornehmste Priesterkollegium des Landes. Und Potifera war der Oberpriester. So war es eine hochgestellte, vornehme Familie, der Asenat angehörte.

War das ein Zufall, daß ihr Vater Potifera hieß, fast genau so wie der Hauptmann Potifar, dessen Sklave Josef einst gewesen war? Gewiß nicht. Hatte Josef einst den Lockungen und Verführungskünsten des Weibes Potifars so standhaft widerstanden, so gibt ihm jetzt der König selber eine vornehme und edle Jungfrau, eine Tochter Potiferas, zu glücklicher Ehe.

Wie gut, daß er damals den Lockungen der Verführerin widerstanden hatte! Er hätte ja sonst seinem Weib nicht frank und frei ins Gesicht sehen können, wenn er damals in die Sünde gewilligt hätte.

Wie hatte das Gott alles so wohl gemacht! Wie hatte er das alles so herrlich hinausgeführt!

Aber war denn nicht Asenat eine Heidin? Heißt ihr Name nicht: eine Tochter der Göttin Neith?

Ja, sie war eine Heidin. Aber ist nicht Josef gerade hier wieder ein wunderbares Vorbild auf den Herrn Jesus?

Wie oft lesen wir im hohepriesterlichen Gebet die Worte: »Die du mir von der Welt gegeben hast.« Die Jünger Jesu werden von ihm in dieser feierlichen Stunde der Unterredung mit seinem Vater immer wieder als solche bezeichnet, »die du mir gegeben hast«.

Und wir wissen, wie in der Offenbarung die genannt werden, die der Vater dem Sohn gegeben hat. Sie heißen dort »sein Weib«.

Wunderbarer Gedanke! Der Sohn in seiner Herrlichkeit, auf dem Thron der Macht, sehnt sich nach einem Weib, seiner Ergänzung, und dieses Weib ist die an ihn glaubende Gemeinde.

Sein Weib! Von Gott ihm gegeben!

Darum schickte Gott den Elieser des Heiligen Geistes aus, um seinem Sohn eine Braut zu werben.

Hat er nicht auch schon an deine Tür geklopft, um dein Herz und deine Liebe geworben und dich gebeten, dem Sohn Gottes das Jawort zu geben? Hast du es schon getan?

Sollte man nicht denken, alle Herzen würden ihm zufliegen? Sollte man nicht denken, alle würden es für Ehre erachten, zu Jesu Brautgemeinde gehören zu dürfen?

Weit gefehlt!

Ach, wüßten es doch die Leute, wie Jesus liebt!

Ist es denn nicht wunderbar, von Jesus abhängig sein zu dürfen, ihn um alles zu befragen, mit ihm alles besprechen zu dürfen?

Darf ich dich fragen: Stehst du in diesem Verhältnis zum Herrn? Hast du ihm dein Herz und deine Liebe geschenkt?

Wenn du nach seinem Willen fragst, dann wird es mit dir gehen von Klarheit zu Klarheit, immer mehr verwandelt in sein Bild.

Gott wirbt durch den Heiligen Geist um unsre Liebe zu dem Sohn. Der heilige dreieinige Gott bemüht sich, bewirbt sich um einen jeden Menschen – welche Gnade! Welche Herablassung!

Lohn der Treue

Und Josef war dreißig Jahre alt, als er vor dem Pharao stand, dem König von Ägypten. Und er ging hinweg vom Pharao und zog durch ganz Ägyptenland. Und das Land trug in den sieben reichen Jahren die Fülle. Und Josef sammelte die ganze Ernte der sieben Jahre, da Überfluß im Lande Ägypten war, und tat sie in die Städte. Was an Getreide auf dem Felde rings um eine jede Stadt wuchs, das tat er hinein. So schüttete Josef das Getreide auf, über die Maßen viel wie Sand am Meer, so daß er aufhörte zu zählen; denn man konnte es nicht zählen. Und Josef wurden zwei Söhne geboren, bevor die Hungerzeit kam, die gebar ihm Asenat, die Tochter Potiferas, des Priesters zu On. Und er nannte den ersten Manasse; denn Gott, sprach er, hat mich vergessen lassen all mein Unglück und mein ganzes Vaterhaus. Den andern nannte er Ephraim; denn Gott, sprach er, hat mich wachsen lassen in dem Lande meines Elends. Als nun die sieben reichen Jahre um waren im Lande Ägypten, da fingen an die sieben Hungerjahre zu kommen, wie Josef gesagt hatte. Und es ward eine Hungersnot in allen Landen, aber in ganz Ägyptenland war Brot (1. Mose 41, 46-54).

Unser Heiland hat einmal gesagt: Wer im Geringsten treu ist, der ist auch im Großen treu. Das sehen wir hier bewahrheitet in der Geschichte Josefs. Er hat im Hause Potifars gedient! Auch die kleinsten Dienste hat er mit großer Treue und Gewissenhaftigkeit ausgeführt. Er wußte, daß nicht nur Potifars Augen auf seiner Hände Arbeit gerichtet waren, daß auch Gott sein Tun beobachtete. Darum tat er die niedrigsten Sklavendienste mit so großer Treue.

Und dann bewies er dieselbe Treue im Gefängnis. Auch da war ihm kein Dienst zu niedrig und keine Arbeit zu gering, daß er sie nicht mit Gewissenhaftigkeit getan hätte.

Und nun, nachdem er treu gewesen war in Potifars Haus und

treu im Gefängnis, setzt ihn Gott über ein Königreich. Das war der Lohn der Treue.

Und siehe da, ebenso gewissenhaft, wie er vorher gewesen war in dem kleinen Kreis, in dem er gelebt hatte, ist er auch jetzt, da ihm die Wohlfahrt eines ganzen Landes unterstellt wird. Er machte es nicht so, daß er »vom grünen Tisch« aus Verfügungen erlassen hätte. Nein, er zog aus, das Land Ägypten zu besehen. »Er fuhr aus von Pharao und zog durch ganz Ägyptenland.« Über alles verschaffte er sich persönliche Kenntnisse durch eigene Anschauung. Er begnügte sich nicht mit Berichten von ihm untergebenen Beamten. Er nahm alles selbst in Augenschein.

Überall traf er selbst die geeigneten Maßnahmen. Er bestimmte, wie groß die Magazine werden sollten, wenn er die Feldmark einer Stadt gesehen hatte. Er suchte selbst die rechten Verwalter und Leiter des Marktes aus.

Es war ein Leben rastloser Arbeit, das er führte. Er wußte, wieviel von der rechten Ausführung seiner Befehle abhing. Daß das Geschick eines ganzen Landes davon abhing, daß die Kornhäuser richtig gebaut wurden.

Vielleicht war da mancher Widerstand zu besiegen, mancher Langsame zur Eile zu treiben. Vielleicht gab es damals auch Nörgler, die den Zweck dieser Bauten durchaus nicht einsehen konnten. Darum mußte Josef selbst überall sein, um die Ausführung seiner Anordnungen zu überwachen.

Und erst recht wurde es nötig, als die fruchtbaren Jahre begannen und die Früchte von dem Ernteertrag des ganzen Landes in die Kornspeicher gesammelt werden sollten. Von Ort zu Ort reiste er, um überall zu sehen, daß auch nach den gegebenen Bestimmungen gehandelt würde.

Er gönnte sich keine Ruhe und keine Rast: Er pflegte nicht der Ruhe daheim, während andere für ihn arbeiteten. Nein, er war in Wirklichkeit »der erste Diener des Staates«.

Können wir da nicht wieder etwas von Josef lernen? Wir wissen, daß es nicht auf große Gaben ankommt. Es kommt auch nicht auf die Stellung an, die wir in der Welt einnehmen, ob wir an einem bescheidenen Platz stehen oder an einem Ort, wo die Augen der Öffentlichkeit sich auf uns richten. Es kommt nur auf eins an: Auf die Treue. »Man sucht nicht mehr an den Haushaltern, als daß sie treu erfunden werden« (1. Kor 4,2).

Das war das Zeugnis, das Mose erhielt: »Und Mose war zwar treu in seinem ganzen Hause« (Hebr 3, 5).

Von Samuel wird gesagt, daß er ein treuer Prophet des Herrn war. Ganz Israel erkannte das an (1. Sam 3, 20).

So sehen noch immer die Augen des Herrn nach den Treuen im Lande (Ps 101, 6).

Denen, die getreu gewesen sind, wird einst die Krone des Lebens zuteil werden. Die sollen auch Könige werden wie Josef, der eine über fünf Städte, der andere über zehn.

Darf ich dich einmal fragen: Bist du treu? Bekommst du auch das Zeugnis der Treue von Freund und Feind, ja von Gott selber?

Das mußt du haben!

Ob du es zu hohen Ehren bringst oder ob du unbekannt und unbeachtet dahingehst, das ist einerlei. Aber darauf kommt es an, daß du in dem Wirkungskreis, den Gott dir angewiesen hat, wohin er dich gestellt hat, treu erfunden wirst.

Bist du treu? Treu im Kleinen wie im Großen? Treu im irdischen Beruf mit seinen täglichen Pflichten und treu in deinem Beruf als ein Kind Gottes? Dann gilt dir auch:

»Wohl dir, du Kind der Treue,
du hast und trägst davon
mit Ruhm und Dankgeschreie
den Sieg, die Ehrenkron!«

Erkenne an Josef, wie die Treue belohnt, wie die Treue gekrönt wird. So wartet auch deiner die Krone, wenn du deinem Gott treu gewesen und geblieben bist.

Noch ein anderer Lohn seiner Treue ward Josef zuteil. Er war seinem Herrn Potifar treu gewesen, als ihn Potifars Weib zur Sünde verführen wollte. Nun bekommt er zum Lohn seiner Treue ein glückliches Heim und ein trautes Familienleben.

Ehe die teure Zeit kam, wurden ihm zwei Söhne geboren. Den ersten hieß er Manasse, das heißt: »Der Vergessen-Bringende.« Denn er sagte: »Gott hat mich vergessen lassen all mein Unglück und mein ganzes Vaterhaus.« Ja, all das Unglück, all das Schwere der vergangenen Jahre vergaß er an der Seite seines Weibes, in der Freude an seinem Erstgeborenen.

Er vergaß seines Unglücks. Aber sagt er auch, daß er all seines

Vaters Haus vergaß? Hat er nicht immer seines Vaters in Liebe gedacht? Hat er nicht seine Brüder immer wieder gefragt: Lebt mein Vater noch? Hat er denn nicht eher geruht, bis daß sein Vater auch nach Ägypten gekommen war?

Das meint er nicht, wenn er sagt, daß er all seines Vaters Hauses vergessen habe. Er will damit sagen, daß nun das jahrelange Heimweh zu Ende war, als er ein trautes Heim in der Fremde gefunden hatte. Wie lange hat er sehnend in die Ferne geschaut und an das ferne Zelt seines Vaters gedacht. Jetzt eilt er, wenn eine Dienstreise beendet ist, heim in seinen kleinen, trauten Familienkreis. Jetzt ist seine Heimat an der Seite seines Weibes und an der Wiege seines Kindes.

Und Josef bekam einen zweiten Sohn, den hieß er Ephraim, »Fruchtbarkeit«, denn er sprach: »Gott hat mich wachsen lassen im Lande meines Elends.«

Immer lieber wurde ihm die Fremde, war doch Ägypten die Heimat seines Weibes und seiner Söhne.

Glücklicher Josef! Was für ein Gottesgeschenk ist doch ein trautes Heim! Gesegnet der Mann, dessen Schritte unwillkürlich schneller und rascher werden, wenn er den Giebel seines Hauses in der Ferne aufragen sieht. Wie köstlich beschreibt der Psalmist so ein glückliches Heim: »Wohl dem, der den Herrn fürchtet und auf seinen Wegen geht! Du wirst dich nähren deiner Hände Arbeit; wohl dir, du hast es gut. Dein Weib wird sein wie ein fruchtbarer Weinstock drinnen in deinem Hause, deine Kinder wie Ölzweige um deinen Tisch her. Siehe, also wird gesegnet der Mann, der den Herrn fürchtet« (Ps 128, 1-4).

So ist das Glück rechten Familienlebens auch ein Segen der Treue! Gott verlangt nur eins von uns, aber das verlangt er von uns: Treue! Treue im Haus zwischen Mann und Weib, Treue im Beruf und in der Erfüllung unsrer Pflichten, Treue und Gewissenhaftigkeit im Halten unsrer Versprechungen, Treue unserem Gott gegenüber, in der Nachfolge des Herrn.

Laß es dir heute sagen mit großem Ernst und in großer Liebe:
Gott erwartet Treue! Gott segnet die Treue!

Josef hat!

Als nun ganz Ägyptenland auch Hunger litt, schrie das Volk zum Pharao um Brot. Aber der Pharao sprach zu allen Ägyptern: Geht hin zu Josef; was der euch sagt, das tut. Als nun im ganzen Lande Hungersnot war, tat Josef alle Kornhäuser auf und verkaufte den Ägyptern; denn der Hunger ward je länger je größer im Lande. Und alle Welt kam nach Ägypten, um bei Josef zu kaufen; denn der Hunger war groß in allen Landen (1. Mose 41, 55-57).

Die sieben reichen und fruchtbaren Jahre waren zu Ende. Das ägyptische Volk hatte wenig erübrigt und zurückgelegt in den guten Jahren. Man hatte sorglos in den Tag hinein gelebt und sich der reichen Erträge gefreut. Wie gut, daß Josef Vorsorge getroffen hatte! Was wäre sonst aus dem Land und Volk geworden? Die Leute wären elend dem Hungertyphus erlegen. Aber nun hatte es keine Not: Josef hatte seine Vorkehrungen getroffen.

Die geringen Vorräte, die man in Ägypten zurückgelegt hatte, waren bald aufgezehrt. Nun fing der Hunger an zu nagen. Da besann sich das Volk, daß man ja auf Josefs Befehl dem König den Fünften gegeben hatte in den vergangenen Jahren. Darum ging man zu Pharao und schrie ihn um Hilfe an.

Aber Pharao hatte die ganze Verwaltung Josef übergeben. Der soll auch jetzt nicht umgangen werden. Pharao schickt die Leute wieder fort und sagt ihnen: »Geht zu Josef! Was er euch sagt, das tut!«

Josef ist nun einmal der Mittler zwischen Pharao und dem Volk, er soll es auch bleiben. Der Weg zu Pharao geht über Josef, so wie der Weg zum Herzen Gottes durch unsern Heiland geht. Jesus hat gesagt: »Ich bin der Weg und die Wahrheit und das Leben; niemand kommt zum Vater denn durch mich.«

Wie viele, die sich Christen nennen, wissen das nicht und bedenken das nicht! Sie meinen, Jesus umgehen zu können. Sie reden von einem lieben Gott, von einem himmlischen Vater; aber mit Jesus wissen sie nichts anzufangen. Einen Erlöser und Heiland glauben sie nicht nötig zu haben.

Was für ein Selbstbetrug! Wenn wir mit unsrer eigenen Frömmigkeit und Gerechtigkeit vor Gott bestehen könnten, dann hätte Gott seinen Sohn nicht dahingegeben. Dann hätte Gott dieses große und schwere Opfer nicht gebracht.

Es gibt keinen andern Weg zum Vaterherzen Gottes als durch Jesus. In Christus Jesus lernen wir Gott erst als unsern Vater kennen. Jesus sagt: Ich bin der Weg. Er sagt nicht: Ich bin ein Weg, sondern er sagt: Ich bin der Weg, der einzige Weg, den es gibt. Er sagt auch nicht: Ich bin eine Tür, sondern er sagt: Ich bin die Tür! Und wer diesen Weg nicht geht und diese Tür nicht benutzt, dem bleibt das Vaterherz Gottes verschlossen.

Mit der landläufigen Religion vom lieben Gott und von dem lieben himmlischen Vater kommen wir nicht aus. Wer den Mittler umgeht, wer den Heiland nicht in Anspruch nimmt, der schließt sich selber von der Gnade aus.

So wie Pharao die Ägypter fortschickte und zu ihnen sagte: Geht zu Josef!, so schickt auch Gott die Menschen fort, die den Mittler umgehen wollen, und sagt zu ihnen: Geht zu Jesus!

Die Ägypter ließen es sich sagen. Sie kamen zu Josef, und Josef tat seine Kornhäuser auf und verkaufte ihnen Getreide.

Alle Not hatte ein Ende. Man brauchte nicht zu hungern und nicht zu verzweifeln. Josef hatte für Vorrat gesorgt. Man sah die ungeheuren Getreidevorräte, die Josef aufgespeichert hatte, und man sagte sich: Josef hat!

Früher hatte man vielleicht gespottet, als Josef solche riesenhaften Magazine erbauen ließ. Man meinte, die seien ja viel zu groß, die würden ja nie voll. Es habe ja doch keinen Zweck, die Speicher so groß zu bauen. Jetzt waren sie froh, daß die Speicher so groß waren, und daß solche Vorräte in ihnen angehäuft lagen. Welche Beruhigung gab ihnen doch der Gedanke: Josef hat!

Ja, große Vorräte hatte Josef angehäuft. So große, daß er das ganze ägyptische Volk durch die sieben Jahre der Teuerung durchbringen konnte, ja daß sogar die Nachbarvölker mitversorgt werden konnten. Aber so groß die Vorräte waren, endlich gingen sie doch zur Neige. Und als die lange Teuerung vorbei war, da waren auch Josefs Magazine leer.

Aber es gibt Magazine, die werden niemals leer. Das sind die

Magazine unsres Heilandes Jesus. Wie viele Menschen haben schon aus diesen Magazinen Jesu ihre Bedürfnisse befriedigt, und noch immer ist es wahr: Jesus hat! Er lädt ein, von all seinen Gütern und Gaben Gebrauch zu machen; aber – wie wenige folgen dieser Einladung! Wie wenige!

Ja, denke daran, lieber Leser: Jesus hat! Was du brauchst, was du bedarfst – Jesus hat! Brauchst du Mut, inmitten einer feindseligen Umgebung den Namen des Herrn zu bekennen? Jesus hat! Brauchst du Sanftmut, um zu den spitzen Redensarten deiner Umgebung zu schweigen? Jesus hat! Brauchst du Trost im Leid? Jesus hat! Brauchst du Liebe, brauchst du Kraft, brauchst du Geld? Wende dich mit all deinen Bedürfnissen, mit allem, was du nötig hast, an den Herrn! Jesus hat!

Ja, für die Bedürfnisse der Seele wie für die Bedürfnisse des Leibes ist es wahr: Jesus hat!

Wir brauchen nicht so arm durchs Leben zu gehen. Wir brauchen keinen Mangel zu leiden an irgendeinem Gut: Wir haben einen reichen Herrn. Wir dürfen es glauben: Jesus hat!

Vom Morgen bis zum Abend – du darfst kommen und du darfst nehmen! Jesus hat!

Du brauchst nicht mehr zu verzagen und zu verzweifeln. Du brauchst nicht mehr zu klagen und zu weinen. Du brauchst nicht mehr Mangel und Hunger zu leiden: Jesus hat!

Ich wünschte, daß doch alle Christen Gebrauch von der unendlichen Fülle Jesu machen möchten! Daß sie es doch alle mit Johannes bezeugen könnten: Aus seiner Fülle haben wir alle genommen Gnade um Gnade. Aber obwohl wir immer wieder gekommen sind und immer wieder genommen haben – es bleibt dabei: Jesus hat!

Der Druck der Schuld

> *Als aber Jakob sah, daß Getreide in Ägypten zu haben war, sprach er zu seinen Söhnen: Was seht ihr euch lange an? (wörtlich)* (1. Mose 42, 1).
> *Sie sprachen aber untereinander: Das haben wir an unserem Bruder verschuldet! Denn wir sahen die Angst seiner Seele, als er uns anflehte, und wir wollten ihn nicht erhören; darum kommt nun diese Trübsal über uns* (1. Mose 42, 21).
> *Josef sprach zu seinen Brüdern: Ich bin Josef. Lebt mein Vater noch? Und seine Brüder konnten ihm nicht antworten, so erschraken sie vor seinem Angesicht* (1. Mose 45, 3).
> *Die Brüder Josefs aber fürchteten sich, als ihr Vater gestorben war, und sprachen: Josef könnte uns gram sein und uns alle Bosheit vergelten, die wir an ihm getan haben. Darum ließen sie ihm sagen: Dein Vater befahl vor seinem Tode und sprach: So sollt ihr zu Josef sagen: Vergib doch deinen Brüdern die Missetat und ihre Sünde, daß sie so übel an dir getan haben. So vergib doch nun diese Missetat uns, den Dienern des Gottes deines Vaters! Aber Josef weinte, als sie solches zu ihm sagten* (1. Mose 50, 15-17).

Was war es doch für ein armes Leben, das die Brüder Josefs führten! Dessen werden wir so recht inne, wenn wir diese vier Stellen einmal zusammen betrachten. Warum war es ein so armes Leben? Es stand unter dem Druck der Schuld.

Gewiß haben die Brüder untereinander nie von der Stunde bei Dotan gesprochen, in der sie Josef verkauften. Warum sollten sie auch davon sprechen? Sie dachten ja doch immer daran. Wenn sie den alten Vater ansahen, wie gebückt er einherging, wie alt und grau er geworden war, wie tiefe Falten und Furchen sich in sein Gesicht gegraben hatten, dann sagten sie sich: Das ist unsere Schuld!

Was hätten sie darum gegeben, wenn sie die Erinnerung an jene unselige Stunde hätten loswerden können, wenn sie hätten vergessen können, was damals geschehen war.

Jahre waren darüber hingegangen, zweiundzwanzig lange Jahre, und doch stand die Stunde von Dotan noch frisch und lebendig in ihrer Erinnerung, als ob sie erst gestern geschehen wäre. Fast ein Vierteljahrhundert war vergangen – und doch war noch kein Gras über der alten Geschichte gewachsen.

Wie kann ein Leben so elend werden durch den Druck der Schuld!

Die Teuerung, welche Ägypten heimsuchte, machte sich auch in Kanaan fühlbar. Immer geringer wurden die Vorräte. Immer drohender zog das Gespenst der Hungersnot herauf. Gewiß hatten die Söhne Jakobs längst davon gehört, daß in Ägypten Getreide zu haben sei dank der Vorsorge des Regenten; aber sie hatten nicht davon reden mögen. Ägypten! Da war ja ihr Bruder Josef. In die Sklaverei verkauft! Vielleicht würden sie ihm dort begegnen. Nein, unmöglich! Lieber hungern und verhungern, als der alten Schuld einmal ehrlich ins Gesicht zu sehen!

Wenn sie nicht davon sprachen, dann redete Jakob davon. Eines Tages fing er an davon zu sprechen, daß er gehört habe, in Ägypten sei Getreide zu haben. Kaum hat er das Wort »Ägypten« gesagt, da merkt er, wie ein Blick von einem zum andern geht. Es fällt ihm auf. »Was seht ihr euch denn so an?« fragt er sie. Sie geben ihm keine Antwort. Sie wagen nicht, ihm zu sagen, daß das Wort »Ägypten« traurige Erinnerungen in ihren Herzen geweckt hat, daß das Wort »Ägypten« sie an schwere alte Schuld gemahnt.

Arme Leute!

Wenn sie doch etwas gesagt hätten! Wenn sie doch dem Vater zu Füßen gefallen wären und hätten ihm alles gesagt! Aber nein, sie schweigen. Sie schleppen sich weiter mit der Last ihrer Schuld.

Dann kommt die Stunde, wo sie vor Josef stehen, den sie ja nicht kennen, weil er der Regent Ägyptens geworden ist. Er fährt sie an, wie sie einst ihn angefahren haben. Als sie ihn damals bei Dotan kommen sahen, da haben sie ihn angeschrien: »Du bist ein Kundschafter, ein Kundschafter bist du! Du bist gekommen zu sehen, was wir machen, um uns dann anzuzeigen und zu verklagen.« Und alle seine Beteuerungen, daß der Vater ihn gesandt habe, halfen nichts, sie blieben dabei: »Du bist ein Kundschafter, ein Kundschafter bist du!«

Da fangen sie an, laut zu denken. Hier versteht man sie ja nicht, wie sie meinen. Zu Hause haben sie geschwiegen, da hätte man sie ja hören können. Aber hier dürfen sie einmal von der Vergangenheit sprechen, die so unheimlich deutlich in ihrer Erinnerung lebt.

Sie sprachen aber untereinander: »Das haben wir an unserem Bruder verschuldet, daß wir sahen die Angst seiner Seele, da er uns anflehte, und wir wollten ihn nicht erhören; darum kommt nun diese Trübsal über uns.«

Und Ruben antwortete ihnen und sprach: »Sagte ich's euch nicht, da ich sprach: Versündigt euch nicht an dem Knaben, und ihr wolltet nicht hören? Nun wird sein Blut gefordert!«

Der Druck der Schuld, die ihr Leben verdorben hat – hier wird er einmal ausgesprochen. Hier sehen wir einmal hinein in ihr Herz, in ihr Leben.

Arme Leute!

Und dann, als sie zum zweiten Mal nach Ägypten gekommen sind, kommt der Augenblick, wo Josef sich seinen Brüdern zu erkennen gibt, wo er seine Arme ausbreitet und ruft: »Ich bin Josef! Lebt mein Vater noch?«

Anstatt sich zu freuen, daß sie den Bruder wiedersahen, daß Josef lebend vor ihnen stand, erschrecken sie. Warum erschrekken sie denn? Ach, da meldete er sich wieder: der Druck der Schuld.

Josef – und Regent des Landes? O, dann wird er sie zur Verantwortung ziehen. Jetzt wird die Strafe kommen für ihre Sünde, jetzt wird Josef Rache nehmen für die Stunde von Dotan.

Sie sehen gar nicht die Liebe, die aus seinen Augen strahlt, sie sehen gar nicht die Arme, die sich ihnen entgegenstrecken, so fürchten sie sich, so liegt auf ihren Herzen der Druck der Schuld.

Wie Josef es ihnen auch beteuert, daß alles vergeben und vergessen sei – sie können es nicht glauben, wenn sie auch so tun, als ob sie es glaubten. Sie plagen sich weiter mit ihrer Schuld durchs Leben.

Das wurde offenbar, als der alte Vater Jakob gestorben war. Da lesen wir, daß sie sich fürchteten und sprachen: »Josef möchte uns gram sein und vergelten alle Bosheit, die wir an ihm getan haben.« Darum ließen sie ihm sagen: »Dein Vater befahl vor seinem Tode und sprach: Also sollt ihr Josef sagen: Vergib doch deinen Brüdern die Missetat und ihre Sünde, daß sie so übel an dir getan haben! So vergib doch nun diese Missetat uns, den Dienern des Gottes deines Vaters!«

Da Josef diese Worte hörte, da – weinte er.

Warum weinte er?

Ach, er hatte ihnen ja längst vergeben! Er hatte es ihnen ja auch gesagt, daß er ihnen vergeben habe. Und – sie hatten es ihm nicht geglaubt! Das tat ihm weh.

Und noch etwas tat ihm weh. Wie dauerten ihn seine armen Brüder! Sah er doch aus ihren Worten, wie ihr ganzes Leben unter dem Druck ihrer Schuld gestanden hatte. Ihr ganzes Leben – ein armes, elendes Leben, durch ihre eigene Schuld!

Da weinte Josef.

Wenn es Josef schon so weh tat, daß seine Brüder seiner Vergebung nicht glaubten, wieviel mehr tut das dem Herzen unseres Heilandes weh, wenn ein Mensch seine Vergebung nicht annimmt! Er möchte uns so gerne frei und froh sehen, und da gibt es Menschen, die schleppen sich jahraus, jahrein mit der Last ihrer Schuld ab. Wie weh tut das unserem Herrn Jesus Christus.

Darf ich dich fragen: Liegt auch auf deiner Vergangenheit der Druck der Schuld? Ist da auch so eine Dotan-Stunde gewesen, wo du gesündigt hast gegen Gott und Menschen?

Es nützt nichts, die Schuld zu verbergen; es nützt nichts, sie in Abrede zu stellen. Du wirst nur unglücklich, wenn du das tust. Bekenne sie endlich! Sag es, was du getan hast! Bring deine Sache vor Gott und Menschen in Ordnung! Jesus breitet nach dir seine Arme aus. Jesus sehnt sich danach, dir deine Last abzunehmen. Willst du nicht kommen, mühselig und beladen wie du bist? Willst du dich weiter abschleppen mit deiner Last? Wie lange denn? Bis zum Sterbebett? Willst du es dann bekennen?

Du armer Mensch, wenn du deine Schuld erst auf dem Sterbebett bekennen willst, dann ist doch dein ganzes Leben verpfuscht und verloren durch die Erinnerung an deine unvergebene, unbekannte Sünde!

Da wurde eines Tages im Wald ein junger Mensch erschossen aufgefunden. Jemand kam in den Verdacht, die Tat verübt zu haben. Lange saß er in Untersuchungshaft, dann ließ man ihn frei.

Jahre vergingen. Da lag ein reicher Herr aus der Gegend auf dem Sterbebett. Dieser bekannte, daß er den jungen Mann erschossen habe.

Was für ein armer Sklave war er all die Jahre gewesen, er, ein durch seinen Reichtum angeblich freier Mensch, ein Sklave der Furcht, gejagt von seinem bösen Gewissen! Ob wohl ein Tag vergangen ist, an dem er nicht an seine schwarze Tat gedacht hat?

Willst du es auch aufschieben bis zum Sterbebett? Und wie, wenn du kein Sterbebett hast? Wie viele Menschen haben keins, sterben bei einem Autounfall. Wie viele hatten keins im Krieg! Und dann gehst du in die Ewigkeit – und nimmst deine unvergebene Schuld mit! Was dann, wenn du mit deiner Schuld vor Gott erscheinen mußt?

Hier ist Gnadenzeit! Jetzt lädt Jesus dich ein. Darum versäume den Ruf der Gnade nicht!

»Komm zum Kreuz mit deinen Lasten,
müder Pilger, du!
Bei dem Kreuze kannst du rasten,
da ist Ruh'!
Trost, Vergebung, ewges Leben
fließt vom Kreuz dir zu.
Bei dem Kreuz wird dir gegeben
Himmelsruh!«

Nach all dem Elend deiner Vergangenheit, nach all dem Druck deiner Schuld zieht Friede in dein armes Herz ein, tiefer, seliger Friede. Willst du den nicht haben?

Kannst du wirklich so töricht sein und diesen Frieden verschmähen und dich weiter abschleppen mit dem Druck deiner Schuld?

Gottes Erziehungswege

So kamen die Söhne Israels, Getreide zu kaufen, samt anderen, die mit ihnen zogen; denn es war auch im Lande Kanaan Hungersnot. Aber Josef war der Regent im Lande und verkaufte Getreide allem Volk im Lande. Als nun seine Brüder kamen, fielen sie vor ihm nieder zur Erde auf ihr Antlitz. Und er sah sie an und erkannte sie, aber er stellte sich fremd gegen sie und redete hart mit ihnen und sprach zu ihnen: Woher kommt ihr? Sie sprachen: Aus dem Lande Kanaan, Getreide zu kaufen. Aber wiewohl er sie erkannte, erkannten sie ihn doch nicht. Und Josef dachte an die Träume, die er von ihnen geträumt hatte, und sprach zu ihnen: Ihr seid Kundschafter und seid gekommen zu sehen, wo das Land offen ist. Sie antworteten ihm: Nein, mein Herr! Deine Knechte sind gekommen, Getreide zu kaufen. Wir sind alle eines Mannes Söhne; wir sind redlich, und deine Knechte sind nie Kundschafter gewesen ... Josef sprach zu ihnen: Es ist, wie ich euch gesagt habe: Kundschafter seid ihr. Daran will ich euch prüfen: So wahr der Pharao lebt: ihr sollt nicht von hier wegkommen, es komme denn her euer jüngster Bruder. Sendet einen unter euch hin, der euren Bruder hole, ihr aber sollt gefangen sein. Daran will ich prüfen eure Rede, ob ihr mit Wahrheit umgeht. Andernfalls – so wahr der Pharao lebt! – seid ihr Kundschafter! Und er ließ sie zusammen in Gewahrsam drei Tage lang (1. Mose 42, 5-11; 14-17).

Wie wunderbar doch die Erziehungswege Gottes sind! Das können wir aus dieser Geschichte so recht erkennen.

So schwer auch die Sünde ist, die auf den Herzen der Brüder Josefs liegt – Gott gibt sie darum nicht auf. Er möchte auch sie zurechtbringen. Er will ja, daß allen Menschen geholfen werde. Aber wie soll er es anstellen, um an diese harten Herzen heranzukommen, um sie zur Erkenntnis ihrer Sünde, um sie zu einem ehrlichen Bekennen ihrer Schuld und zum demütigen Ergreifen der Gnade zu bringen?

Das erste, was Gott schickt, ist die Not. Die Teuerung lastet auf dem Volk. Der Hunger klopft an die Türen. Da entschließen sich die Brüder Josefs endlich, nach Ägypten zu ziehen. Hätten sie gute Tage behalten, würden sie nie daran gedacht haben, nach Ägypten zu reisen. Dort war ja ihr Bruder Josef – wenn er noch lebte. Ihm zu begegnen, ihm ins Auge zu sehen – nein, davor schreckten sie zurück. Alles andere, nur keine Begegnung mit Josef!

Und das war es gerade, was Gott erreichen wollte. Sie sollten eine Begegnung mit Josef haben. Darum schickte er ihnen die Teuerung und die Hungersnot, um sie nach Ägypten zu treiben.

Geht es nicht auch heute noch oft so? Wie oft muß die Not als ein Mittel in Gottes Hand dienen, harte Herzen zu zerbrechen! Wie viele bekennen es: Wenn der Herr mir nicht diese Trübsal geschickt hätte, ich wäre wohl nicht zum Glauben an Jesus gekommen. Aber die Not lehrte mich beten. Die Sorge trieb mich ihm in die Arme.

So war auch die Hungersnot in Kanaan ein Bote Gottes, um Josefs Brüder nach Ägypten zu bringen, daß sie dort eine Begegnung mit Josef haben sollten.

Was für Gedanken mögen wohl unterwegs durch ihre Herzen gegangen sein! Es war ja dieselbe Straße, die einst ihr Bruder Josef gezogen war. Aber wie anders war ihre Reise jetzt, als die Wanderung, die er damals hatte machen müssen! Sie konnten rasten, wenn es ihnen beliebte. Aber Josef war in der langen Sklavenkarawane vorwärts gestoßen worden, nur immer vorwärts! Ob die Knie auch ermatteten und die Füße schwer wurden, nur immer vorwärts!

Wie trat ihnen das Bild jener Karawane wieder so deutlich vor die Seele, die einst ihren Bruder nach Ägypten mitgenommen hatte. Diese quälenden Erinnerungen!

Endlich sind sie am Ziel. Mit vielen anderen, die auch zu dem gleichen Zweck gekommen waren, gingen sie dorthin, wo der Regent des Landes selber den Verkauf des Getreides überwachte und leitete.

Da – was ist das? Mit harten Worten fährt er sie an. Er beschuldigt sie, Spione zu sein. All ihr Beteuern, daß sie redlich seien, ist umsonst. Er bleibt dabei, daß sie gekommen seien, um das Land auszukundschaften. Ja, endlich – wirft er sie ins Gefängnis.

Warum tat Josef das? Er hatte sie beim ersten Blick erkannt. Stürmisch hatte ihm das Herz geklopft, als er seine Brüder unter den Käufern sah. Wie es alle andern taten, so machten sie es auch: sie fielen vor ihm nieder und berührten mit ihrer Stirn den Boden.

Da erinnerte sich Josef des Traumes, den er einst als Jüngling gehabt und der ihm so viel Haß und Feindschaft eingetragen hatte. Er sah wieder, wie die Garben der Brüder sich vor seiner Garbe neigten. Wie wunderbar hatte Gott diesen prophetischen Traum erfüllt! Wie merkwürdig war das eingetroffen, was er damals geträumt hatte!

Was sollte er tun? Sollte er sich ihnen gleich zu erkennen geben? Sollte er ihnen sagen: Ich habe euch längst alles vergeben, was ihr an mir gesündigt habt?

Nein, dafür ist die Zeit noch nicht gekommen. Er will sich erst davon überzeugen, ob in ihren Herzen eine Änderung vorgegangen ist oder ob sie noch dieselben sind wie früher.

Diese Stunde des Wiedersehens ruft ihm die Stunde des Abschieds in die Erinnerung zurück. Und nun behandelt er sie geradeso, wie sie ihn damals behandelt haben. Sie sollen innewerden, wie schmerzlich es ist, ungerecht beschuldigt zu werden und mit allen Versicherungen und Beteuerungen keinen Glauben zu finden. Wie oft hat er damals seine Redlichkeit, seine Unschuld betont, daß er gar keine Nebenabsichten habe – umsonst! Nun geht es ihnen geradeso.

Und dann sitzen sie im Gefängnis. In demselben Gefängnis jedenfalls, in dem einst Josef gelegen hat. Jahre hat er in diesem elenden Loch zugebracht. Das sollen sie nun auch kennenlernen. Sie sollen erfahren, wie weh das tut, Unrecht zu leiden.

War das denn auch Liebe? Ja, das war auch Liebe. Freilich keine weichliche und sentimentale, sondern eine heilige und göttliche Liebe. Wir denken so gern, wir müßten einander alles Weh und allen Schmerz ersparen. Wir sind oft so schnell bereit, mit dem Trost der Vergebung zu kommen, – Gott eilt nicht so damit. Erst bringt er einem Menschen sein Unrecht zum Bewußtsein, erst bringt er ihn zum herzlichen und schmerzlichen Erkennen seiner Sünde, ehe er zu ihm sagt: Sei getrost, deine Sünden sind dir vergeben!

So macht es auch Josef. Er übereilt die Vergebung nicht; er erspart ihnen die Schmerzen der Reue und die Selbstanklagen nicht, nein, er weckt dieselben vielmehr erst recht auf. Sie sollen erst ihr Unrecht in seiner ganzen Größe erkennen. Wie können sie wissen, was Josef durchgemacht hat, wenn sie es nicht selber durchkosten müssen?

So liegen sie im Gefängnis. Wie lange? Das wissen sie nicht. Nach dem harten und barschen Wesen des Regenten ist das Schlimmste zu erwarten.

Nur drei Tage hat Josef sie im Gefängnis gelassen. Aber in diesen drei Tagen hat Gott mit ihnen geredet. Wenn sie jetzt auch unschuldig waren, so wußten sie doch, daß jetzt die alte Schuld ihres Lebens heimgesucht wurde.

Es waren bittere Tage, da sie ihre Sünde in ihrer ganzen Tragweite erkannten. Aber so war es nötig für sie. Denn wer seine Sünde erkennt in ihrer Abscheulichkeit, der ist nicht mehr fern von der Vergebung.

So hart es auch aussieht, Josef hat doch keinen Fehler gemacht, als er seine Brüder so barsch behandelte und sie gar ins Gefängnis werfen ließ. Und so macht Gott auch keine Fehler, wenn er durch Trübsal und Not, durch allerlei Schweres einen Menschen dahin bringt, daß er endlich erkennt: Ich habe gesündigt!

Ist es bei dir schon dahin gekommen?

Wenn er dich in die Stille führte und aufs Krankenlager legte, weißt du, warum er das getan hat? Da wollte er mit dir reden. Da wollte er dein vergangenes Leben mit dir durchgehen. Da wollte er dir sagen: Weißt du noch? Weißt du noch?

Ja, das sind wohl schmerzliche Stunden, wenn das Licht von oben in unser Herz fällt, wenn wir erschrecken und sagen: das hätte ich nie gedacht, daß ich so schlecht wäre! Aber es sind auch selige Stunden. Wenn uns kein anderer Ausweg mehr bleibt, wenn wir nicht mehr wissen, wohin mit unserem Herzen voll Schuld und Schande – dann tun sich die Arme der Gnade auf. Dann wird sich Josef seinen Brüdern offenbaren. Dann vergibt Jesus die Schuld des Lebens.

Ein merkwürdiger Gegensatz

Und Josef wandte sich von ihnen und weinte. Als er sich nun wieder zu ihnen wandte und mit ihnen redete, nahm er aus ihrer Mitte Simeon und ließ ihn binden vor ihren Augen (1. Mose 42, 24).

Ein merkwürdiger Gegensatz ist in diesem Vers enthalten. Merkst du ihn? Es ist der Gegensatz zwischen den Händen Josefs und seinem Herzen. Sein Herz schlägt in Liebe für seine Brüder, so daß ihm die Augen übergehen; aber seine Hände greifen einen aus ihrer Mitte und binden ihn vor ihren Augen.

Wir müssen dabei einen Augenblick verweilen.

Es war eine harte Behandlung, welche die Söhne Jakobs von dem Herrn in Ägypten erfuhren. Er beschuldigte sie, daß sie Kundschafter seien. Tagelang ließ er sie im Gefängnis schmachten. Er sagte, er bezweifle ihre Redlichkeit, bis sie ihm ihren jüngsten Bruder mitgebracht hätten. Bis dahin werde er einen von ihnen als Geisel zurückbehalten. Dabei nimmt er Simeon aus ihrer Mitte, bindet ihn und wirft ihn ins Gefängnis.

Das war es, was die Brüder sahen und hörten. Sie sahen die harte Behandlung, die sie erfuhren. Sie hörten die harten Worte, die er sprach.

Aber etwas anderes sahen sie nicht: seine Tränen. Hätten sie die gesehen, dann hätten sie sich verwundert gefragt, was den stolzen und harten Herrn so bewege. Und dann hätten sie das Rätsel erraten, das Josef ihnen erst später enthüllen wollte. Noch war die rechte Stunde dazu nicht gekommen.

Ist das nicht ein merkwürdiger Gegensatz? Josefs Hände taten den Brüdern so weh. Aber sein Herz floß über von Liebe zu ihnen. Sein Herz sehnte sich danach, ihnen zu sagen: alles ist vergeben, alles ist vergessen. Aber um das Herz nicht vor der Zeit zu verraten, taten die Hände so hart und so grausam.

Hast du nicht auch schon solche Erfahrungen gemacht? Sicherlich! Da nahm Gott einen Menschen, den du lieb hattest, und band ihn vor deinen Augen mit einer Krankheit. Du standest bekümmert und vereinsamt da und seufztest: Warum?

Oder du mußtest durch Verleumdungen und Verfolgungen hindurchgehen. Man erzählte sich allerlei Böses über dich. Und doch warst du ganz unschuldig. Hast du da nicht auch oft gefragt: Wie kann Gott das nur zulassen, daß es mir so geht? Er müßte doch für mich eintreten!

Darum laß dir sagen: was du erlebst, das waren des Herrn Hände. Die schlugen dich, die verwundeten dich, die taten dir weh. Aber hättest du einmal aufgeschaut, – dann hättest du gesehen, wie seine Augen voll Tränen standen, wie er selber die Schläge mitfühlte, die er dir gab, und wie schwer es ihm wurde, dich so zu behandeln. Ja, sein Herz schlägt für dich, sein Herz sehnt sich nach dir. Gerade darum mußten seine Hände so an dir handeln. Er wollte dich durch diese dunklen Führungen zur Einkehr und zur Umkehr bringen. Als er dir dein Erdenglück nahm, da wollte er deine Augen auf das Glück lenken, das nie vergeht. Er wollte durch die Leere deines Herzens in dir ein Sehnen erwecken, von ihm gefüllt zu werden mit Frieden und Freude im Heiligen Geist. Du solltest wie die Brüder Josefs die Schuld erkennen, die du gegen Jesus Christus auf dich geladen hast.

Du solltest erkennen, wie schnöde du gegen ihn gehandelt, wie sehr du dich an ihm versündigt hast. Oder hast du nicht dahingelebt, ohne dich um deinen Heiland zu kümmern? Nach seinem Willen hast du nicht gefragt, seine Gebote hast du nicht gehalten. Wie oft hast du ihn verleugnet vor den Menschen wie Petrus! Wie oft ihn gar an die Feinde verraten wie Judas! Das möchte er dir zum Bewußtsein bringen, du solltest deine Schuld erkennen.

Und warum sollst du das erkennen? Weil er vergeben will. Weil er dich zu einem fröhlichen und seligen Gotteskind machen will.

Wenn seine Hände dich so hart behandeln, so kommt es daher, nur daher, daß sein Herz so sehr liebt. Darum komm! »Laß in Reue und Schmerz endlich brechen dein Herz!« – Und dann ziehen Gottes Hände dich voll Liebe an sein Herz. Dann ist der scheinbare Gegensatz aufgehoben, dann ist zwischen Herz und Händen Harmonie!

Und was dann auch das Leben bringt, was für Schwierigkeiten

es durchzumachen gibt, was für Leidenstäler zu durchwandern sind – es ist nie ein Gegensatz zwischen Gottes Herzen und Gottes Händen! Nie! Und wenn er dir ein schweres Leid schickt, blick nicht auf seine Hände, blick höher hinauf! Schau in sein Herz und in seine Augen! Da siehst du, daß er dich liebt, unbeschreiblich liebt. Bei allem, was er tut, ob du es verstehst oder nicht. Er hat Friedensabsichten und Liebesgedanken dabei: Gott macht keine Fehler!

Umsonst!

Und Josef gab Befehl, ihre Säcke mit Getreide zu füllen und ihnen ihr Geld wiederzugeben, einem jeden in seinen Sack, dazu auch Zehrung auf den Weg; und so tat man ihnen. Und sie luden ihre Ware auf ihre Esel und zogen von dannen. Als aber einer seinen Sack auftat, daß er seinem Esel Futter gäbe in der Herberge, sah er sein Geld, das oben im Sack lag, und sprach zu seinen Brüdern: Mein Geld ist wieder da, siehe, in meinem Sack ist es! Da entfiel ihnen ihr Herz, und sie blickten einander erschrocken an und sprachen: Warum hat Gott uns das angetan? (1. Mose 42, 25-28).

Die Brüder Josefs verstanden es nicht, was das zu bedeuten hatte, daß sie ihr Geld wiederfanden in ihren Säcken. Sie konnten es auch nicht verstehen.

Aber wir können es verstehen, und wir können eine sehr wichtige Lehre für uns daraus entnehmen.

Josef wollte von seinen Brüdern kein Geld haben. Er schenkte ihnen das Getreide und Zehrung noch obendrein. Er nahm keine Bezahlung von ihnen an.

Wenn Josef schon keine Bezahlung annahm – der König Jesus nimmt erst recht keine an! Er verkauft nicht, er verschenkt!

Weißt du das schon?

Viele, viele wissen es noch nicht. Viele, die sich Christen nennen, sind der Meinung, der Herr verkauft seine Gnade. Und sie erschrecken geradeso wie die Brüder Josefs, wenn man ihnen sagt, daß man dem König Jesus seine Gnade nicht bezahlen könne.

Womit will man denn bezahlen? Man will bezahlen mit Kirchengehen und Teilnahme am heiligen Abendmahl, man will bezahlen mit Hausandacht und mit Gaben für die Mission, man will bezahlen mit gewissenhafter Pflichterfüllung und einem soliden Lebenswandel. Und wenn man das alles gegeben und bezahlt hat, dann meint man, ein Anrecht auf die Gnade Gottes zu haben: Ich habe doch alle meine religiösen Pflichten immer treulich erfüllt!

Aber wie wenig kennen jene noch den König Jesus, die so denken!

Man kann das Wesen des landläufigen Christentums, das aber nicht das biblische, nicht das entschiedene Christentum ist, mit einem einzigen Wort bezeichnen, und das hat nur eine einzige Silbe. Die heißt: »Gib!«

Man meint: Ich muß geben: Kirchenbesuche, Abendmahlsgänge, Kollektenbeiträge, ehrbares Leben. Und wenn ich dann gegeben habe, dann wird Gott auch geben. Dann wird er mich segnen, von allem Schweren befreien, mich immer nur leichte und angenehme Wege führen.

Nicht wahr, so denken viele? Gewiß bist du schon Menschen begegnet, die so dachten. Sie sind ja gar nicht selten. Oder vielleicht – denkst du selber so?

Darf ich dir einmal sagen, was das für eine Anschauung ist, die immer denkt, man muß Gott geben, damit Gott sich dann auch gnädig erweist? Erschrick nicht, wenn ich dir sage: diese Anschauung ist nicht christlich, sondern heidnisch! So denken die Heiden.

Der Heide bringt seinem Gott irgendein Opfer dar, ein Lamm oder ein Huhn oder was es sein mag, und dann denkt er, manchmal spricht er es auch offen aus: So, ich habe dir nun dieses Opfer dargebracht, nun erwarte ich aber auch, daß du meine Bitten erhörst und meine Wünsche erfüllst! Und wenn das nicht geschieht, dann schlägt er seinen Götzen und wirft ihn ins Feuer.

So macht es der Heide. Und der »Christ«? So klar spricht er es natürlich nicht aus, aber er denkt so. Er erfüllt seine »religiösen Pflichten«, wie er das nennt, und dann erwartet er, daß Gott ihn segnet und behütet. Und wenn dann eine Trübsal, eine Heimsuchung kommt, dann sagt er vorwurfsvoll: »Womit habe ich das verdient? Habe ich nicht immer meine religiösen Pflichten gewissenhaft erfüllt?«

Ist da ein großer Unterschied zwischen dem Heiden und dem »Christen«? Der Heide weiß es nicht besser; aber der »Christ« könnte es besser wissen. Er könnte es wissen, daß das Christentum nicht darin besteht, daß wir geben, sondern daß wir nehmen aus der Fülle Gottes.

Wenn man das Wesen falschen Christentums in dem Wort »Gib!« zusammenfassen kann, dann kann man das Wesen wahren, wirklichen, biblischen Christentums zusammenfassen in dem Wort: »Nimm!«

Auf das Nehmen kommt es an. »Also hat Gott die Welt geliebt, daß er seinen eingeborenen Sohn gab.« Aber was hilft es, daß Gott seinen Sohn gibt, wenn keine Leute da sind, die ihn nehmen? Damit fängt wahres Christentum überhaupt erst an, daß wir Jesus nehmen, annehmen, aufnehmen. Darum schreibt Johannes: »Wie viele ihn aber aufnahmen, denen gab er Macht, Gottes Kinder zu werden.«

Und Gott gibt uns nicht nur seinen Sohn; er gibt uns in ihm und mit ihm alles. »Hat Gott seines eigenen Sohnes nicht verschont, sondern hat ihn für uns alle dahingegeben, wie sollte er uns mit ihm nicht alles schenken?« Hat Gott diese Gabe uns gegeben, seinen eingeborenen Sohn, was sollte er uns dann vorenthalten?

Ja, Gott ist so sehr bereit zu geben und immer wieder zu geben. Wenn wir nur auch so bereit wären, zu nehmen und immer wieder zu nehmen!

Kann es etwas Leichteres geben als das? Schon das kleine Kind kann nehmen. Leichter kann es doch Gott uns nicht machen, als wenn er vor uns hintritt und sagt: Nimm!

Ja, nimm doch! Nimm doch! Anstatt dich mit deinen Bemühungen abzuquälen und dir den Kopf zu zerbrechen, ob du wohl auch genug getan habest, um die Gnade Gottes zu erlangen, solltest du deine Hand auftun und – nehmen!

Seine Gnade ist umsonst zu haben, Gott verkauft nicht, er verschenkt!

Warum wollen die Menschen so schwer daran glauben, daß sie nur einfach nehmen müssen? Es erscheint ihnen so demütigend, daß sie nehmen sollen, daß sie sich etwas schenken lassen sollen. Sie wollen verdienen, bezahlen, kaufen. Das entspricht ihrem stolzen Sinn mehr. Was steht dem einfachen Nehmen im Wege? Der Hochmut des natürlichen Herzens. Der will alles sich selbst zu verdanken haben und seiner Tüchtigkeit. Aber nehmen – das erniedrigt so!

Dabei geht es gar nicht anders. Wahres Christentum heißt »Nimm!« Und wer die Gnade nicht als Geschenk annehmen will, der bekommt sie nicht!

Darum versuch es doch nicht mehr, Gott mit deiner Bezahlung

zu kommen! Denke doch nicht mehr, du möchtest ihm etwas geben. Was kannst du ihm denn geben, dem großen König? Du armes Menschenkind, denke doch so etwas nicht mehr!

Nimm! Nimm aus seiner Fülle. Er gibt dir, was du brauchst und bedarfst, in Hülle und Fülle!

Josef gab ja auch nicht nur das Geld zurück, das seine Brüder ihm als Kaufpreis gebracht hatten. Er gab ihnen auch noch das Reisegeld für unterwegs dazu. So schenkte Josef.

Und Jesus sollte sich von diesem schwachen menschlichen Vorbild beschämen lassen? Nimmermehr! Du darfst kommen und nehmen, alle Tage, alle Stunden. Und du wirst es mit Johannes erfahren und bezeugen können: »Aus seiner Fülle haben wir alle genommen Gnade um Gnade!«

Ich bitte dich, laß dein Geld zu Hause, wenn du zum König Jesus kommst! Er ist ein Schenkender. Was du für Leib und Seele brauchst, das bekommst du als ein Geschenk seiner Gnade umsonst!

Benjamin

Da sprach Jakob, ihr Vater, zu ihnen: Ihr beraubt mich meiner Kinder! Josef ist nicht mehr da, Simeon ist nicht mehr da, Benjamin wollt ihr auch wegnehmen; es geht alles über mich. Ruben antwortete seinem Vater und sprach: Wenn ich ihn dir nicht wiederbringe, so töte meine zwei Söhne. Gib ihn nur in meine Hand, ich will ihn dir wiederbringen. Er sprach: Mein Sohn soll nicht mit euch hinabziehen; denn sein Bruder ist tot, und er ist allein übriggeblieben. Wenn ihm ein Unfall auf dem Wege begegnete, den ihr reiset, würdet ihr meine grauen Haare mit Herzeleid hinunter zu den Toten bringen (1. Mose 42, 36-38).
Da sprach Israel, ihr Vater, zu ihnen: Wenn es denn so ist, wohlan so tut's (1. Mose 43, 11).

Das war eine traurige Heimkehr, als die Söhne Jakobs von ihrer ägyptischen Reise nach Hause kamen. Simeon fehlte, den sie als Gefangenen hatten zurücklassen müssen. Was für ein Schmerz für die Familie Simeons und für den alten Jakob!

Und nun kamen sie gar damit heraus, daß die Freigabe Simeons erst dann erfolgen würde, wenn sie Benjamin mitgebracht hätten.

Benjamin, den Jüngsten, den Liebling des Vaters! Nein! Unter keinen Umständen! Aufs entschiedenste wehrt und weigert sich Jakob bei diesem Ansinnen. Nein, den Benjamin gibt er nicht mit. Ruben mag sagen, was er will, Benjamin ist dem Vater zu teuer, als daß er ihn auf die weite Reise könnte mitziehen lassen.

An Benjamin hängt sein Herz. Von Benjamin kann er sich nicht trennen. Die andern kann er hingeben, wenn es verlangt wird, aber den Benjamin nicht!

Wie oft ereignet sich dieselbe Geschichte heutzutage! Der Herr legt auf irgendeine Person, auf irgendeine Sache den Finger und sagt: Gib mir das! Und du sagst: Nein, das kann ich nicht! Dazu bin ich nicht imstande. Daran hängt mein Herz zu sehr.

Alles Zureden und Bitten ist umsonst. Man bleibt dabei: Nein, ich kann es nicht, und ich tue es nicht.

Ist es in deinem Leben nicht auch schon so gegangen? Hast du vielleicht auch so einen Benjamin gehabt? Hast du vielleicht noch so einen Benjamin, den du ängstlich hütest?

Ob da auch ein Mensch ist, an dem dein Herz so hängt, wie Jakobs Herz an seinem Sohn. Ist es vielleicht dein Mann? Oder deine geliebte Frau? Oder dein Kind?

Denke daran, was Paulus geschrieben hat: »Die da Weiber haben, als hätten sie sie nicht.« Und ebenso kann man sagen: »Die da Männer haben und die da Kinder haben, als hätten sie sie nicht.« Denke daran, was Jesus gesagt hat: »Wer Vater oder Mutter, wer Sohn oder Tochter mehr liebhat als mich, der ist meiner nicht wert, der kann nicht mein Jünger sein!«

Oder ist dein »Benjamin« etwas anderes? Vielleicht dein Geschäft, dein Hab und Gut? Ja, das ist bei manchem so: erst hat er das Geschäft und dann hat das Geschäft ihn. Und er wird ein Sklave seines Geschäftes, anstatt der Herr desselben zu sein.

Hüte dich, daß dein Geschäft nicht dein alles wird! Daß dein Herz sich nicht ans Geld hängt! Nimm den Segen, den du im Geschäft hast, dankbar aus Gottes Hand hin; aber hänge dein Herz nicht an irdische und vergängliche Güter!

Sieh, alles, was man nicht lassen kann, das ist so ein »Benjamin«, das schiebt Gott in den Hintergrund. Gott will unsere Herzen ganz und ungeteilt haben – oder gar nicht. Er will seine Ehre nicht mit den Götzen teilen. Er ist ein eifersüchtiger Gott. Darum gib ihm dein Herz ganz und halte nichts zurück!

Was ist das doch für eine Beleidigung für den heiligen Gott, wenn man ihm einen Menschen vorzieht! Ja, manche machen es noch ärger; sie hängen ihr Herz an einen Hund, an eine Katze, an einen Papagei. Ist das nicht eine Schmach, daß Gott sich so etwas bieten lassen muß – auch von solchen, die sich Christen nennen? Darum denke doch einmal darüber nach, wie du mit deiner übertriebenen Kreaturliebe deinen Gott verunehrst!

Wie hält das schwer, bis ein Mensch endlich sein Liebstes losläßt! Bei Jakob hat's auch lange gedauert. Da mußte erst der Hunger sich melden, ehe er sich endlich entschloß, Benjamin herzugeben und ihn mitreisen zu lassen.

Und es geschah widerwillig genug, als er sich endlich entschloß: »Muß es denn ja also sein, so tut's!« Es blieb ihm kein anderer Ausweg mehr. Wenn er ihn nicht gab, dann mußte er mit seiner ganzen Familie verhungern. Da endlich entschloß er sich und gab ihn hin.

Wie ging es nun? Als er Benjamin endlich hergab, da bekam er Simeon wieder und Benjamin – ja, was er nie gedacht hätte, er bekam Josef noch dazu. Er würde nie Josef in seine Arme geschlossen haben, wenn er Benjamin nicht herausgegeben hätte!

Ja, wenn Jakob das gewußt hätte, er hätte sich nicht so lange besonnen, er hätte sich nicht so lange geweigert! Er hätte ihn gleich hergegeben!

Aber du, du könntest es wissen, daß Jesus sich dir offenbaren wird, wenn du hergibst, was ihm im Wege ist, und tust es doch nicht?

Sei doch nicht so töricht! Du hinderst ja Gott, dich so zu segnen, wie er dich segnen möchte! Darum entschließ dich heute! Bring das Opfer und gib ihm das her, was zwischen Gott und dir im Wege ist.

Nicht allein!

Die Hungersnot aber drückte das Land. Und als verzehrt war, was sie an Getreide aus Ägypten gebracht hatten, sprach ihr Vater zu ihnen: Zieht wieder hin und kauft uns ein wenig Getreide. Da antwortete ihm Juda und sprach: Der Mann schärfte uns das hart ein und sprach: Ihr sollt mein Angesicht nicht sehen, es sei denn euer Bruder mit euch (1. Mose 43, 1-3).

Der Vorrat, den die Söhne Jakobs in Ägypten geholt haben, ist aufgezehrt. Aber noch immer hält die Teuerung an. Jakob fordert sie auf, noch einmal nach Ägypten zu ziehen. Aber eine mißliche Bedingung ist dabei zu erfüllen. Der Gebieter in Ägyptenland hat ihnen streng anbefohlen, das nächste Mal ihren jüngsten Bruder mitzubringen, wenn er sie nicht als Kundschafter ansehen und bestrafen solle.

Der alte Vater Jakob aber kann sich nicht dazu entschließen, seinen Liebling herzugeben. Er spricht klagend und vorwurfsvoll zu seinen Söhnen: »Ihr beraubt mich meiner Kinder; Josef ist nicht mehr da, Benjamin wollt ihr auch wegnehmen – es geht alles über mich!«

Aber mit großer Bestimmtheit sagt ihm Juda: »Wir können ohne Benjamin nicht nach Ägypten ziehen. Denn der Mann schärfte uns das hart ein und sprach: Ihr sollt mein Angesicht nicht sehen, es sei denn euer Bruder mit euch!«

Endlich, nach langem Widerstreben, gab Jakob seufzend nach und ließ Benjamin mitziehen. –

Die Geschichte Josefs enthält manchen wunderbaren Hinweis auf die Geschichte Jesu. Auch dieses Wort aus dem Mund Josefs hat einen wunderbaren, tiefen Sinn. Seine volle Bedeutung findet es erst, wenn wir es dem Heiland in den Mund legen. Das ist Jesu Wunsch und Wille an die Seinen: »Ihr sollt mein Angesicht nicht sehen, es sei denn euer Bruder mit euch!«

Was soll das heißen?

Der Herr verlangt und gebietet, daß wir nicht nur an unsere

Seligkeit denken, sondern auch an die unseres Bruders. Wir sollen nicht allein kommen!

Verlangt er das wirklich? Ganz gewiß. Nichts anderes sagt er in dem Gleichnis von den anvertrauten Pfunden. Ist er zufrieden, wenn man ihm das eine Pfund wieder abgibt, das man sorglich im Schweißtuch getragen und gut verwahrt hat? Nein, damit ist er nicht zufrieden.

Wenn du die Frage Kains tust: Soll ich meines Bruders Hüter sein?, so lautet seine Antwort darauf: Du sollst mein Angesicht nicht sehen, es sei denn dein Bruder mit dir!

Wir dürfen, wir sollen nicht allein kommen; wir müssen ihm andere auch zuführen.

Was hast du schon getan, lieber Leser, um dieser heiligen Pflicht zu genügen? Was hast du schon getan, um Menschen zu Christus zu führen? Bist du schon jemandem zum Segen geworden?

Vielleicht siehst du mich erstaunt und verwundert an: »Ich? Ich soll dem Heiland Mitmenschen zuführen? Wofür sind denn die Pastoren da?«

Ganz recht, dafür sind die Pastoren da. Und dem Pastor fehlt die göttliche Bestätigung, der nicht diese Frucht seines Wirkens und Predigens aufzuweisen hat, daß seine Hörer durch ihn zum Glauben an Christus gekommen sind.

Aber dazu sind doch nicht bloß die Pastoren da. Sondern jeder Christ soll auch als ein Bekenner seines Christenglaubens an seinem Bruder arbeiten.

Bist du bange vor dieser Aufgabe? Ja, ganz leicht ist sie nicht. Denn wenn du deinen Heiland frisch und fröhlich bekennst, dann wirst du mancherlei Unannehmlichkeiten haben. Deine Kollegen und Mitarbeiter werden dich zur Zielscheibe ihres Spottes machen; deine Vorgesetzten werden dir vielleicht Schweigen gebieten und dir, wenn du doch nicht schweigst, den Stuhl vor die Tür setzen.

Willst du dich darin abhalten lassen, den Willen Jesu zu tun? Denke doch daran, wie Jesus danach verlangt, daß der Lohn seiner Schmerzen groß und immer größer werde! Denke daran, daß Freude im Himmel ist über jeden einzelnen Sünder, der Buße tut! Und wenn du daran denkst, wenn du dir klarmachst: ich kann kaum helfen, dem Heiland diese Freude zu machen, wolltest du dich dann durch feige Menschenfurcht zurückhalten lassen?

Nein, laß die Feinde sich nur ereifern; es ist keine Ursache vorhanden, sich darüber irgendwie zu erregen.

Wenn du die Sache Jesu zu deiner Sache gemacht hast, dann wird er schon für dich eintreten und alles herrlich hinausführen!

Und diese Freude, wenn ein Mensch es dir dankt, daß er gerettet ist! Wahrlich, das ist eine Freude, die lohnt es wohl, daß man ein wenig Hohn und Haß riskiert!

Aber, sagst du, ich habe gar keine Gaben! Das ist auch gar nicht nötig! Von Jesus zu erzählen, einzuladen und abzuholen zum Gottesdienst, dazu sind keine besonderen Gaben erforderlich. Nicht wahr, wenn dir sonst ein Glück zuteil wird, das kannst du deinen Freunden und Verwandten erzählen? Nun, wenn du das Glück und den Frieden in der Gemeinschaft Jesu kennengelernt hast, wenn du es gut bei ihm hast, dann könntest du nicht davon sprechen? Aber warum denn nicht?

Die Welt sagt wohl gerne: Mein Glaube, meine Religion geht keinen Menschen etwas an, das muß jeder mit seinem Gott in der Stille abmachen. Gewiß, in der Stille, im Kämmerlein, fängt es an. Aber der Glaube darf nicht in der Stille bleiben, daß keiner etwas davon merkt. Sondern es gilt, den Herrn auch vor den Leuten zu bekennen, es gilt, den Versuch zu machen, auch deinen Bruder, deine Schwester, deinen Freund, deine Freundin dem Heiland nahe zu bringen:

Und ganz gewiß wird solchem Wort und Werk der Segen Gottes nicht fehlen. Es ist des Heilands eigene Sache; du tust ihm ja Gehilfen- und Handlangerdienste, wenn du dich bemühst, ihm die Herzen der Menschen zuzuführen. Da wird sein Segen nicht mangeln.

Darum auf zur Tat! – Der Teufel arbeitet unermüdlich daran, Leute zugrunde zu richten, und Hunderttausende stehen im Sold des Fürsten dieser Welt. Da müssen die Jünger Jesu sich auf ihre heilige Pflicht besinnen, Mitmenschen mit ihrem Christuszeugnis zu erreichen.

Denket daran: Ihr sollt mein Angesicht nicht sehen, es sei denn euer Bruder mit euch!

Josefs Haushalter

Da nahmen sie diese Geschenke und das doppelte Geld mit sich, dazu Benjamin, machten sich auf, zogen nach Ägypten und traten vor Josef. Als Josef sie sah mit Benjamin, sprach er zu seinem Haushalter: Führe diese Männer ins Haus und schlachte und richte zu, denn sie sollen zu Mittag mit mir essen. Und der Mann tat, wie ihm Josef gesagt hatte, und führte die Männer in Josefs Haus (1. Mose 43, 15-17).

Endlich war das Hindernis überwunden, das sich der zweiten Reise nach Ägypten entgegengestellt hatte: Jakob hatte sich nach langem Zögern entschlossen, Benjamin mitreisen zu lassen.

So zogen die Brüder nach Ägypten. Was für eine Aufnahme würden sie diesmal finden? Die Bedingung zur Freigabe Simeons war ja erfüllt: Benjamin war bei ihnen. Aber das Geld, das sie in ihren Säcken gefunden hatten, beunruhigte sie. Ob sie am Ende deswegen gar zur Verantwortung gezogen würden? Sie wollten dem zuvorkommen und ihren Fund sofort melden.

Sie kamen an. Sie begaben sich zu der Halle, wo Josef wieder den Verkauf leitete. Aber er beantwortete ihren untertänigen Gruß mit keinem Wort. Er ließ nur seinen Blick über sie dahingleiten und auf Benjamin ruhen. Dann wandte er sich an seinen Haushalter und gab dem einen Befehl. Einen Augenblick schaute der wie verwundert und erstaunt seinen Herrn an, als ob er nicht recht höre und verstehe, dann neigte er sich zum Zeichen, daß er den Befehl verstanden habe, und entfernte sich.

Wie hatte der Befehl gelautet, der den Haushalter zuerst so verwundert hatte? Josef hatte ihm gesagt, diese hebräischen Männer sollten zu Mittag mit ihm essen; er sollte ein Festmahl für sie bereiten.

War das nicht in der Tat zum Verwundern? Mit Josef essen, dem Regenten des Landes! Was für eine Ehre war das! Wie fühlten sich die Großen des Landes geehrt, wenn sie eine Einladung von Josef bekamen, dem Vertreter des Königs, dem alle Gewalt gegeben war im ganzen Lande! Und nun diese hebräischen Männer, diese Viehtreiber, bestaubt und beschmutzt von der langen Reise? Wie kamen sie zu solcher Auszeichnung? Wie kam Josef dazu, sie so zu ehren?

Das letzte Mal, als sie da waren, hatte Josef sie so hart behandelt, hatte sie beschuldigt, Spione zu sein. Dann hatte er sie ins Gefängnis werfen lassen, noch jetzt lag einer von ihnen im Kerker!

Und nun lud er sie zum Essen ein? Nun sollte ein Festmahl bereitet werden? Wie war denn das zu erklären?

Wir würden es verstehen, wenn der Haushalter jetzt zu ihm gesagt hätte: »Herr, das vorige Mal hast du die Männer als Kundschafter bezeichnet und ins Gefängnis werfen lassen – und heute lädst du sie zum Essen ein?« Wir würden es verstehen, wenn der Haushalter nach dem Grund der merkwürdigen Sinnesänderung Josefs gefragt hätte. Aber – kein Wort spricht der Haushalter. Keine Frage tut er. Er versteht seinen Herrn nicht im geringsten. Er kann sich den Befehl gar nicht erklären. Aber er vertraut ihm. Ob er den Befehl Josefs versteht oder nicht versteht, danach fragt er nicht: er gehorcht einfach. Er geht hin und tut, was ihm befohlen ist.

Können wir da nichts von dem Haushalter lernen? Wie schön ist dieses unbedingte Vertrauen, das er seinem Herrn entgegenbringt! Er ist davon überzeugt, daß sein Gebieter gute Gründe für seine Handlungsweise hat, wenn er dieselben auch nicht kennt. Er ist davon überzeugt, daß Josef einen bestimmten Zweck bei seinem merkwürdigen Tun hat, wenn er ihn auch nicht weiß. Er vertraut seinem Herrn und er gehorcht, ohne zu fragen.

Sollten wir nicht auch unsern Herrn so mit unserem Vertrauen ehren? Sollten wir ihm nicht auch dann vertrauen, wenn wir ihn nicht verstehen? Hat uns Jesus denn schon jemals enttäuscht? Haben wir denn nicht immer wieder eingesehen, daß er keine Fehler macht?

Gewiß verstehen wir ihn nicht immer. Es wäre ja auch sonderbar, wenn wir kurzsichtigen Menschen ihn immer verstünden. Seine Gedanken sind so viel höher, als unsere Gedanken und seine Wege so viel anders, als unsere Wege! Wie können wir uns da einbilden, unseren großen Gott immer verstehen zu müssen und zu können!

Nein, verstehen können wir ihn nicht immer. Aber gehorchen können wir ihm immer. Das können wir von Josefs Haushalter lernen.

Du hast vielleicht einmal jene Parabel gehört, die uns das auch lehren will, Gott bedingungslos zu vertrauen. Da war ein Eremit, der konnte sich gar nicht in die Wege Gottes finden. Er konnte Gott gar nicht verstehen. Da hatte er einen merkwürdigen Traum. Ein Mann trat zu ihm und forderte ihn auf, mitzukommen, er solle die Wege Gottes kennenlernen. So traten die beiden zusammen ihre Wanderung an. Am Abend des ersten Tages übernachteten sie bei einem Mann, der ihnen erzählte, daß er eine große Freude an dem Tage gehabt habe. Er sei mit jemand verfeindet gewesen. Alle seine Bemühungen, sich mit ihm zu versöhnen, seien auf Widerstand gestoßen. Aber nun habe sich sein Feind heute mit ihm versöhnt und ihm zum Zeichen des Friedens einen goldenen Becher geschenkt.

Nach einer guten Nacht machten sich die beiden Wanderer wieder auf. Aber wie wurde unserem Grübler zumute, als ihm sein Begleiter den goldenen Becher zeigte, den er dem gütigen Gastgeber entwendet hatte! Er war ganz entrüstet über solche Hinterlist. Aber sein Begleiter sagte ihm: »Schweig, das sind die Wege Gottes!«

Wieder wanderten sie den ganzen Tag. Am Abend kamen sie an eine Hütte, die sehr armselig war. Man merkte, daß ihr Besitzer in äußerster Armut lebte. Dennoch nahm er die wandermüden Gäste freundlich auf.

Am andern Morgen blieb der Begleiter ein wenig zurück. Und wie der Zweifler stehen blieb und sich nach ihm umschaute, da sah er zu seinem Schrecken, daß die Hütte, darin sie übernachtet hatten, im Flammen aufging. Ein finsterer Verdacht erfaßte ihn. Und bald sollte er seine Bestätigung finden. Der geheimnisvolle Begleiter gestand ihm auf seine Frage offen ein, daß er die Hütte angezündet habe.

Entrüstet wollte sich der Eremit von ihm abwenden, aber wieder sagte der Begleiter: »Schweig, das sind die Wege Gottes!«

Still wanderten sie weiter. Das sollten die Wege Gottes sein? Unmöglich! So konnte doch Gott nicht handeln!

Am Abend kehrten sie wieder ein. Der Mann sah nicht sehr vertrauenerweckend aus. Im Gegenteil, er hatte etwas Unheimliches an sich, daß man sich vor ihm fürchten konnte. Nur dann wurde sein Gesicht verklärt, wenn er den Blick auf seinen kleinen Sohn richtete, der zu seinen Füßen spielte. Also war doch auch das Herz dieses unheimlichen und wüsten Mannes noch freundlicher Regungen fähig.

Am andern Morgen bat der Begleiter den Bewohner der Hütte, er möge ihnen den Kleinen mitgeben, daß er ihnen den Weg zeige. Der Mann wollte erst nicht. Aber dann gab er es zu, daß der Kleine ein Stückchen Weges mitgehe.

Nach einiger Zeit kamen sie an einen Wasserfall, der donnernd und brausend von den Felsen niederstürzte. Ein schmaler Steg führte über die schäumenden Wasser. Der Eremit ging als erster hinüber. Dann sah er sich nach seinem Begleiter um. Und was sah er da? Daß er den Knaben ergriff und – in die Fluten stieß. Das Brausen und Tosen des Wasserfalls übertönte das Schreien des Knaben.

Außer sich vor Entrüstung rief der Eremit seinem Begleiter zu: »Keinen Schritt weiter gehe ich mit dir! Du bist ja ein Teufel!« Aber der Begleiter antwortete wieder: »Schweig! Das sind die Wege Gottes!« Dabei umfloß himmlischer Glanz die Gestalt des Begleiters.

Dann fuhr er fort und sagte: »Du konntest es nicht verstehen, warum ich unserem ersten Gastgeber seinen Becher wegnahm. So wisse, die Versöhnung des Feindes war nur eine scheinbare. Der Becher war vergiftet. Hätte unser freundlicher Gastgeber daraus getrunken, so wäre er elend umgekommen. Um ihn davor zu bewahren, habe ich den Becher genommen. – Du konntest es nicht verstehen, daß ich unserem zweiten Gastgeber die Hütte anzündete. So wisse, unter dem Schutt der Hütte liegt ein Schatz verborgen. So ist seiner Armut ein für allemal abgeholfen. – Und was den dritten Gastgeber anbetrifft, so würde der Mann den Knaben verdorben und verführt haben, daß er auch ein Mörder geworden wäre wie der Alte. Davor habe ich den Knaben bewahrt. Die Liebe zu dem Knaben war das einzige menschliche Gefühl bei dem Mann. Der Schmerz um seinen Verlust wird dem Alten zum Segen werden. Siehe, so hat Gott bei allem, was du nicht verstehen konntest, gute und weise Absichten gehabt!«

Damit schwang sich der geheimnisvolle Begleiter als ein Engel Gottes in die Luft – und der Eremit erwachte von seinem

Traum. Der Traum hatte ihn gelehrt, Gott zu vertrauen, auch ohne Verstehen.

Willst du das nicht auch lernen? Denk an Josefs Haushalter! Ob Josef zu ihm sagt: Wirf die Männer ins Gefängnis! – oder ob er zu ihm sagt: Lade sie zu Mittag ein! –, ob er zu ihm sagt: Tue ihnen das Geld in den Sack! oder: Hole sie wieder zurück! – der Haushalter vertraut und gehorcht.

Und als er vertraut und gehorcht hatte, da kam die Stunde, wo er es erkannte, was Josef mit all seinen merkwürdigen, sich scheinbar widersprechenden Befehlen bezweckt und beabsichtigt hatte. Da kam es an den Tag, daß ihn ein großangelegter Plan bei all seinem Tun geleitet hatte. Da freute er sich, daß er vertraut und gehorcht hatte.

Und du? Du wirst es auch einmal mit Augen sehen und mit Händen greifen, daß der Herr einen großen Plan zielbewußt verfolgt, wenn du ihn auch jetzt noch nicht überblicken und durchschauen kannst.

Mach's wie Josefs Haushalter! Auch wenn du den Herrn nicht verstehen kannst, vertraue und gehorche!

Unnötige Furcht

Sie fürchteten sich aber, weil sie in Josefs Haus geführt wurden, und sprachen: Wir sind hereingeführt um des Geldes willen, das wir in unsern Säcken das vorige Mal wiedergefunden haben, man will auf uns eindringen und über uns herfallen und uns zu Sklaven machen und uns die Esel nehmen. Darum traten sie zu Josefs Haushalter und redeten mit ihm vor der Haustür ... Er aber sprach: Seid guten Mutes, fürchtet euch nicht! Euer Gott und eures Vaters Gott hat euch einen Schatz gegeben in eure Säcke. Euer Geld habe ich erhalten. Und er führte Simeon zu ihnen heraus und brachte sie in Josefs Haus, gab ihnen Wasser, daß sie ihre Füße wuschen, und gab ihren Eseln Futter. Sie aber richteten das Geschenk zu, bis Josef mittags käme; denn sie hatten gehört, daß sie dort essen sollten. Als nun Josef zum Haus trat, brachten sie ihm das Geschenk ins Haus, das sie mitgebracht hatten, und fielen vor ihm nieder zur Erde. Er aber grüßte sie freundlich und sprach: Geht es eurem alten Vater gut, von dem ihr mir sagtet? Lebt er noch? Sie antworteten: Es geht deinem Knechte, unserem Vater, gut, und er lebt noch. Und sie verneigten sich und fielen vor ihm nieder. Und er hob seine Augen auf und sah seinen Bruder Benjamin, seiner Mutter Sohn, und sprach: Ist das euer jüngster Bruder, von dem ihr mir sagtet? Und sprach weiter: Gott sei dir gnädig, mein Sohn! Und Josef eilte hinaus, denn sein Herz entbrannte ihm gegen seinen Bruder, und er suchte, wo er weinen könnte, und ging in seine Kammer und weinte daselbst (1. Mose 43, 18-19. 23-30).

Als die Söhne Jakobs merkten, daß sie in Josefs Haus geführt werden sollten, da bekamen sie Angst. Sie dachten nicht anders, als sie sollten zur Rechenschaft gezogen werden, weil sie das Geld mitgenommen hätten, für das sie auf ihrer ersten Reise Getreide gekauft hatten. Wenn sie sich auch durchaus keiner Schuld bewußt waren in dieser Sache, so hatten sie doch den Regenten des Landes als einen strengen und harten Herrn kennengelernt, der auf ihre Beteuerungen und Versicherungen nichts gab. Wer konnte wissen, wie es jetzt mit ihnen gehen würde?

Darum traten sie zu Josefs Haushalter heran und sagten ihm, es sei ihnen unerklärlich gewesen, daß sie in ihren Säcken ihr Geld wiedergefunden hätten. Sie hätten es aber jetzt wieder mitgebracht, um den auf der ersten Reise gekauften Vorrat damit zu bezahlen.

Aber der Haushalter beruhigte sie, ihr Geld habe er richtig bekommen.

Und dann – führte er Simeon zu ihnen heraus. Was für ein Wiedersehen! Nun wich die Furcht, nun fingen sie an zu hoffen, daß ihre Angst unnötig gewesen sei.

Der letzte Rest von Furcht wurde aber vertrieben, als sie erfuhren, daß sie von dem Regenten zu Tisch eingeladen seien. Der Haushalter behandelte sie denn auch als geehrte Gäste seines Herrn. Er gab ihnen Wasser für ihre Füße, er versorgte ihre Esel mit Futter – kurz, die jetzige Behandlung stand in krassem Gegensatz zu der, welche sie früher erfahren hatten.

So unverdient ihnen die vorige Härte erschienen war, so unverdient war die jetzige Güte. Sie wußten nicht, wie Josef auf alle Weise versuchte, zu ihren Herzen zu reden, wie er bald in scheinbarer Härte und Strenge, bald in Güte und Freundlichkeit den Weg zu ihren Herzen suchte.

Sie packten die Geschenke aus, die sie mitgebracht hatten, um ihn freundlich zu stimmen. Was sie nur leisten konnten, hatten sie mitgebracht: Balsam und Honig, Würze und Myrrhe, Datteln und Mandeln. Das waren Kostbarkeiten, zumal in dieser Zeit der Teuerung.

Darüber war es Mittag geworden und Josef kam nach Hause. Der Sitte gemäß warfen sie sich vor ihm nieder, um ihm ihre Verehrung zu bezeugen. Und wieder dachte Josef an die Träume seiner Jugendzeit, die sich so wunderbar erfüllten.

Er beantwortete ihre Verehrung mit freundlichem Gruß. Dann konnte er sich nicht zurückhalten, die schnelle Frage zu tun: »Geht es eurem Vater, dem alten, wohl, von dem ihr mir sagtet? Lebt er noch?«

Die Antwort: »Es geht ihm wohl, und er lebt noch« war fast zu viel für ihn. Wie trat das Bild seines Vaters ihm so deutlich vor die Seele! Wie wachte seine Jugendzeit wieder in seiner Erinnerung auf!

Aber er nahm sich zusammen, um auch noch Benjamin zu begrüßen, den er schon am Morgen gesehen hatte. Wie bewegte es sein Herz, als er seinen Bruder sah, Rahels Sohn wie er selbst! Er versuchte, sich fremd zu stellen, als er freundlich sagte: »Ist das euer jüngster Bruder, von dem ihr mir sagtet?« Er wartete ihre Antwort nicht ab, sondern fuhr fort: »Gott sei dir gnädig, mein Sohn!«

Dann aber merkte er, daß er nicht mehr imstande war, seine Gemütsbewegung zu meistern. Wie gern wäre er Benjamin um den Hals gefallen und hätte ihm zugerufen: »Mein Bruder, mein Bruder Benjamin!« Aber die Stunde war noch nicht gekommen.

Schnell verließ er die Brüder und eilte in sein Gemach. Da brach die mühsam zurückgedrängte Erregung seines Herzens in einem Strom von Tränen hervor.

Nicht wahr, sich vor Josef zu fürchten, das war unnötige Furcht?

Er hatte ja lauter Liebesabsichten gegen seine Brüder in seinem Herzen. Ob er sie hart behandelte oder mit Güte überhäufte, – es war Liebe, nichts als Liebe. Er hatte ihr Heil im Auge, darum handelte er so gegen sie.

Wenn es unnötig war, sich vor Josef zu fürchten, dann ist die Furcht vor Jesus noch viel unnötiger. Und doch, wie viele gibt es, die fürchten sich vor ihm! Wenn sie eingeladen werden, eine Begegnung mit ihm zu haben, dann lehnen sie es ab. Sie haben Furcht vor Jesus! Was für eine Torheit, sich vor Jesus zu fürchten.

Sie denken: Es hat in unserem Leben nicht alles gestimmt, in unsrer Vergangenheit war nicht alles in Ordnung, wir haben Geld in Besitz, das uns nicht gehört, wir haben Dinge getan, die das Licht scheuen – nun werden wir zur Verantwortung gezogen werden!

Aber wie wenig kennen sie Gott, den Herrn, die sich vor ihm fürchten! Er denkt gar nicht daran, uns mit einer Flut von Vorwürfen zu empfangen, o nein, er möchte uns die Last unserer Schuld abnehmen, wenn wir ihn darum bitten, er möchte uns sagen: Alles vergeben, alles vergessen!

So wie Josef seinen Brüdern ein Mahl bereitet hatte, so bereitet auch Jesus ein Mahl für die Glaubenden, die zu ihm kommen. Wir dürfen an seinem Tisch sitzen und schmecken und sehen, wie freundlich er ist. Er schenkt uns voll ein. Wie gut hat man es an seinem Tisch, in seiner Gemeinschaft!

Die Welt mag reden, was sie will! Sie mag sagen, ein Leben in der Gemeinschaft Jesu sei eine armselige Geschichte, eine trübe, traurige Sache; es ist nicht wahr. Sie redet nur so, weil sie Jesus nicht kennt, weil sie noch nicht den Mut gefaßt hat, zu ihm zu kommen. Aber die Leute machen sich so ganz falsche Vorstellungen über Jesus! Als ob er ein harter Herr wäre und ein strenger Gebieter, der seinen Leuten keine Freude erlaubte. Wie töricht ist das! Es gibt keinen besseren Herrn in aller Welt als ihn. Nirgends gibt es solche Freude wie in seiner Gemeinschaft! Da wird das Leben erst schön. Da lernt man erst wahre Lebensfreude kennen, wenn man zu Jesus gekommen ist und sich an den Tisch seiner Gnade gesetzt hat. Da stimmt man dem Dichter zu, der singt:

»Mein Herr ist unbeschreiblich gut,
und was er täglich an mir tut,
kann niemand besser machen!«

Darum wage es getrost, zu Jesus Vertrauen zu fassen und zu ihm zu kommen! Er wird dich so freundlich annehmen und dich so liebevoll willkommen heißen, daß du bald sagen mußt: Es war unnötige Furcht!

Ein guter Sohn

Er aber grüßte sie freundlich und sprach: Geht es eurem alten Vater gut, von dem ihr mir sagtet? Lebt er noch? (1. Mose 43, 27).

Das war der erste Gedanke, der Josefs Herz bewegte, als er seine Brüder wiedersah. Warum hatte es so lange gedauert, bis sie wiedergekommen waren? War etwa ihr Vater inzwischen – ? Er wagte nicht den Gedanken bis zu Ende zu denken. Sein Herz krampfte sich zusammen, wenn er an die Möglichkeit dachte, daß er vielleicht längst tot und begraben sei.

Darum war es seine erste Frage, die er bei der Begrüßung an sie richtete: »Geht es eurem Vater, dem alten, wohl, von dem ihr mir sagtet? Lebt er noch?«

Wie sein Herz doch an seinem Vater hing! Wie viele Jahre waren vergangen, seitdem er den Vater zum letzten Mal gesehen hatte! Und doch stand diese Abschiedsstunde noch deutlich vor seiner Seele!

Es war jener Morgen, als der Vater ihn aussandte, um seinen Brüdern eine Bestellung zu machen. Es war jener Morgen, an dem er ihn zum letzten Mal sah. Da stand er vor dem Zelt und winkte mit der Hand. Wenn er sich umsah, stand der alte Mann immer noch da und winkte mit der Hand.

Wie lange war das nun her? Was war seitdem alles geschehen! Josef war ein berühmter Mann geworden, der Regent eines großen Volkes, – aber den alten Hirten, der sein Vater war, den konnte er nicht vergessen. Nach ihm sehnte sich sein Herz manchmal mit heißem Verlangen.

Es würde dem Bild Josefs ein wesentlicher Zug fehlen, wenn wir nicht auch dies von ihm sagen könnten: ein guter Sohn! Ja, das wunderbare Glück seines Lebens hing damit zusammen, daß er ein guter Sohn war. Hat doch Gott gesagt: »Du sollst deinen Vater und deine Mutter ehren, auf daß dir's wohlgehe und du lange lebest in dem Lande, das dir der Herr, dein Gott, gibt!« Ja, ein glückliches und gesegnetes Leben hängt aufs engste damit zusammen, daß man dieses Gebot beherzigt als ein guter Sohn, eine liebevolle Tochter.

Mein Freund, darf ich dich einmal fragen: Geht es deinem Vater, dem alten, wohl? Lebt er noch?

Und wenn er noch lebt, bist du Gott dankbar dafür? Und suchst du ihm Ehre und Liebe und Treue zu erweisen auf seine alten Tage? Bist du ein guter Sohn?

Wie lange ist es her, daß du ihm zum letzten Mal geschrieben hast? Das weißt du nicht? So schäme dich! Dann ist es gewiß schon lange her! Nun, dann setz dich gleich heute hin und schreib an deinen alten Vater. Und dann laß nicht wieder so viel Zeit vergehen!

Sieh, es wird nicht viel Zweck haben, wenn du deinem Vater einmal einen Kranz auf seinen Sarg legst. Davon hat er nichts mehr. Bringe ihm jetzt, solange du ihn noch hast, die Blumen deiner Liebe, deiner Treue, deiner Dankbarkeit dar. Davon hat er etwas! Darüber freut er sich. Und nicht nur dein Vater freut sich – dein Gott freut sich auch, denn Gott beobachtet dich, ob du ein guter Sohn bist oder nicht. Und dein Glück und Wohlergehen hängt mit davon ab. Weißt du das?

Und wenn du vielleicht keinen Vater mehr hast – lebt deine Mutter noch? Die Mutter, die dich geboren hat, die deine ersten Schritte geleitet und bewacht hat? Die Mutter, die an deinem Bett saß und wachte, wenn du krank warst? Lebt sie noch? Ja? Hast du sie lieb? Hältst du sie in Ehren? Es ist deine Mutter, die so viel Schmerzen um dich gelitten hat, die so viel Sorge für dich gehabt hat, die so viel für dich gebetet hat.

»O lieb, solang du lieben kannst,
o lieb, solang du lieben magst!
Die Stunde kommt, die Stunde kommt,
da du an Gräbern stehst und klagst!«

Vergiß deine Mutter nicht! Sonst bist du kein guter Sohn, keine gute Tochter. Und Gott wird dich nicht segnen.

Es gibt Kinder – man sollte es kaum glauben, aber es gibt solche Kinder, die schämen sich ihrer alten Eltern, wenn sie es im Leben zu etwas gebracht haben. Dann passen die alten Eltern nicht mehr in das gute Haus und in den vornehmen Umgang ihrer Kinder.

Wie furchtbar für alte Eltern, wenn sie merken: Unser Sohn, für den wir solche Opfer gebracht haben, um ihn etwas lernen zu lassen, der schämt sich unser. Wir sind ihm nicht mehr gut genug. Was für ein Schmerz für die alten Leute! Und nicht nur den Eltern tut es weh, wenn sie solchen Eindruck haben, – auch Gott tut es weh. Und er verschließt seinen Himmel, und der Segen hört auf! Kein guter Sohn! Keine gute Tochter!

Laßt uns von Josef lernen, wie er auch im späteren Alter mit solcher Liebe an seinem Vater hing, wie er sich des alten Hirten auch vor dem König nicht schämte. Weit entfernt, daß Pharao die Nase darüber gerümpft hätte, daß sein Kanzler solch einen einfachen Vater hatte, er rechnete es vielmehr Josef hoch an, daß er sich seines Vaters nicht im geringsten schämte. Wenn Josef noch höher steigen konnte in Pharaos Gunst, dann geschah das, als Pharao merkte: Josef ist auch ein guter Sohn!

Und ihr jungen Leute, die ihr dieses lest, die ihr noch daheim seid bei Vater und Mutter, macht euren Eltern Freude! Gehorcht ihnen, tut gern ihren Willen!

Auch in diesem Stück ist Josef wieder ein wunderbares Vorbild auf den Herrn Jesus. Wie köstlich klingen die Worte, die uns von seiner Jugend erzählen: »Und er war ihnen untertan!« Und wie fürsorglich gedachte er seiner Mutter, als er sie unter dem Kreuz stehen sah. Da sorgte er dafür, daß Johannes sie zu sich nahm auf ihre alten Tage, um im Alter ihre Stütze und ihr Stab zu sein. Noch am Kreuz – ein guter Sohn.

Und du? Ich bitte dich, nimm es nicht leicht mit dieser Frage. Es hängt ungeheuer viel davon ab für dich selbst, für deine ganze Zukunft! Bist du ein guter Sohn? Bist du eine gute Tochter?

Wehe dir, wenn deine Eltern über dich seufzen! Wehe dir, wenn dein Vater von dir sagt: »Du wirst noch einmal ein Nagel zu meinem Sarg!«

Wohl dir, wenn es so geht, wie ich es einmal las, als ein Sohn in der Blüte der Jahre gestorben war und die Eltern gaben ihm das Zeugnis: »Dies ist der erste Kummer, den er uns gemacht hat!«

Es ist so, als ob sie immer seltener würden in der Welt, die guten Söhne und Töchter, als ob Gehorsam und Kindesliebe immer mehr aus der Mode kämen. In der Welt mag es so sein. Bei Gott nicht! Gott achtet darauf, Gott fragt danach, verlaß dich darauf! Wohl dir, wenn Gott auch von dir sagen kann: ein guter Sohn!

Der rechte Platz

Und als er sein Angesicht gewaschen hatte, ging er heraus und hielt an sich und sprach: Legt die Speisen auf! Und man trug ihm besonders auf und jenen auch besonders und den Ägyptern, die mit ihm aßen, auch besonders. Denn die Ägypter dürfen nicht essen mit den Hebräern; denn es ist ein Greuel für sie. Und man setzte sie ihm gegenüber, den Erstgeborenen nach seiner Erstgeburt und den Jüngsten nach seiner Jugend. Darüber verwunderten sie sich untereinander (1. Mose 43, 31-33).

Ein merkwürdiges Mahl, das Josef mit seinen Brüdern hielt!

Warum so merkwürdig?

Nicht deshalb, daß er für sich aß und die Brüder auch für sich. Das war so Landessitte. Nicht nur, daß die Ägypter es für unpassend hielten, mit einem Ausländer Tischgemeinschaft zu haben, sie hielten sogar nicht einmal untereinander Tischgemeinschaft. Nur Mitglieder der selben sozialen Klasse aßen zusammen. Josef, als Regent des Landes, hatte auch keine Tischgemeinschaft mit den Ägyptern, die an dem Mahl teilnahmen. Denen wurde auch besonders aufgetragen.

Nein, das kam den Söhnen Jakobs nicht merkwürdig vor, daß für Josef besonders aufgetragen wurde, für die Ägypter besonders und für sie selbst besonders. Das hatten sie gar nicht anders erwartet.

Aber das war ihnen merkwürdig, wie sie ihre Plätze angewiesen bekamen. Da wurden sie genau nach ihrem Alter gesetzt. Erst kam Ruben, daneben Simeon, dann Levi, dann Juda. War das ein Zufall? Wie merkwürdig! Die Brüder sahen sich ganz verwundert an. Der Nächste in der Reihe war Dan. Darauf kam Naphtali, dann Gad und Asser. Wenn das ein Zufall war, dann war es aber ein sehr auffälliger und sonderbarer Zufall! Und weiter ging die Tischreihe: Isaschar, Sebulon und endlich Benjamin. Merkwürdig, sehr merkwürdig! Ganz genau nach ihrem Alter geordnet, saßen sie am Tisch. Wie war das nur zu erklären?

Sie wußten es nicht. Wir wissen es. Wir wissen, daß Josef sie alle kannte. Er kannte ihren Namen, ihr Alter, ihren Geburtstag, ihren Charakter, ihr Leben. Er kannte sie allesamt. Aber sie wußten das nicht.

So wie Josef seine Brüder kannte, so kennt uns Gott, der Herr. Er weiß, wer wir sind und wo wir wohnen. Er kennt uns mit Namen. Er kennt unsere Herkunft, unsere Verhältnisse, unser Leben und Sterben. Er kennt uns ganz und gar, durch und durch.

Weißt du das? Bedenkst du das?

Die Sendschreiben in der Offenbarung Johannes', die der erhöhte Herr an die sieben Gemeinden gerichtet hat, haben nach den Eingangsworten alle die Worte: »Ich weiß.« »Ich weiß deine Werke und deine Arbeit und deine Geduld.« »Ich weiß deine Werke und deine Trübsal und deine Armut.« »Ich weiß, was du tust und wo du wohnst.« »Ich weiß deine Werke und deine Liebe und deinen Dienst.« So geht es durch alle Briefe hindurch.

So weiß Gott auch deine Werke. So kennt er auch deinen Wohnort und deine Verhältnisse. Er weiß Bescheid um dich und dein Leben.

Ist dir das schrecklich? Oder freust du dich darüber?

Solange das Leben nicht vor Gott in Ordnung gebracht ist, solange man nicht in Übereinstimmung mit ihm ist, solange ist dieses Bewußtsein schrecklich. Solange man etwas zu verbergen und zu verhehlen trachtet, solange kann man sich über diese genaue Kenntnis Gottes nicht freuen. Warum leugnen so viele in unseren Tagen das Dasein Gottes? Warum erklären so viele heutzutage, daß es gar keinen Gott gebe? Bei vielen, vielen ist dieses der Grund: sie haben Ursache, ihn zu fürchten. Ihr Leben stimmt nicht mit seinem Wort und Willen überein. Sie tun, was Gott verboten hat. Da setzen sie ihn einfach ab, da erklären sie ihn einfach für tot. Damit meinen sie, ihr Gewissen zur Ruhe bringen zu können. Sie wünschen, es gäbe keinen Gott. Aber ihr Gewissen sagt ihnen, es gibt doch einen.

Warum wird die Bibel so angefeindet und verfolgt? Warum freut man sich so, wenn von der Wissenschaft irgendein scheinbarer Beweis gegen die Glaubwürdigkeit und Echtheit der Bibel beigebracht wird? Warum haßt man die Bibel so? Weil sie uns die Wahrheit sagt. Weil sie uns bezeugt, daß Gott uns kennt und mit unserem Leben nicht einverstanden ist.

Ja, wer etwas zu verbergen hat vor Gott, dem ist das Bewußtsein entsetzlich, daß Gott alles sieht und alles weiß. Der möchte am liebsten Flügel der Morgenröte nehmen und ans äußerste Meer damit fliegen, wenn er dort leben könnte, ohne von dem Auge Gottes gesehen zu werden.

Verlorene Mühe, man kann Gott nicht entfliehen!

Aber wie köstlich, wie tröstlich wird das Bewußtsein: Gott kennt mich und meine Verhältnisse, wenn man sein Herz und Leben ihm gegeben hat und nur den einen Wunsch hat, mit ihm in Übereinstimmung zu sein, zu seiner Ehre und Freude zu leben.

Wie köstlich ist es, wenn man in Schwierigkeiten und Nöten, in Beleidigungen und Verleumdungen sagen kann: Herr, Du weißt es!

Ja, er weiß um alle unsere Verhältnisse. Er kennt unsere Umgebung, unsere Schwierigkeiten, unsere Gefahren, alles, alles.

Ist das nicht wunderbar?

Er kennt unseren Geburtstag und unseren Namen, er kennt unsere Adresse, er weiß, was die Kollegen für Leute sind, er weiß, was du für eine Untermieterin hast. Er weiß, wie viele Kinder du hast, was für ein Temperament sie haben, alles, alles.

Wie gut ist es, sich das klar zu machen!

Du kannst noch so einsam dastehen, unverstanden von deiner Umgebung – einer kennt deine Lage, einer weiß um dich und deine Einsamkeit.

Du denkst, du seist sehr geeignet und brauchbar für diesen oder jenen Dienst im Reiche Gottes – und niemand ruft dich. Da meinst du, du mußt dich selbst anbieten und die Leute auf dich aufmerksam machen. Ja, wenn du von Menschen abhängst, die können dich vergessen. Aber Gott vergißt niemand. Er weiß deine Adresse. Und wenn er dich brauchen kann, dann wird er dich schon rufen. Warte nur ruhig! Er kennt dich!

Wie ist mir das Bewußtsein so wichtig, daß er mich kennt, daß er meine Verhältnisse weiß. Er weiß sogar die Briefe, die ich bekomme. Er wußte sie schon, ehe ich sie las! Als sie geschrieben wurden, da kannte er sie schon.

Ja, er kennt uns. Und er weiß, an welchen Platz er uns zu stellen hat. Er weiß, wohin Ruben gehört, wohin Benjamin gehört. Er weiß, wohin wir gehören, du und ich. Er übersieht dich nicht. Du kommst an den rechten Platz, ganz gewiß. Vielleicht denkst du, du möchtest höher sitzen, dir stände ein anderer Platz zu.

Nein, nein, er bestimmt deinen Platz, und es ist der rechte Platz. Er macht keinen Fehler in seiner Tischordnung und in seiner Reihenfolge.

Ist das nicht gut, daß wir uns nicht selbst unseren Platz suchen müssen, daß er ihn für uns plant? Aber wie geht es in der Welt zu! Was ist da für ein Vordrängen und Breitmachen! Was ist da für ein Kampf aller gegen alle! Wie ist es im Reich Gottes so ganz anders! Da weist der Herr die Plätze an. Da gibt er jedem den Platz und den Auftrag, der für ihn paßt.

Und wie gut ist es dann zu wissen: Der Platz, an dem ich mich befinde, das ist der Platz Gottes, dahin hat er mich gestellt. Was gibt das für eine Sicherheit und Festigkeit, wenn es sich darum handelt, irgendwelche Schwierigkeiten durchzumachen! Wenn die Probleme auf einem Platz eintreten, den man sich selbst ausgesucht hat, dann kommen die Selbstanklagen und Vorwürfe: Ach, wenn ich doch nicht hierher gekommen wäre!

Aber auf dem Platz, an den Gott uns gestellt hat, steht man mit dem Bewußtsein: ich kann hindurch, und ich komme hindurch! Es ist Gottes Sache, mich durchzubringen. Er hat mich hierhergestellt.

Mein Freund, ist der Platz, an dem du dich befindest, der rechte Platz?

Fünfmal mehr!

Und man trug ihnen Essen auf von seinem Tisch, aber Benjamin bekam fünfmal mehr als die andern. Und sie tranken und wurden fröhlich mit ihm (1. Mose 43, 34).

Josef hatte jedem Bruder den rechten Platz angewiesen. Ruben saß obenan, Benjamin war der letzte.

Aber warum bekam Benjamin fünfmal mehr als seine Brüder? Was sollte denn das bedeuten?

Auch dabei hatte Josef seinen Grund. Er dachte daran, wie neidisch seine Brüder auf ihn gewesen waren, als Jakob ihn, den so viel Jüngeren, seinen Brüdern vorzog, als er ihm den bunten Rock machte und ihm auf alle mögliche Weise kundtat, daß er ihn besonders liebhabe.

Wie eifersüchtig waren da seine Brüder geworden! Wie hatten sie ihn beneidet und gehaßt! Das war ja der Grund, weshalb sie ihn schließlich sogar verkauften.

Daran dachte Josef, als er Benjamin so besonders auszeichnete. Denn wenn man einen Gast besonders ehren wollte, dann vermehrte man die Portion, die man ihm gab. Er wollte sehen, ob sie neidlos zusehen konnten, wenn er Benjamin, den jüngeren Bruder, ihnen vorzöge. Wie wird er ihre Mienen beobachtet, ihren leisen Worten gelauscht haben, als Benjamin diese Auszeichnung zuteil wurde.

Es war offenbar, sie hatten ihren Neid verlernt. Sie gönnten Benjamin von Herzen die ehrenvolle Behandlung.

»Und sie tranken und wurden fröhlich mit ihm.« Das soll nicht heißen, daß sie übermäßig getrunken hätten, sondern das heißt: Speisen und Getränke waren so reichlich vorhanden, daß niemand durstig und hungrig vom Tisch aufzustehen brauchte; jeder bekam reichlich genug.

Aber Benjamin bekam fünfmal mehr als seine Brüder, um sie auf die Probe zu stellen. Sie neideten nicht mehr. Das hatten sie verlernt.

Du auch? Oder bist du noch neidisch?

Der Neid ist eine abscheuliche Sünde – und eine sehr verbreitete Untugend. Wie zerfrißt der Neid unser Volk!

Auch unter den Kindern Gottes kommt diese Sünde vor. Und da zeigt sie sich sogar in ganz besonderer Abscheulichkeit. Man ist neidisch auf den Segen, den Gott einem andern gibt!

Kommt das nicht vor?

Man kann es nicht ertragen, wenn ein anderer mehr gesegnet wird. Vielleicht sagt man mit Worten, wie sehr man sich darüber freut. Aber das Herz denkt ganz anders. Und Gott sieht das Herz an!

Am allergefährlichsten ist der Neid unter den Mitarbeitern in der Gemeinde. Da kommt ein junger Bruder in die Arbeit. Gott segnet ihn mehr als die älteren Brüder, die vor ihm da waren, die neben ihm arbeiten. Gott gibt ihm fünfmal soviel wie seinen Brüdern. Es gibt eine Erweckung durch seine Arbeit.

Wie gespannt wird da das Verhältnis. Wie eifersüchtig sind die älteren Brüder! Wie suchen sie die Sache zu verkleinern. Sie sagen: Das ist gar keine rechte Erweckung, das ist nur ein Strohfeuer! Man wird schon sehen, was bleibt! Sie schleppen Wasser herbei, um das Feuer zu löschen.

Ist das möglich? Mit schwerem Herzen gebe ich die Antwort: Ja, das ist möglich. Das kommt vor.

Darf ich dich fragen: Hast du auch schon jemand um den Segen Gottes beneidet? Ich bitte dich, tue es nicht mehr! Du willst doch nichts für dich und deine Ehre, nicht wahr? Du willst doch die Ehre Gottes. Nicht wahr, doch nur die Ehre des Herrn? Nun, dann kannst du doch nicht neidisch sein, wenn ein anderer gesegneter arbeitet als du! Wenn ein anderer mehr Zuhörer im Gottesdienst hat als du, dann mußt du dich doch freuen, neidlos freuen. Je mehr, je besser!

Und dieser Bruder hat mehr Gaben als du. Ganz recht! Er kann die Schrift so tief auslegen. Das kannst du nicht so. Du kannst nur einfach, praktisch für das tägliche Leben sprechen. Aber dieser hohe Gedankenflug, diese Gedankenzusammenhänge, diese weiten Ausblicke in die Zukunft – das ist dir nicht gegeben. Gut. Aber was sucht der Herr an seinen Knechten? Große Gaben? Tiefe Weisheit? Nein, er sucht – Treue! Es kommt nicht auf die Begabung, es kommt auf die Treue an. Sei du nur treu mit dem einen Pfund, das der Herr dir gegeben hat. Wirke du nur, arbeite du nur, so gut du kannst. Und Gott wird deinen schlichten, treuen Dienst belohnen.

Meinst du, daß Petrus den Paulus beneidet hätte? Erst war Petrus die Säule der Gemeinde – und nachher wurde Paulus der gesegnete Missionar. Hat er ihn deshalb beneidet? Nein, er hat sich herzlich gefreut, daß Jesus diesen studierten und begabten Mann in seinen Dienst genommen und ihn so reichlich gesegnet hat.

Lieber Bruder, wenn Benjamin auch fünfmal soviel bekommt wie du, beneide ihn nicht, sondern freue dich! Es ist auch für dich und deinen Dienst Gnade genug vorhanden.

Und dir, der du in der gleichen Lage bist wie Benjamin, dir muß ich auch noch ein Wort sagen, ehe ich schließe. Du hast fünfmal soviel bekommen wie deine Brüder. Meinst du, das sei »in Ordnung«, das sei »nicht mehr wie recht«? Oder erkennst du, daß das unverdiente Gnade ist, die dir zuteil geworden ist? Womit hast du es denn verdient? Nein, verdient hast du es nicht. Die Gnade Gottes hat dich so reichlich bedacht. Darum – bilde dir nichts ein, als ob du mehr könntest als die andern, als ob du besser wärst als sie. Nein, das bist du nicht. Hüte dich vor dem Stolz!

Wenn du auf die Gnade stolz wirst, dann wird sie dir entzogen werden, verlaß dich darauf! Dann kann dich der Herr nicht mehr brauchen! Darum, ich bitte dich, bleibe klein, bleibe demütig! Dann kann Gott dich weiter gebrauchen und weiter segnen.

Aber vergiß es nie, wem viel gegeben ist, von dem wird man auch viel fordern. Weißt du das? Dann denke auch daran!

Eine furchtbare Entdeckung

Und Josef befahl seinem Haushalter und sprach: Fülle den Männern ihre Säcke mit Getreide, soviel sie fortbringen, und lege jedem sein Geld oben in seinen Sack. Und meinen silbernen Becher lege oben in des Jüngsten Sack mit dem Gelde für das Getreide. Der tat, wie ihm Josef gesagt hatte. Als sie aber zur Stadt hinaus waren und nicht weit gekommen, sprach Josef zu seinem Haushalter: Auf, jage den Männern nach, und wenn du sie ereilst, so sprich zu ihnen: Warum habt ihr Gutes mit Bösem vergolten? Und als er sie ereilte, redete er mit ihnen diese Worte. Sie antworteten ihm: Es sei ferne von deinen Knechten, solches zu tun. Und er suchte und fing an beim Ältesten bis hin zum Jüngsten. Da fand sich der Becher in Benjamins Sack (1. Mose 44, 1.2. 4. 6.7. 12).

Guten Mutes verließen die Söhne Jakobs die Stadt. Es war ja alles viel besser gegangen, als sie gedacht hatten. Der Regent hatte sie so freundlich behandelt, hatte sie zu Tisch geladen. Sie hatten Simeon wieder bei sich. Auch Benjamin, um den der Vater sich solche Sorgen gemacht hatte, war bei ihnen. Ihre Säcke waren bis oben gefüllt – nun ging es der Heimat zu. Wie wird sich Jakob freuen, daß alles so gut gegangen ist, daß alle Befürchtungen so unnötig gewesen sind!

So zogen sie ihre Straße dahin, sich über die Eindrücke und Erlebnisse des vergangenen Tages unterhaltend. Da plötzlich – hören sie hinter sich ein Rufen, ein Schreien. Sie blicken sich um. Es ist der Haushalter Josefs, der da herankommt, mit einem ganzen Trupp Soldaten. Was mag der wollen? Die Brüder machen halt und erwarten ihn.

»Warum habt ihr Gutes mit Bösem vergolten«, ruft er ihnen zu. »Ihr habt übel getan, daß ihr den Becher meines Herrn gestohlen habt!«

Im Gefühl ihrer Unschuld erwidern sie: »Warum redet mein Herr solche Worte? Es sei ferne von deinen Knechten, solches zu tun. Siehe, das Geld, das wir fanden, haben wir wiedergebracht zu dir aus dem Lande Kanaan. Und wie sollten wir denn aus deines Herrn Hause gestohlen haben Silber oder Gold?« So sicher sind sie ihrer Sache, so fest pochen sie auf ihre Redlichkeit, daß sie fortfahren: »Bei welchem er gefunden wird unter deinen Knechten, der sei des Todes; dazu wollen auch wir meines Herrn Knechte sein.«

Der Haushalter weiß wohl, daß er den Becher finden wird – hat er ihn doch selbst in Benjamins Sack getan! Darum mildert er dieses strenge Wort und sagt: »Ja, es sei, wie ihr geredet habt. Bei welchem er gefunden wird, der sei mein Knecht; ihr aber sollt ledig sein!«

Nun fängt die Untersuchung an. Einer nach dem andern öffnet seinen Sack – der Becher ist nicht drin. Triumphierend blicken sie ihn an: »Haben wir's dir nicht gesagt, daß wir redliche Leute sind? Wir sind keine Diebe!«

Da öffnet Benjamin seinen Sack – entsetzt schreckt er zurück – alle Farbe weicht aus seinem Gesicht – da blinkt der Becher in seinem Sack.

Da zerissen sie ihre Kleider, und ein jeglicher belud seinen Esel und sie zogen wieder in die Stadt.

Aber was wollte denn Josef damit, daß er seine Brüder so ängstigte? Sie waren doch ganz unschuldig an diesem Diebstahl! Was soll denn diese merkwürdige Geschichte bedeuten!

Hast du es nicht bemerkt, wie die Brüder auf ihre Ehrlichkeit und Redlichkeit pochen? Hast du's nicht gesehen, wie sie sich in die Brust werfen und sagen: Wir haben noch nie etwas gestohlen!

Ist das wahr? Noch nie etwas gestohlen? Haben sie nicht ihrem Vater den Sonnenschein seiner alten Tage gestohlen? Haben sie ihrem Bruder Josef nicht seine glückliche Jugend gestohlen? Wohl, Josefs Becher haben sie nicht gestohlen, das stimmt. Aber viel Kostbareres haben sie gestohlen: einem Vater seinen Sohn, die Wonne seines Lebens! Ihrem Bruder seine frohe Jugend. Ist das nichts?

Sie pochten auf ihre Redlichkeit – und doch waren sie Diebe, schändliche Diebe.

Das will Josef ihnen zum Bewußtsein bringen. Darum verhängt er diese Prüfung über sie. Und sie hat den erwünschten

Zweck gehabt. Als die Brüder wieder vor Josef stehen, da sagt Juda im Namen der andern: »Gott hat die Missetat deiner Knechte gefunden.« Wenn sie diese Sünde auch nicht getan haben, deren man sie beschuldigt, so haben sie doch andere getan, schwerere, viel schwerere. Mit ihrer Redlichkeit ist es nichts. Mit ihrer Ehrlichkeit können sie nicht mehr auftreten. Gott hat ihre Missetat gefunden.

Das ist eine furchtbare Entdeckung. Aber – sie ist nötig, wenn Josef sich seinen Brüdern offenbaren soll. Nicht eher kann er sich ihnen zu erkennen geben, bis sie ihre Schuld unumwunden eingestehen, die ganze Schuld ihres Lebens.

Darf ich dich fragen: Kann man in deinem Leben auch so eine Entdeckung machen? Poche nur auf deine Redlichkeit! Sage nur, du seist immer ein ehrbarer, ordentlicher Mensch gewesen, dir könne keiner etwas nachsagen! Rede nur von deiner Ehrlichkeit, daß du noch niemand bestohlen und betrogen hast, ich bleibe dabei: auch in deinem Leben kann so etwas gefunden werden.

Sollen wir einmal nachsehen?

Sieh! Jesus hat für dich sein Blut vergossen. Er hat dich um einen hohen Preis gekauft. Ihr seid teuer erkauft, sagt Paulus. »Wisset, daß ihr nicht mit vergänglichem Silber oder Gold erlöst seid von eurem eitlen Wandel nach väterlicher Weise, sondern mit dem teuren Blute Christi, als eines unschuldigen und unbefleckten Lammes.« So schreibt der Apostel Petrus. Jesus hat dich zu seinem Eigentum erkauft. Und – was hast du mit seinem Eigentum gemacht? Hast du ihm nicht sein Eigentum entwendet? Hast du nicht gelebt, ohne nach Gott zu fragen und der Sünde gedient? Ja, hast du das? Jesus hat ein Recht auf dich! Um seines Blutes willen! Und du hast ihm sein Eigentum vorenthalten!

Mehr noch! Die Kräfte, die er haben und brauchen wollte in seinem Dienst, die hast du verbraucht und vergeudet im Dienst der Eitelkeit, im Taumel der Lust.

Die Zeit, die er dir gegeben hat, die kostbare, kurze Gnadenzeit, hast du verloren, oder du hast sie vertrieben oder gar totgeschlagen. Sieh, so bist du mit dem Eigentum Jesu umgegangen!

Und das Geld, über das er dich zum Verwalter bestellt hat, von dem du einmal Rechenschaft geben mußt, das hast du verbraucht für dich und deine Bedürfnisse! Das hast du ihm unterschlagen!

Kannst du noch sagen: Ich bin immer ehrlich und redlich gewesen! Es mag sein, daß dir kein Mensch etwas nachsagen kann. Aber kann Gott, der heilige Gott, dir auch nichts nachsagen?

Eine furchtbare Entdeckung ist es, wenn man erkennt: Es ist nichts mit meiner Redlichkeit und Ehrlichkeit; ich habe meinem Herrn sein Eigentum entwendet, das er sich erkauft hat mit seinem Blut. Ich habe mir selbst gelebt, ich habe nach meinem Belieben getan und nicht nach dem Willen meines Herrn.

Gott hat deine Missetat gefunden so wie den Becher in Benjamins Sack.

Aber so furchtbar diese Entdeckung auch ist, ich wünsche sie dir von ganzem Herzen. Denn nur, wenn du diese Entdeckung machst und deine Sündhaftigkeit erkennst, wird der himmlische Vater sich dir zu erkennen geben.

Und – danach sehnt er sich so sehr!

O, daß du sie machtest, daß du sie heute machtest, diese furchtbare Entdeckung!

Leben um Leben

Und Juda ging mit seinen Brüdern in Josefs Haus, denn er war noch dort. Und sie fielen vor ihm nieder auf die Erde. Josef aber sprach zu ihnen: Wie habt ihr das tun können? Wußtet ihr nicht, daß ein solcher Mann, wie ich bin, wahrsagen kann? Juda sprach: Was sollen wir meinem Herrn sagen, oder wie sollen wir reden, und womit können wir uns rechtfertigen? Gott hat die Missetat deiner Knechte gefunden. Siehe, wir und der, bei dem der Becher gefunden ist, sind meines Herrn Sklaven. Er aber sprach: Das sei ferne von mir, solches zu tun! Der, bei dem der Becher gefunden ist, soll mein Sklave sein; ihr aber zieht hinauf mit Frieden zu eurem Vater. Da trat Juda zu ihm und sprach: Mein Herr, laß deinen Knecht ein Wort reden vor den Ohren meines Herrn, und dein Zorn entbrenne nicht über deinen Knecht, denn du bist wie Pharao. Nun, wenn ich heimkäme zu deinem Knecht, meinem Vater, und der Knabe wäre nicht mit uns, an dem er mit ganzer Seele hängt, so wird's geschehen, daß er stirbt, wenn er sieht, daß der Knabe nicht da ist. So würden wir, deine Knechte, die grauen Haare deines Knechtes, unseres Vaters, mit Herzeleid hinunter zu den Toten bringen. Denn ich, dein Knecht, bin Bürge geworden für den Knaben vor meinem Vater und sprach: Bringe ich ihn dir nicht wieder, so will ich mein Leben lang die Schuld tragen. Darum laß deinen Knecht hier bleiben an des Knaben Statt als Sklaven meines Herrn, und den Knaben mit seinen Brüdern hinaufziehen. Denn wie soll ich hinaufziehen zu meinem Vater, wenn der Knabe nicht mit mir ist? Ich könnte den Jammer nicht sehen, der über meinen Vater kommen würde (1. Mose 44, 14-18. 30-34).

Wieder liegen die Brüder Josefs vor ihm auf dem Angesicht. Als die furchtbare Entdeckung gemacht wurde, daß Josefs Becher sich in Benjamins Sack befand, da waren sie mit Josefs Haushalter umgekehrt. Sie trafen Josef in seinem Haus an. Er hatte wohl auf sie gewartet.

Wie lange hatte er schon auf seine Brüder gewartet und auf ihre Umkehr!

Mit einem Vorwurf, aus dem mehr Trauer als Zorn herausklingt, empfängt er sie. »Wie habt ihr das tun können? Wisset ihr nicht, daß ein solcher Mann, wie ich bin, es erraten könnte?«

Die Brüder machen keinen Versuch, sich zu rechtfertigen. All ihr Selbstvertrauen, all das stolze Rühmen ihrer Redlichkeit liegt zerbrochen am Boden. Sie geben sich schuldig. »Gott hat die Missetat deiner Knechte gefunden.«

Und dann geben sie sich gefangen, bereit, seine Sklaven zu sein. »Siehe da, wir und der, bei dem der Becher gefunden ist, sind meines Herrn Knechte.«

Das lehnt Josef ab. Nicht sie alle sollen als seine Sklaven zurückbleiben, sondern nur der, bei dem der Becher gefunden worden ist, nur Benjamin!

Wie werden sich die Brüder nun entscheiden? Werden sie ihren Bruder im Stich lassen und mit Frieden, wie Josef sagt, zu ihrem Vater zurückkehren? Werden sie sein Angebot annehmen, das ihnen allen die Freiheit verheißt, wenn sie nur Benjamin opfern?

Wie kalt und unbarmherzig haben sie einst ihren Bruder Josef geopfert, um Ruhe zu bekommen vor seinen Mahnungen und Warnungen, um den stillen Vorwurf seines Wandels los zu werden! Werden sie es heute geradeso machen?

Oder werden sie die letzte Probe, auf die Josef sie stellt, bestehen?

Juda tritt vor, als er das Anerbieten hört, sie sollten frei abziehen, aber Benjamin zurücklassen. Er bittet den Regenten, ihm ein Wort sagen zu dürfen, ihm alles im Zusammenhang auseinandersetzen zu dürfen.

Es ist eine wunderbare Rede, die er hält. Ich kann nicht anders, als sie hier ganz wiederzugeben.

»Als wir das erste Mal hier waren, da fragte mein Herr seine Knechte: Habt ihr auch einen Vater oder Bruder? Da antworteten wir: Wir haben einen Vater, der ist alt, und einen jungen Knaben, in seinem Alter geboren; und sein Bruder ist tot, und er ist allein übriggeblieben von seiner Mutter, und sein Vater hat ihn lieb.«

Wie haben sie das einst so schwer empfunden, daß der Vater ihren Bruder Josef so besonders liebhatte. Jetzt sind sie nicht mehr neidisch, wenn des Vaters Herz mit besonderer Liebe an Benjamin hängt.

Juda fährt fort: »Da sprachst du zu deinen Knechten: Bringet ihn herab zu mir, ich will ihm Gnade erzeigen! Wir aber antworteten meinem Herrn: Der Knabe kann nicht von seinem Vater kommen; wo er von ihm käme, würde er sterben. Da sprachst du zu deinen Knechten: Wo euer jüngster Bruder nicht mit euch herkommt, so sollt ihr mein Angesicht nicht mehr sehen! Da zogen wir hinauf zu deinem Knecht, meinem Vater, und sagten ihm an meines Herrn Rede.«

Bis dahin wußte Josef alles, was Juda sagte. Er konnte nur zustimmen und sagen: Ja, so ist es gewesen! Aber was nun kommen würde, was sein Vater gesagt hatte, das wußte er nicht, dem lauschte er mit gespannter Aufmerksamkeit.

Juda erzählte weiter: »Da sprach unser Vater: Ziehet wieder hin und kaufet uns ein wenig Speise! Wir aber sprachen: Wir können nicht hinabziehen; es sei denn unser jüngster Bruder mit uns, so wollen wir hinabziehen; denn wir können des Mannes Angesicht nicht sehen, wo unser jüngster Bruder nicht mit uns ist. Da sprach dein Knecht, mein Vater, zu uns: Ihr wisset, daß mir mein Weib zwei Söhne geboren hat; einer ging hinaus von mir, und man sagte: Er ist zerrissen, und habe ihn nicht gesehen bisher. Werdet ihr diesen auch von mir nehmen und widerfährt ihm ein Unfall, so werdet ihr mein graues Haar mit Jammer hinunter in die Grube bringen!«

Wie Judas Worte Josef bewegten! Wie er sich zusammennehmen mußte, um seine Bewegung nicht zu zeigen!

Aber schon redete Juda weiter: »Nun, so ich heim käme zu deinem Knecht, meinem Vater, und der Knabe wäre nicht mit uns, an des Seele seine Seele hängt, so würde geschehen, wenn er sieht, daß der Knabe nicht da ist, daß er stirbt; so würden wir, deine Knechte, die grauen Haare deines Knechtes, unseres Vaters, mit Herzeleid in die Grube bringen.«

Und dann kam der ergreifende Schluß seiner Rede:

»Denn ich, dein Knecht, bin Bürge geworden für den Knaben gegen meinen Vater und sprach: Bringe ich ihn dir nicht wieder, so will ich mein Leben lang die Schuld tragen. – Darum laß deinen Knecht hier bleiben an des Knaben Statt zum Knecht meines Herrn, und den Knaben mit seinen Brüdern hinaufziehen. Denn wie soll ich hinaufziehen zu meinem Vater, wenn der Knabe nicht mit mir ist? Ich würde den Jammer sehen müssen, der meinem Vater begegnen würde!«

Wie traurig hatte es einst um ihre Bruderliebe gestanden! Wie unbarmherzig konnten sie ihren Bruder in die Grube werfen, um ihn dem Hungertod zu überliefern! Und wie roh konnten sie das Geld nachzählen, das ihnen der Verkauf des Bruders eingebracht hatte!

Jetzt war das anders geworden, ganz anders. Juda erklärt sich persönlich bereit, als Sklave in Ägypten zu bleiben, um damit Benjamins Freiheit zu erkaufen.

Wie traurig hatte es einst um ihre Sohnesliebe gestanden! Wie grausam konnten sie ihrem Vater den Schmerz bereiten und ihm den blutigen Rock Josefs schicken! Jetzt war das anders geworden, ganz anders. Jetzt steht die Gestalt des alten Vaters vor ihrer Seele. Um keinen Preis möchten sie ihm Kummer bereiten. Sie würden den Jammer des alten Vaters sehen müssen – nein – das können sie nicht ertragen.

Was für ein Entschluß! Laß mich als deinen Sklaven hierbleiben – aber gib Benjamin frei! Damit verzichtet er auf seine Freiheit, auf seine Familie, auf seine Heimat, auf sein Lebensglück – um seinem Vater den Schmerz zu ersparen, um Benjamin die Freiheit zu erwerben.

Dieser Juda war ein anderer Mann als der, welcher damals gesagt hatte: »Kommt, laßt uns ihn den Ismaelitern verkaufen!«

In der schweren Schule der letzten Jahre hatte ihn Gott erzogen, der Stammvater jenes Helden zu werden, dem die Völker anhängen werden, wie der alte Jakob in seinem Segen sagte. Er war bereit, den Weg zu gehen, den sein ferner Enkel einmal wirklich ging, der sein Leben gab zur Errettung der Welt aus der Knechtschaft der Sünde.

Bist du auch dazu bereit? Wenn wir das Salz der Erde und das Licht der Welt sind, wie Jesus gesagt hat, dann können wir unsere Aufgabe nur erfüllen, wenn wir uns verzehren in unserem Dienst, wenn wir unser Eigenleben zum Opfer bringen.

Gott helfe uns, die Probe zu bestehen und unser Leben nicht zu lieben bis in den Tod! Leben um Leben!

Eine selige Stunde

Da konnte Josef nicht länger an sich halten vor allen, die um ihn her standen, und er rief: Laßt jedermann von mir hinausgehen! Und stand kein Mensch bei ihm, als sich Josef seinen Brüdern zu erkennen gab. Und er weinte laut, daß es die Ägypter und das Haus des Pharao hörten, und sprach zu seinen Brüdern: Ich bin Josef. Lebt mein Vater noch? Und seine Brüder konnten ihm nicht antworten, so erschraken sie vor seinem Angesicht (1. Mose 45, 1-3).

Als Juda seine wunderbare Rede an Josef richtete und ihm von dem alten Vater daheim erzählte, der so an seinem jüngsten Sohn hänge, da ahnte er nicht, wie sich Josef zusammennehmen mußte, um ihm mit unveränderter Miene zuzuhören. Aber wie er es sich dann als eine Gnade erbat, sich selbst für seinen Bruder Benjamin opfern zu dürfen – da konnte Josef seine Gemütsbewegung nicht länger verleugnen. Juda dachte, er müsse den Regenten, diesen harten und strengen Mann, überreden, erweichen, umstimmen – und er wußte nicht, wie das weiche und gute Herz Josefs sich Gewalt antun mußte, um fest zu bleiben, um der Bewegung nicht nachzugeben.

Endlich konnte er seine Gefühle nicht mehr meistern. Er wandte sich schnell zu seiner Umgebung mit dem Befehl, daß alle Ägypter ihn verlassen sollten. Alle, auch der Dolmetscher, dessen er sich bis dahin bedient hatte. Die Ägypter zogen sich zurück, nicht ohne Besorgnis, ihren Herrn mit diesen Hebräern allein zu lassen. Für alle Fälle war es gut, dachten sie, wenn sie in der Nähe blieben, um ihm sofort zu Hilfe zu kommen, wenn er sie benötigte.

Endlich schloß sich die Tür hinter ihnen. Josef war allein mit seinen Brüdern. Da brach die lange und mühsam zurückgehaltene Bewegung mit Macht hervor – und zum Staunen der Brüder und der aufhorchenden Ägypter draußen – brach der stolze Regent des Landes in lautes Weinen aus.

Was war das? War das Freude? War das Kummer? Keines

von beiden! Es war die Bewegung seines Herzens, die endlich nicht mehr zurückgedämmt werden konnte.

Wie lange hatte er auf diesen Augenblick gehofft! Wie lange hatte er sich nach dieser Stunde gesehnt! Würden die Brüder die Probe bestehen? Oder würden sie Benjamin preisgeben, wie sie einst ihn preisgegeben hatten?

Nun war der Augenblick gekommen, die Probe war bestanden – da war es ganz natürlich, daß die lange Anspannung seiner Seele sich in einem Strom von Tränen löste.

Betroffen schauten ihn seine Brüder an. Was sollte das bedeuten?

Bald genug verstanden sie diese Tränen. Als Josef sich ein wenig gefaßt hatte, rief er ihnen zu in der Sprache der Heimat: »Ich bin Josef!«

Da war es, als ob sie der Blitz getroffen hätte. Was, der Machthaber in Ägyptenland, der Mann, in dessen Hand ihr Leben war, der war ihr Bruder Josef, den sie verkauft hatten? Das war ja eine furchtbare Eröffnung! Was für eine Rache würde er nun an ihnen nehmen! Jetzt waren sie Kinder des Todes, oder wenigstens zu lebenslänglicher Sklaverei verurteilt, wenn der Regent von Ägypten ihr Bruder Josef war, an dem sie so schändlich gehandelt hatten.

Und erschrocken wichen sie zurück. –

Hat es auch in deinem Leben schon so eine Stunde gegeben, wo der himmlische Vater sich dir offenbarte? Wie sehnt er sich danach, sich den Menschen zu offenbaren. Wie schwer wird es ihm, sich so lange zurückzuhalten. Er tut es nur, um uns zu prüfen, um uns zu läutern. Er tut es aus Liebe. Wie unaussprechlich verlangt Jesus danach, dir deine Last vom Gewissen zu nehmen, um dich glücklich und selig zu machen. Ja, viel mehr, als sich ein Sünder nach Frieden mit Gott sehnen kann, sehnt sich der Heiland nach dem Sünder und seiner Begnadigung.

Aber wenn er so liebevoll, so freundlich ist, unser Heiland, wie kommt es dann, daß die Menschen so erschrocken zurückweichen, wenn er zu ihnen sagt: »Ich bin Jesus!«?

Das kommt daher, daß sie ihn nicht kennen. So wie die Brüder Josefs dachten, jetzt würde Josef Rache für die Stunde in Dotan nehmen, so denken die Menschen, Jesus werde ihnen nun ihr ganzes Sündenregister vorhalten und sie zur Verantwortung für alle Schuld ziehen, die sie ihm gegenüber auf ihr Gewissen geladen haben.

Wer so denkt, kennt Jesus nicht! Keine Spur von Vorwürfen und Anklagen. Nur Trost der Liebe, nur Vergebung und Gnade wartet auf uns, wenn wir zu ihm kommen.

Denke einmal an die Heimkehr des verlorenen Sohnes! Hat der Vater ihm Vorhaltungen gemacht? Hat der Vater ihn mit Vorwürfen überhäuft? Dann wäre der arme Mensch ja ganz zusammengebrochen. Die Vorwürfe hatte er sich selbst ja zur Genüge gemacht. Nein, der Vater hat den zerlumpten, abgerissenen Bettler in die Arme genommen und ihm mit dem Kuß der Liebe und der Vergebung den Mund geschlossen, als er ihn darum bitten wollte, ihn als einen Tagelöhner anzunehmen.

Das hat der Sohn nie gedacht, daß seine Rückkehr ein Festtag sein sollte, daß ein Kalb geschlachtet und ein Festmahl veranstaltet würde! Das hätte er nicht erwartet!

Warum erzählt uns der Heiland diese Geschichte? Um uns zu sagen: So wartet Gott auf den Sünder. So freut sich Gott auf die Heimkehr des Verlorenen. –

Und ihr, die ihr euch vor dem himmlischen Vater fürchtet, die ihr vor dem Heiland Angst habt – schaut doch einmal in das edle Angesicht voll Huld und Freundlichkeit, schaut seine blutenden Wunden, die er sich schlagen ließ aus Liebe zu einer verlorenen Welt –, wie töricht ist eure Furcht vor ihm, wie unbegründet ist eure Angst! Er hat euch lieb! So lieb, daß er sein Blut und Leben für euch gegeben hat! Da braucht ihr euch doch nicht zu fürchten. Darum faßt Vertrauen zu ihm, gebt ihm euer Herz und Leben!

Ihr steht eurem eignen Glück und Heil im Wege, wenn ihr ihn warten laßt!

Der rechte Blick

Josef aber sprach zu seinen Brüdern: Tretet doch her zu mir! Und sie traten herzu. Und er sprach: Ich bin Josef, euer Bruder, den ihr nach Ägypten verkauft habt. Und nun bekümmert euch nicht und denkt nicht, daß ich darum zürne, daß ihr mich hierher verkauft habt; denn um eures Lebens willen hat mich Gott vor euch hergesandt. Denn es sind nun zwei Jahre, daß Hungersnot im Lande ist, und sind noch fünf Jahre, daß weder Pflügen noch Ernten sein wird. Aber Gott hat mich vor euch hergesandt, daß er euch übriglasse auf Erden und euer Leben erhalte zu einer großen Errettung. Und nun, ihr habt mich nicht hergesandt, sondern Gott; der hat mich dem Pharao zum Vater gesetzt und zum Herrn über sein ganzes Haus und zum Herrscher über ganz Ägyptenland (1. Mose 45, 4-8).

Erschrocken waren die Brüder zurückgewichen, als der Regent Ägyptens plötzlich in der Sprache ihrer Heimat zu ihnen sagte: »Ich bin Josef!« Sie dachten nicht anders, als daß er nun Rache nehmen würde für die erlittene Unbill. Da breitete Josef seine Arme nach ihnen aus und rief: »Tretet doch her zu mir!« Und sein Auge blickte sie so freundlich, so liebevoll an, daß sie es wagten und näher traten.

Josef las in ihren Herzen. Er sah, daß sie an die Stunde von Dotan dachten, daß ihre Schuld wieder groß und schrecklich vor ihnen stand. Darum sagte er ihnen, daß alles, was sie ihm angetan hatten, unter göttlicher Leitung gestanden habe. Ein Mal über das andere bezeugt er ihnen, daß Gott ihn nach Ägypten geschickt habe, um für sie zu sorgen, um sie in dieser Zeit der Teuerung durchzubringen.

Zuerst sagt er: »Bekümmert euch nicht und denkt nicht, daß ich darum zürne, daß ihr mich hierher verkauft habt; denn um eures Lebens willen hat mich Gott vor euch hergesandt.«

Und dann wiederholt er es noch einmal und spricht: »Aber Gott hat mich vor euch hergesandt, daß er euch übrig behalte auf Erden und euer Leben errette durch eine große Errettung.«

Und zum drittenmal sagt er ihnen: »Und nun, ihr habt mich nicht hergesandt, sondern Gott.«

Das hat Josef gelernt in all den mannigfachen Schicksalen seines Lebens, daß eine höhere Hand im Spiel war, daß es Gott war, der ihn in Ägypten haben wollte, zum Wohl des Landes und zum Heil für seine Familie. So waren die Brüder Josefs nur Werkzeuge gewesen, die den Willen Gottes zur Ausführung brachten. Dadurch wurde ihre Schuld wohl nicht verringert. Sie haben schwer genug an ihrer Schuld getragen, durch Jahrzehnte hindurch. Aber doch war es Gott, der aus dem Bösen, das sie taten, etwas Gutes zu machen wußte.

Und das hatte Josef erkannt, nicht erst jetzt, sondern seit Jahren. Er war zu der Erkenntnis gelangt: Hinter den Brüdern, die mir so Schweres zugefügt haben, steht Gott, der große und weise Pläne mit mir und durch mich zur Ausführung bringen will. Und als ihm dieses zu Bewußtsein kam, da konnte er seinen Brüdern nicht mehr zürnen, waren sie doch nur Werkzeuge in Gottes Hand gewesen zu seinem Heil und auch zum Heil seiner Familie. Wäre er in der Heimat geblieben, dann wäre ihm wohl die schwere Zeit in Potifars Haus und im Gefängnis erspart geblieben; aber dann wäre er auch nicht der Herr von Ägypten geworden, und dann wäre in der Teuerung nicht nur das ägyptische Volk, sondern auch seine eigene Familie elend verhungert.

So sah er: Hinter den Brüdern und ihrer Bosheit stand Gott und seine Liebe, der ihn erziehen und segnen und zum Segen setzen wollte.

Wie wird das Herz so frei und so froh, wenn man diese Entdeckung macht, die Josef machte! Wie kommt man so zur Ruhe, wenn man in allen Lagen des Lebens erkennt: Ich habe es nicht mit den Menschen, ich habe es mit Gott zu tun!

Wie oft hast du schon darunter gelitten, wenn dir von Menschen Schweres zugefügt wurde. Du hast dich über das, was sie dir antaten, geärgert. Du hast es höchst übelgenommen. Du hast bitteren Überlegungen Raum gegeben. Du hast dich vielleicht gar rachsüchtigen Gedanken überlassen. Aber wie hast du dir damit das Leben schwer gemacht. Wieviel kummervolle Stunden, wieviel schlaflose Nächte hast du dir dadurch bereitet! Ja, die hast du dir selbst bereitet. Du meinst, die hätte dir dein Gegner bereitet? Nein, nein, die hast du dir selbst bereitet!

Sieh, wenn du den Blick Josefs gehabt hättest, dann hättest du gesehen, daß hinter deinem Feind – Gott, der Herr, stand, der diesen deinen Feind als ein Werkzeug benutzte, dich zu erziehen, dich – zu segnen!

Recht besehen sind doch unsere Feinde unsere größten Wohltäter. Was würde aus uns, wenn sie nicht wären?! Sie erziehen uns, sie üben uns im Dulden und Tragen der Leiden, sie lehren uns Unrecht zu leiden, sanftmütig und geduldig zu sein. Ist das nicht etwas Großes? Was würde wohl aus uns werden, wenn diese Feinde nicht wären? Dann hätten wir ja gar keine Gelegenheit, das Bild des Lammes bei uns deutlich werden zu lassen!

Ich wünschte, daß dir dieser Blick Josefs aufgehen möchte, daß du hinter den Menschen, die dir Unrecht tun, die dir Leiden bereiten, den Herrn sehen möchtest, der auch diese Menschen in seiner Hand hat und der sie benutzt, um seine Pläne und Absichten auszuführen.

Vergiß es nicht: wenn es auch Josefs Brüder waren, die ihren Bruder nach Ägypten verkauften – es war doch Gott, der ihn nach Ägypten sandte, und der großes Heil daraus hervorgehen ließ.

Darum, wenn Menschen dir Unrecht tun, wenn deine Vorgesetzten dich schlecht behandeln, wenn deine Kollegen dich verspotten, wenn deine Untergebenen dir Verdruß bereiten, vergiß es nicht – hinter ihnen steht Gott mit seiner Macht. Bleib nicht bei den Menschen stehen! Du hast es mit dem himmlischen Vater zu tun!

Wenn dir dieser Blick aufgeht, wenn dir diese Erkenntnis kommt, dann hört das Ärgern und das Übelnehmen auf, dann nimmst du alles demütig aus Gottes Hand hin und lernst, ihm für alles zu danken in dem Bewußtsein:

»Was Gott tut, das ist wohlgetan,
es bleibt gerecht sein Wille.«

Schau nicht mehr auf die Menschen und was sie dir antun. Das ist der falsche Blick. Dadurch machst du dir nur das Herz schwer und verbitterst dir das Leben. Blicke von den Menschen weg und über die Menschen hinaus – auf Gott, den Herrn. Das ist der rechte Blick!

Wie kommt man zur Ruhe, wie wird man so glücklich, wenn man diesen Blick gewonnen hat! Darum wünsche ich und erflehe ich es allen, die dies lesen: Himmlischer Vater, schenke es uns allen, allezeit nicht auf die schwierigen Menschen und die schwierige Lage zu blicken, sondern auf dich, aus dessen Hand im letzten Grunde alles kommt, der doch alles zu unserem Heil fügt und führt! – Das ist der rechte Blick!

Josefs Botschaft

Eilt nun und zieht hinauf zu meinem Vater und sagt ihm: Das läßt dir Josef, dein Sohn, sagen: Gott hat mich zum Herrn über ganz Ägypten gesetzt; komm herab zu mir, säume nicht! Du sollst im Lande Goschen wohnen und nahe bei mir sein, du und deine Kinder und deine Kindeskinder, dein Kleinvieh und Großvieh und alles, was du hast. Ich will dich dort versorgen; denn es sind noch fünf Jahre Hungersnot, damit du nicht verarmst mit deinem Hause und allem, was du hast. Verkündet meinem Vater alle meine Herrlichkeit in Ägypten und alles, was ihr gesehen habt; eilt und kommt herab mit meinem Vater hierher (1. Mose 45, 9-11. 13).

Als Josef versucht hatte, seinen Brüdern die Last von der Seele zu nehmen, die seit der Stunde von Dotan auf ihrem Gewissen lag, da wandten sich seine Gedanken seinem Vater zu. Der war ja in Sorge und Unruhe zurückgeblieben. Der mußte es doch nun auch schnell erfahren, daß Josef noch lebe und ein Herr sei über ganz Ägyptenland.

Darum sprach Josef zu seinen Brüdern: »Eilet und ziehet hinauf zu meinem Vater!«

Und sie sollen ihm nicht nur die Botschaft bringen, daß Josef noch lebt, sie sollen ihn auch in Josefs Namen einladen, nach Ägypten zu ziehen. Josef will für ihn sorgen in den noch übrigen Jahren der Teuerung. Josef will ihm einen Platz anweisen in seiner Nähe. Und der alte Vater soll sich freuen an der Herrlichkeit seines Sohnes.

Was für eine frohe Botschaft ist das für den alten Jakob! Da ist es wohl gut, daß Josef seinen Brüdern wiederholt einschärft, daß sie eilen sollen. Sobald wie möglich muß Jakob sie bekommen, damit seine Traurigkeit sich in Freude verwandle.

So wie Josef eine frohe Botschaft an seinen alten Vater sandte, so schickt Jesus seine Friedensbotschaft an alle bekümmerten und bedrückten Herzen; niemand braucht – wie der alte Jakob in

Kanaan – in Sorge und Kummer dahinzugehen. Niemand braucht mühselig und beladen zu sein – Jesus lädt alle Mühseligen und Beladenen zu sich ein.

»Gott hat mich zum Herrn in ganz Ägyptenland gesetzt«, sagt Josef. So ist Jesus der Herr über alle Welt, dem gegeben ist alle Gewalt im Himmel und auf Erden.

»Komm herab zu mir! Säume dich nicht!« Ja, jeder Tag ist ein verlorener Tag, den man ferne von Jesus zubringt. Da schleppt man sich mit seiner Sorge, mit seinem Kummer, und da ist einer, der gesagt hat: »Ich will euch erquicken! Ich will euch Ruhe geben für eure Seelen.«

Hast du etwa noch gesäumt, zu Jesus zu kommen? Wie töricht ist das! Du könntest deine Last loswerden, du könntest frei und froh durchs Leben gehen – und du schleppst dich mit deinem Elend, mit deinem Jammer ab? Sei doch kein Tor! Komm, nimm doch Jesu Einladung an! Säume nicht!

Was für ein freundliches Angebot! Im fruchtbarsten Teil des Landes soll Jakob wohnen. Und er soll nahe bei Josef sein! Das ist die höchste Freude für den alten Vater. Nahe bei Josef!

Und Jesus? Er bietet uns auch ein gutes Land wie Goschen an, wo wir bleiben können. Was für eine köstliche und verlockende Aussicht, nahe bei Jesus sein zu dürfen! Gibt es einen besseren Platz auf der Welt als den?

So einen Platz gibt's, nahe bei Jesus – und du gehst nicht hin? Du läßt nicht alles liegen und stehen, um diesen Platz einzunehmen? Ich verstehe dich nicht! Es ist kein leeres Versprechen, wie vielleicht Menschen etwas versprechen, was nachher mit der Wahrheit und den Tatsachen nicht übereinstimmt. Nein, was Jesus verspricht, das hält er auch. Das haben wir erfahren. Das haben wir erprobt. Es gibt wirklich ein Leben, »nahe bei Jesus«. Das kannst du auch erleben und erfahren, wenn du nur dazu bereit bist.

Und aller Mangel und alles Zukurzkommen wird ein Ende haben in der Nähe Jesu. »Ich will dich daselbst versorgen«, sagt Josef.

Versorgt sind wir auch bei Jesus. Es mag durch Nöte und Schwierigkeiten hindurchgehen – die Gnade reicht aus. Es mag Dürre und teure Zeit kommen – Jesus Christus versorgt die Seinen.

Wahrlich so ist es, die den Herrn fürchten, haben keinen Mangel an irgendeinem Gut!

Wahrlich, wer sagen kann: »Der Herr ist mein Hirte«, der kann es auch getrost aussprechen: »Mir wird nichts mangeln!« Der gute Hirte versorgt seine Herde. Jesus läßt es den Seinen an nichts fehlen. Leben und volle Genüge gibt uns der Herr.

»Verkündigt meinem Vater alle meine Herrlichkeit in Ägypten und alles, was ihr gesehen habt!«

Das wird eine Freude sein für den alten Jakob, wenn er hört, daß Josef noch lebt und ein Herr in Ägypten ist!

Aber was ist diese Botschaft Josefs gegen die Botschaft Jesu! Jesus lebt! Und er ist ein Herr über alles! Und dieser große, lebendige, ewige Heiland, der ruft uns in seine Nähe. Der will all unserem Kummer und Jammer, all unserer Not und Sorge, all unserer Unruhe und Friedlosigkeit ein Ende machen! Der ruft uns in seine Nähe, in seine Gemeinschaft! Der verheißt uns Leben und volle Genüge!

Sollte man nun nicht denken, auf so eine Botschaft hin würden die Menschen in Scharen kommen? Sollte man nicht denken, da würden all die bedrückten und gebeugten Leute sich aufmachen, um in das Land der Gemeinschaft mit Jesus zu ziehen? Aber weit gefehlt!

Jesu Botschaft wird bestellt – Sonntag um Sonntag, oft Abend um Abend in ganzen Evangelisations- und Bibelwochen, sie wird ausgerichtet in Ernst und in Liebe –, und wie wenige sind es, die darauf eingehen!

Bist du dazu bereit? Oder war alles Reden und Rufen, alles Bitten und Mahnen bei dir bisher umsonst?

Laß dir sagen: Du stehst deinem eigenen Glück im Weg, wenn du ferne bleibst. Du bringst dich um deine eigene Seligkeit, wenn du die Botschaft nicht annimmst und befolgst.

Wie sehr wünschte ich, daß Jesu Botschaft heute dein Ohr und dein Herz erreichte! Und daß sie dich dahin brächte, auszuziehen aus dem Land der Gottesferne in Gottes Land, in die Nähe Jesu!

Eilt!

Eilt nun und zieht hinauf zu meinem Vater und sagt ihm: Das läßt dir Josef, dein Sohn, sagen: Gott hat mich zum Herrn über ganz Ägypten gesetzt; komm herab zu mir, säume nicht! Verkündet meinem Vater alle meine Herrlichkeit in Ägypten und alles, was ihr gesehen habt; eilt und kommt herab mit meinem Vater hierher (1. Mose 45, 9. 13).

»Eilt!« so ruft Josef seinen Brüdern zu. Eilt, damit Jakob bald aus seiner Unruhe und Sorge herauskommt! Eilt! Sonst könnte es für ihn zu spät werden! Jakob ist ein alter Mann. Da ist keine Zeit zu verlieren.

Eilt! ruft Josef.

Eilt! ruft Jesus in die Welt hinein! Viel Zeit ist schon verloren und versäumt. Da gilt es, die Gnadenzeit, die wir noch haben, auszukaufen und auszunutzen, um Menschen die frohe Botschaft zu verkündigen, daß in Jesus Heil, Leben und Seligkeit ist.

Eilt! Schon ist Jakob alt. Vielleicht sind die Tage eines Menschen, der deine Hilfe braucht, gezählt. Wie, wenn er stürbe, und du hättest es ihm nicht gesagt? Wird Gott dich nicht einmal zur Rechenschaft ziehen, daß du die Gnadenbotschaft gewußt und nicht weitergetragen hast?

Darum bestelle sie! Mache dich auf! Eile! Und wenn der eine oder andere dich auch auslachen mag, dem du sie bestellst, wenn du nur einem damit einen Dienst leisten könntest, das wäre Lohn genug. Das würde alle Mühe, allen Hohn und allen Spott reichlich aufwiegen.

Darum ihr alle, die ihr dieses lest, ihr Brüder und Schwestern, zögert nicht mehr, die frohe Botschaft zu verkündigen unter Freunden und Nachbarn, im Bus und in der Eisenbahn! Es hängt Leben und Seligkeit daran. Darum – eilt!

Ohne Dolmetscher

> *Siehe, eure Augen sehen es und die Augen meines Bruders Benjamin, daß ich leibhaftig mit euch rede* (1. Mose 45, 12).

Bis zu dem Augenblick, wo Josef ausrief: »Laßt jedermann von uns hinausgehen!« hatte er durch einen Dolmetscher mit ihnen geredet. Aber dann hatte er auch den Dolmetscher hinausgeschickt. Niemand sollte dabei sein, niemand sollte dazwischen stehen, als er sich seinen Brüdern offenbarte.

Und mit einem Mal hörten sie ihn in der Sprache ihrer Heimat reden. So verwunderlich es ihnen auch vorkam, daß dieser mächtige Mann ihr Bruder Josef sein sollte, sie mußten es doch glauben, weil er »mündlich« mit ihnen redete, d. h. ohne Vermittlung eines Dolmetschers.

So macht es unser Heiland auch. Zuerst redet er auch durch Dolmetscher mit uns. Er braucht diesen oder jenen Menschen, um uns hinzuweisen auf das eine, was not tut. Er braucht einen Verkündiger des Evangeliums, um uns zur Buße zu rufen. Oder er gebraucht den Wandel einer treuen Frau, um den Mann zu überzeugen. Oder er zeigt uns das Vorbild eines gläubigen Kollegen, eines frommen Vorgesetzten oder Untergebenen. Jeder Gläubige ist ein Dolmetscher Jesu, durch den Jesus mit den Menschen redet. Und es ist ein gesegneter Dienst, ein Dolmetscher Jesu zu sein, und den Suchenden in Jesu Namen zu dienen.

Aber die Stunde muß kommen, wo Jesus den Dolmetscher hinausschickt, wo er selber mit einem Menschen reden will, wo er sich ihm offenbart, wie Josef sich seinen Brüdern offenbarte.

Ist es schon dahin gekommen, daß Jesus mündlich, ohne Vermittlung mit dir hat reden können? Ist er mit dir, bist du mit ihm in eine solche Verbindung getreten, daß nichts und niemand mehr zwischen dir und ihm steht?

Es gibt viele, bei denen stehen gedruckte Bücher dazwischen! Man kann nicht mit Jesus in Kontakt kommen – ohne ein Buch zu benützen.

Es sind Jahre her, da habe ich einmal in einer Versammlung gesagt, wenn man nicht aus dem Herzen beten könne, dann könne man überhaupt nicht richtig beten, und es sei dann sehr fraglich, ob man überhaupt in Gemeinschaft und Verbindung mit Gott stehe.

Das bewegte eine Frau sehr, die das gehört hatte. Am Abend, nach der Stunde, sagte sie zu ihrem Mann: »Wir wollen doch noch zusammen beten!« Da langte er das Gebetbuch von dem Wandbrett, um wie immer daraus ein Gebet zu lesen. Da sagte sie: »Nein, wir wollen aus dem Herzen beten.« Da sagte er: »Ja, das kann ich nicht.« »Dann sind wir auch nicht in rechter Verbindung mit Gott«, antwortete sie.

Es dauerte aber nicht lange, da wurde diese Verbindung hergestellt. Nun brauchten sie kein Gebetbuch mehr, wenn sie mit Gott reden wollten. Nun konnte der Herr mündlich mit ihnen reden und sie mit ihm.

Wie viele gibt es, die sich einbilden, Christen zu sein, weil sie ein Gebetbuch haben, aus dem sie Gott alle Tage etwas vorlesen.

Krücken sind nötig für lahme Leute. Aber wer gesunde Glieder hat und gehen kann, der braucht keine Krücken.

So ist es auch bei dem Umgang mit Gott. Solange ein Mensch nicht beten kann, stützt er sich auf sein Gebetbuch. Wirf einmal deine Krücken fort! Vielleicht erkennst du dann auch, daß es an der wahren Gemeinschaft mit Gott fehlt, daß es noch nicht zu dem rechten mündlichen Verkehr zwischen dir und ihm gekommen ist.

Und bei andern stehen Menschen dazwischen. Man hängt sich an seinen Pastor. Es mag ein treuer und gesegneter Mann sein, ein lebendiger Zeuge Christi. Aber wenn du dich an ihn hängst, dann ist das mehr Unheil als Segen. Unheil für ihn, weil er in die Gefahr kommt, daß man ihn dem Heiland vorzieht – und unser Gott ist ein eifersüchtiger Gott. Unheil auch für dich, weil du nicht zur direkten Gemeinschaft und Verbindung mit dem himmlischen Vater kommst.

Ich wünschte, daß der Heiland doch mit uns allen mündlich reden könnte! Daß doch niemand und nichts mehr zwischen ihm und uns stünde!

Das ist wunderbar, wenn er mit uns selbst redet durch sein Wort und durch seinen Heiligen Geist, und wenn wir mit ihm reden können in gläubigem Gebet. Was für herrliche Erfahrungen darf man dann machen, wie freundlich er ist, wie gut man es bei ihm hat. Dann hält man es nicht mehr für Schwärmerei und Mystizismus, wenn man andere von ihren geistlichen Erfahrungen reden hört, sondern man freut sich dankbar, daß man selber in solcher Verbindung mit Gott steht.

Wenn dein Christentum noch immer einen Dolmetscher braucht, wenn ein Mensch, wenn ein Buch oder was es sonst sein mag, zwischen dir und dem Heiland steht – gib dich damit nicht zufrieden! Es gibt mehr als das! Es gibt eine Zeit, wo Jesus alle menschlichen Vermittler hinausschickt, wo er selber sich offenbart, wo er mündlich mit uns redet.

Und nur eine solche Verbindung ist wahres Leben, ist Seligkeit. Nur eine solche Verbindung gibt Freude und Kraft.

Darum bleib nicht in falscher Bescheidenheit bei dem stehen, was du hast, wenn du dieses noch nicht hast: die Offenbarung und den Umgang mit Jesus ohne Vermittlung von Menschen. Du kannst dein Gebetbuch nicht mit in die Ewigkeit nehmen. Und du kannst dich durch deinen Pastor nicht selig machen lassen. Du mußt eine lebendige, eine unmittelbare Verbindung und Gemeinschaft mit Jesus haben. Hast du die?

Josefs Kuß

Und Josef fiel seinem Bruder Benjamin um den Hals und weinte, und Benjamin weinte auch an seinem Halse, und er küßte alle seine Brüder und weinte an ihrer Brust. Danach redeten seine Brüder mit ihm (1. Mose 45, 14.15).

Welch ein Bild! Der mächtigste Mann im ganzen Land, dem Pharao alle Gewalt übergeben hat, der fällt den armen hebräischen Hirten um den Hals und küßt sie.

Das hätten seine Brüder nicht gedacht. Das hätten sie nicht erwartet. Ja, daß er Benjamin küßte, das konnten sie verstehen. Der war ja auch Rahels Sohn wie Josef. Und der hatte ja auch keine Schuld gegen Josef auf sein Gewissen geladen. Der war ja noch jung, als sie seinen Bruder nach Ägypten verkauften. Das konnten sie verstehen. Aber daß er sie küßte, die so schwer an ihm gesündigt, die so schändlich gegen ihn gehandelt hatten, das konnten sie gar nicht begreifen. Und doch tat er es. Einen nach dem andern küßte er.

Auch Juda, der damals den Rat gegeben hatte, ihn zu verkaufen? Ja, auch Juda! Wie mag ihm zumute gewesen sein, als Josef weinend an seinem Hals hing, als Josef ihm in herzlicher Liebe den Kuß der Vergebung und Versöhnung gab!

Josef küßte sie. Kein Wort von Vorwürfen, nichts von der Vergangenheit, nur Liebe und Vergebung hat Josef gegen seine Brüder im Herzen.

Was für ein Vorbild ist Josef auch hier wieder für unsern Herrn Jesus!

Was für falsche Vorstellungen machen sich oft die Menschen von Jesus! Sie denken, wenn sie zu ihm kommen und sich bekehren, dann wird er ihnen eine lange Strafpredigt halten. Dann wird er ihnen das ganze Sündenregister der Vergangenheit vorhalten und sagen: Sieh, das hast du getan, und das hast du getan! Und dann wird er Vorwürfe machen und Strafen verhängen. So denken manche. Wie falsch ist das!

Meinst du, Jesus ließe sich von Josef beschämen? Nimmermehr! Josef hatte kein Wort des Vorwurfs für seine Brüder, nur Worte der Vergebung und der Liebe. So macht es Jesus auch.

Es macht nichts aus, wer du gewesen bist und was du getan hast. Er küßt dich mit dem Kuß vergebender Liebe! Ganz gewiß.

Vielleicht bist du auch ein Juda gewesen. Du hast den Herrn auch an die Feinde verraten und verkauft. Du hast mitgespottet, wenn über ihn gespottet wurde.

Das ist schlimm, sehr schlimm. Aber – auch auf dich wartet der Kuß der Vergebung. Hat nicht der Herr Jesus auch Saulus von Tarsus angenommen und begnadigt, der ein Lästerer und Verfolger war? Hat er ihm nicht auch seine ganze Schuld vergeben?

Ich weiß nicht, was auf deinem Herzen liegt, wie dein Leben in der Vergangenheit war. Aber das weiß ich, daß der Heiland auch dich lieb hat und auch dir den Kuß der Vergebung gibt, wenn du nur zu ihm kommst.

Sieh, der Heiland hat uns die wunderbare Geschichte vom verlorenen Sohn erzählt. Was war das für ein Heimweg für den Sohn! Wie schwer lastete auf seinem Herzen die bange Sorge, wie der Vater ihn wohl aufnehmen werde, nachdem er ihm so viel Kummer bereitet und so viel Schande gemacht hatte. Die Leute werden ja sicher mit Fingern auf ihn zeigen und sagen: Das ist der Vater von dem verlorenen Sohn! Gewiß muß der Vater auch nichts taugen – der Apfel fällt nicht weit vom Stamm!

Wenn der Vater ihn vom Hof jagt und ihm sagt: Ich habe keinen jüngeren Sohn mehr! Mach, daß du fortkommst! – dann kann er sich gar nicht beklagen. Er hat es ja danach gemacht.

So nähert der Sohn sich dem Vaterhaus. Schon sieht er die Baumgruppe aufragen, hinter der das Vaterhaus liegt. Schon sieht er den Rauch aufsteigen – und wie schwer wird ihm das Herz! Alles ist geradeso wie damals, nur – er selbst ist so verändert.

Und dann sieht er: da kommt ein alter Mann ihm entgegen. Es kann doch nicht sein Vater sein? Der war doch nicht so gebückt! Der war doch nicht so weiß! Und doch, es muß der Vater sein! Denn jetzt fängt der alte Mann an zu laufen – und je näher er kommt, um so gewisser wird es ihm: Es ist mein Vater!

Sein Herz schlägt stürmisch. Sein Mund stottert: »Vater, ich habe gesündigt gegen den Himmel und vor dir!« Da schlingt der

Vater seine Arme um ihn. Da schließt ihm der Vater den Mund mit dem Kuß der Liebe, der Vergebung.

Das hätte der Sohn nicht gedacht. Er wäre zufrieden gewesen mit einem Platz in der Gesindestube und im Leutezimmer. Und nun setzt ihn der Vater wieder in die alten Sohnesrechte ein. Nun veranstaltet der Vater ein Freudenfest zu Ehren seiner Heimkehr! Nein, das hätte er nicht gedacht!

Sieh, das hat Jesus darum erzählt, um uns zu sagen: so wartet der himmlische Vater auf uns. Mit solcher Liebe sehnt er sich nach dem Verlorenen. So gibt es ein Freudenfest, wenn ein Mensch Buße tut und sich bekehrt.

Als Josef der Reihe nach seine Brüder geküßt hatte, da redeten seine Brüder mit ihm. So lesen wir. Was haben sie mit ihm geredet? Es steht nicht da. Aber wir können es wohl erraten, was sie mit ihm geredet haben. Seine Liebe hat es ihnen erst recht zum Bewußtsein gebracht, wie schändlich sie an ihm gehandelt haben. Und das haben sie ihm mit bewegtem Herzen abgebeten. Und er sagte ihnen darauf nur: Ich kann euch nichts vergeben, das habe ich schon längst getan.

Welch eine Stunde! Hat es ein solches Erlebnis schon in deinem Leben gegeben? Darum komm zu Jesus! Er wartet auf dich! Um auch dir zu geben – den Kuß der Vergebung!

Um Josefs willen

Und als das Gerücht kam in des Pharao Haus, daß Josefs Brüder gekommen wären, gefiel es dem Pharao gut und allen seinen Großen. Und der Pharao sprach zu Josef: Sage deinen Brüdern: Macht es so: Beladet eure Tiere, ziehet hin! Und wenn ihr ins Land Kanaan kommt, so nehmt euren Vater und alle die Euren und kommt zu mir; ich will euch das Beste geben in Ägyptenland, daß ihr essen sollt das Fett des Landes. Und gebiete ihnen: Macht es so: Nehmt mit euch aus Ägyptenland Wagen für eure Kinder und Frauen und bringt euren Vater mit und kommt. Und seht euren Hausrat nicht an; denn das Beste des ganzen Landes Ägypten soll euer sein (1. Mose 45, 16-20).

Das war eine interessante Neuigkeit, daß Josefs Brüder gekommen seien. Ehe noch Josef seinem königlichen Herrn davon Mitteilung machen konnte, hatte der König schon das Gerücht vernommen.

Wenn es nicht Josefs Brüder gewesen wären, so wäre kein Wort von den hebräischen Hirten geredet worden. Niemand hätte sich sonderlich um sie gekümmert. Der König hätte sicherlich keine Notiz von ihnen genommen. Aber um Josefs willen wurden sie allgemein beachtet. Um Josefs willen sprach man von ihnen. Um Josefs willen waren sie in aller Munde.

Gewiß hat dann Josef dem König seine Absicht mitgeteilt, seine Familie im Land Goschen anzusiedeln. Und Pharao war damit einverstanden. Er bestätigte seinerseits noch einmal mit königlichem Wort, was Josef ihnen gesagt hatte. Er versprach ihnen: »Ich will euch Güter geben in Ägyptenland, daß ihr essen sollt das Mark im Lande.« Ja, er gebot ihnen: »Seht euren Hausrat nicht an, denn die Güter des ganzen Landes Ägypten sollen euer sein!« Und um die Übersiedlung zu erleichtern und zu beschleunigen, schickte er etliche Wagen mit, auf denen die Kinder und Frauen nach Ägypten gebracht werden konnten.

Wie kam der König dazu, so freundlich für die Familie Josefs zu sorgen? Er tat es um Josefs willen. Weil sie in Beziehung stand zu seinem Regenten, darum erwies er ihr Gutes.

Wie die Brüder mit einem Mal von allen Seiten Gegenstand der Aufmerksamkeit waren! Wie man wetteiferte, ihnen dienstbar zu sein, ihnen die besten Wagen zu geben. Sie kamen sich gewiß ganz merkwürdig vor, so plötzlich aus ihrer Verborgenheit herausgerückt und der Gegenstand des königlichen Interesses geworden zu sein. Das alles geschah ihnen – um Josefs willen.

Um Josefs willen bekümmerte sich der König um sie. Um Josefs willen beschenkte er sie und versprach ihnen eine sichere Zukunft!

Um Josefs willen!

Etwas ganz Ähnliches erleben wir. Wer sind wir von Natur? Arme, elende Kreaturen, Rebellen gegen Gott, Menschen, die seinen Willen oft übertreten haben. Aber wenn wir dann zu Jesus in Beziehung getreten sind, wenn wir an Jesus gläubig geworden sind, dann wird mit einem Schlag alles ganz anders.

Gott fängt an, mit väterlicher Liebe für uns zu sorgen. Wie sich ein Vater über Kinder erbarmt, so erbarmt sich der Herr über die, so ihn fürchten. Wie kommt es, daß er seine Gnade so wunderbar über uns walten läßt?

Um Jesu willen! Weil wir uns in Liebe seinem Sohn ergeben haben, darum ruht des Vaters Wohlgefallen auf uns. An uns ist nichts Gutes. Und doch liebt er uns und segnet uns – um Jesu willen.

Und die Menschen beachten uns. Vorher hat man keine Notiz von uns genommen. Die Welt hat sich nicht viel um uns gekümmert. Mit einem Mal wird das anders. Wir werden der Welt, die uns umgibt, sehr interessant. Sie beobachtet uns mit tausend Augen. Sie nimmt unser Leben unter die Lupe. Sie prüft alles aufs sorgfältigste. Sie untersucht unser häusliches Leben, das Verhältnis zwischen Mann und Frau, zwischen Chef und Mitarbeitern, unser Leben in unserem Beruf, alles, alles. Warum tut sie das? Warum sind wir ihr so interessant?

Um Jesu willen!

Die ganze Gnade und Liebe Gottes, unser Recht, Gottes Kinder zu sein, die wunderbaren Verheißungen, die Gott uns gegeben hat, das alles haben wir nur um Jesu willen.

Und die Beachtung der Welt, die Aufmerksamkeit der Leute haben wir nur um Jesu willen.

Darf ich dich fragen: Bist du dir bewußt, was du deinem Heiland alles zu danken hast? Daß du nur um Jesu willen bei Gott in Gnaden bist?

Und bist du dir bewußt, welch eine Verantwortung auf dir ruht um Jesu willen?

Wenn ein Kind der Welt sich etwas zuschulden kommen läßt, das wird nicht weiter beachtet. Das kommt ja alle Tage vor. Aber wenn ein Kind Gottes sich auf irgendeine Weise verfehlt, das wird besprochen, das ist wichtig – um Jesu willen.

Darum bitte ich euch: Laßt es uns doch nie vergessen, was wir unserem Heiland zu danken haben, und was wir ihm schulden!

Darum ist es wichtig, daß die Augen der Welt nie etwas sehen bei uns, was ihnen Anstoß und Ärgernis bietet, daß die Augen unseres Gottes mit Wohlgefallen auf uns ruhen können – um Jesu willen!

Ein schwerer Weg

Die Söhne Israels taten so. Und Josef gab ihnen Wagen nach dem Befehl des Pharao und Zehrung auf den Weg und gab ihnen allen, einem jeden ein Feierkleid, aber Benjamin gab er dreihundert Silberstücke und fünf Feierkleider. Und seinem Vater sandte er zehn Esel, mit dem Besten aus Ägypten beladen, und zehn Eselinnen mit Getreide und Brot und mit Zehrung für seinen Vater auf den Weg. Damit entließ er seine Brüder, und sie zogen hin. Und er sprach zu ihnen: Zanket nicht auf dem Wege! (Wörtlich: Seid unverzagt auf dem Wege!) (1. Mose 45, 21-24).

Das war wohl eine fröhliche Heimkehr! Mit Geschenken beladen zogen die Söhne Jakobs dahin. Jeder hatte ein Feierkleid bekommen, Benjamin sogar fünf. Und Geschenke für den Vater hatte er ihnen noch mitgegeben, Esel und Eselinnen, mit allerlei Gut aus Ägypten und allerlei Mundvorrat beladen.

Dazu hatten sie Benjamin mit sich, um den der Vater sich so beunruhigt hatte und um den sie auch so schwere Stunden durchgemacht hatten. Und Simeon war bei ihnen. Und – Josef war noch am Leben, den sie einst verkauft hatten. Und er hatte ihnen alles vergeben und sie mit seiner Güte und Freundlichkeit überhäuft. Das alles war wohl viel Grund zur Freude.

Und doch waren ihre Herzen nicht leicht und froh. Denn eins stand noch vor ihnen: ein Bekenntnis vor ihrem Vater. Sie mußten es ihm endlich erzählen, wie schmählich sie ihn die langen Jahre hindurch belogen hatten. Sie mußten ihm endlich sagen, daß sie ihm den tiefen Schmerz zugefügt hatten, an dem er die ganze lange Zeit gelitten hatte. Zweiundzwanzig lange Jahre war er mit seinem Kummer einhergegangen um seinen Liebling. Und die ganze lange Zeit war kein Bekenntnis aus ihrem Munde gekommen. Und nun mußten sie es ihm sagen. Nun konnten sie es ihm nicht mehr länger verbergen und verheimlichen.

Das war wohl ein schwerer Druck, der auf ihren Herzen lag.

Daran denkt Josef, wenn er ihnen beim Abschied sagt: »Seid

unverzagt auf dem Wege!« Denn so ist das Wort wohl richtiger zu übersetzen. Die Gefahr, sich zu zanken auf dem Wege, war bei dieser Heimkehr wohl nicht so groß wie die, verzagt zu sein, wie der Vater sie und ihr Bekenntnis aufnehmen würde.

»Seid unverzagt auf dem Wege!« Wie oft muß Jesus das noch heute seinen Brüdern zurufen. Sie haben eine Begegnung mit ihm gehabt. Er hat sich ihnen geoffenbart und ihnen ihre Sünden vergeben – aber da ist noch ein Bekenntnis vor Menschen nötig. Da ist noch ein alter Jakob, zu dem man hingehen muß mit dem Bekenntnis: ich habe gelogen. Da ist noch ein altes Unrecht in Ordnung zu bringen, eine alte Schuld gutzumachen. Es geht nicht anders. Dieses Bekenntnis muß sein. Da sagt Jesus es so freundlich, so ermutigend: Seid unverzagt auf dem Wege! Bekennt getrost die alte Geschichte, und eure Seele wird zur Ruhe kommen!

Aber wie traurig ist es, daß so viele Christen sich um dieses Bekenntnis herumdrücken wollen. Sie wissen wohl, daß Gott es verlangt. Sie wissen wohl, daß es nicht eher vollen Frieden gibt – und doch zögern sie und zögern sie. Als ob Gott mit sich handeln ließe! Wenn er einmal auf so einen wunden Punkt in deinem Leben den Finger gelegt hat, wenn er einmal zu dir gesagt hat: Bring das in Ordnung – dann geht der Finger Gottes nicht eher von dieser Stelle weg, bis du die Sache geordnet hast! Das weiß ich aus eigener schmerzlicher Erfahrung. Und das weiß ich aus der schmerzlichen Erfahrung vieler Gotteskinder, die Gott die besten Worte gegeben haben, er möge ihnen doch diesen Demütigungsweg erlassen – und sie haben bloß ihr Glück und ihren Frieden verhindert und aufgehalten. Denn solange eine alte Geschichte nicht göttlich geordnet ist, solange eine Sache zwischen Gott und uns steht, solange ist der Friede gestört, und wir können unserer Gotteskindschaft nicht recht froh werden.

Hast du noch so einen Weg zu machen wie die Brüder Josefs? Mußt du auch noch eine Lüge abbitten? Mußt du unrecht Gut zurückerstatten? Mußt du jemand um Verzeihung bitten? Ich bitte dich, schieb es nicht auf! Geh schnell hin! Und sei unverzagt auf dem Wege! Der Heiland ist mit dir! Der Herr hilft dir! Dein Friede wird sein wie ein Wasserstrom, wenn du endlich dem Gebot Gottes nachkommst und deine Vergangenheit ordnest.

Ich denke zurück an eine Stunde, da ich auch solch einen Brief zu schreiben hatte, der ein demütigendes Bekenntnis enthielt, das ich lange Zeit nicht hatte ablegen wollen. Ich sehe noch die Hausecke mit dem Briefkasten vor mir, in den ich den Brief steckte. Als der Brief in den Kasten hinunterfiel, da fiel von meinem Herzen auch etwas herunter, das schwer darauf gelegen hatte: diese alte Geschichte, die ich ordnen mußte und immer nicht hatte ordnen wollen. Und ein Strom von Frieden füllte mein Herz in demselben Augenblick.

Sei unverzagt, wenn noch solche Dinge zu ordnen sind! Sei unverzagt! »Die Wonne folget nach der Pein!« Schieb es nicht mehr auf! Keinen Tag mehr! Keine Stunde mehr! Mach gleich den nötigen Besuch! Schreib sofort den erforderlichen Brief! Bekenne deine Schuld! Demütige dich im Bewußtsein: Ich habe gesündigt! Und du wirst deine Last los werden! Du wirst frei und froh sein und nur eins beklagen: dich so lange mit der Sache herumgeschleppt zu haben. Darum geh! Geh sofort! Daß dein Herz froh und leicht wird! Und wenn es auch ein schwerer Weg ist, geh ihn!

Die Wagen Josefs

So zogen sie hinauf von Ägypten und kamen ins Land Kanaan zu ihrem Vater Jakob und verkündeten ihm und sprachen: Josef lebt noch und ist Herr über ganz Ägyptenland! Aber sein Herz blieb kalt, denn er glaubte ihnen nicht. Da sagten sie ihm alle Worte Josefs, die er zu ihnen gesagt hatte. Und als er die Wagen sah, die ihm Josef gesandt hatte, um ihn zu holen, wurde der Geist Jakobs, ihres Vaters, lebendig. Und Israel sprach: Mir ist genug, daß mein Sohn Josef noch lebt; ich will hin und ihn sehen, ehe ich sterbe (1. Mose 45, 25-28).

Das war wohl eine gute Botschaft, welche Jakobs Söhne ihrem alten Vater brachten. »Josef lebt noch und ist ein Herr im ganzen Ägyptenland.«

Josef lebt noch? Der alte Jakob schüttelte den Kopf, als ihm diese Botschaft gebracht wurde. Das ist ja gar nicht möglich! Ihr habt mir damals seinen blutbefleckten und zerrissenen Rock gebracht. Josef ist lange tot!

Und – wenn er noch lebte – wie sollte er dann nach Ägypten kommen? Eine Unmöglichkeit über die andere!

Und wenn er in Ägypten wäre – wie sollte er dann dazu kommen, ein Herr und Gebieter in Ägyptenland zu sein? Nein, nein! Ich lasse mir nichts vorreden! Ihr habt es früher schon oft mit der Wahrheit nicht genau genommen – ich glaube euch nicht!

Wie sich seine Söhne auch Mühe gaben und es ihm versicherten, es sei ganz bestimmt so, Josef sei der Regent von Ägypten – er blieb dabei: Die Botschaft hör ich wohl; allein mir fehlt der Glaube.

Was sollten die Söhne denn nur machen, um den alten Jakob zu überzeugen? Wie sollten sie ihn denn nur dazu bringen, die frohe Botschaft zu glauben?

Was war denn da zu sehen? Da waren die königlichen Wagen zu sehen, die Josef geschickt hatte, um seinen Vater nach Ägypten zu führen. Man sah es den Wagen und den Pferden auf den ersten Blick an: die waren aus einem königlichen Marstall. Es waren stolze Rosse, mit reichem Geschirr aufgezäumt. Es waren prächtige Karossen, wie sie Jakob noch nie gesehen hatte.

Als er die Wagen sah, da wurde sein Geist lebendig. Da rief er: »Mir ist genug, daß mein Sohn Josef noch lebt; ich will hin und ihn sehen, ehe ich sterbe!«

Solange er von seinen Söhnen nur etwas zu hören bekam, glaubte er nicht. So lange verharrte er in seinem Unglauben ihrer guten Botschaft gegenüber. Aber als er etwas zu sehen bekam, da wurde er überführt, da glaubte er der Kunde von Josef.

Ob das uns nichts zu sagen hat?

Vielleicht hast du einen alten Vater oder eine betagte Mutter daheim oder wer es sonst sein mag. Du hast dir schon viel Mühe gegeben, ihnen die frohe Botschaft von Jesus zu bringen, der auch ihr Herr und Heiland sein möchte. Aber sie haben nur den Kopf geschüttelt. All dein Predigen und Ermahnen hat nichts geholfen. Sie verharrten bei ihrem Unglauben.

Begreifst du es, die alten Eltern müssen etwas zu sehen bekommen! Darauf kommt es an. Gehört haben sie schon genug. Vielleicht darf ich sogar sagen: schon zuviel. Du hast ihnen schon so viel vorgepredigt, daß sie es ganz leid geworden sind. Sie haben es sich schon allen Ernstes verbeten, daß du immer »die Höllenglocken läutest«, wie sie es nennen. Also auf diese Weise kommst du nicht zum Ziel. So mußt du sie nicht überführen. Nein, sie müssen etwas zu sehen bekommen. Du mußt ihnen etwas zeigen.

Was heißt denn das? Wie ist denn das zu verstehen?

Nicht wahr, die Wagen hatte Josef seinen Brüdern mitgegeben? Und die zeigten sie nun dem Vater. So müssen auch wir den suchenden Menschen in unserer Umgebung zeigen, was Jesus uns gegeben hat. Ganz gewiß, wenn sie etwas zu sehen bekommen, wird ihr Geist lebendig und erwacht das Sehnen in ihnen, zum rechten Glauben zu kommen.

Weißt du, was diese »Wagen Josefs« sind, die wir unserer Umgebung zeigen müssen und die sie bei uns zu sehen erwartet? Das kannst du in Galater 5, 22 nachlesen. Da stehen die Dinge aufgezählt, die in unserem Leben zu sehen sein müssen, wenn wir Menschen zu Jesus führen wollen. Da heißt es: »Die Frucht aber des Geistes ist Liebe, Freude, Friede, Geduld, Freundlichkeit, Gütigkeit, Treue, Sanftmut, Keuschheit.«

Waren diese durch den Geist Gottes gewirkten Tugenden und Eigenschaften bei dir zu sehen?

»Daran soll jedermann erkennen, daß ihr meine Jünger seid, so ihr Liebe untereinander habt«, heißt es in der Bibel. War diese Liebe in deinem Leben zu sehen? Ein liebevolles Wesen ist der beste Prediger. Du kannst die schönsten Worte machen, du kannst über die Notwendigkeit der Bekehrung in den beredtesten Worten sprechen – wenn dein Wesen keine Liebe offenbart, hat all dein Reden und Predigen keinen Zweck.

Sei lieb zu deinem alten, ungläubigen Vater! Geh auf seine Interessen ein. Widme dich ihm. Suche ihm kleine Aufmerksamkeiten zu erweisen. Umgib ihn mit den Beweisen deiner kindlichen und dankbaren Liebe – und sein Herz wird bald auftauen in ihrem erwärmenden Schein!

Oder dein Mann, liebe Leserin, ist noch ablehnend gegen die frohe Botschaft! Sei lieb zu ihm! Komm ihm mit viel Liebe entgegen. Bereite ihm einen freundlichen und festlichen Empfang, wenn er nach der Arbeit des Tages nach Hause kommt. Die Liebe überwindet.

Du kennst doch die alte Fabel von dem Wind und der Sonne, nicht wahr? Wind und Sonne stritten sich miteinander, wer die meiste Kraft hätte. Da ging ein Wanderer des Weges, an dem wollten sie ihre Kraft erproben. Sie wollten sehen, wer imstande sei, ihm seinen Mantel wegzunehmen. Der Wind fing an zu wehen. Er riß und zerrte an dem Mantel. Aber je mehr er blies und riß, um so fester wickelte sich der Wanderer in seinen Mantel. Endlich gab der Wind seine Bemühungen auf. Da fing die Sonne an, ihre Kraft zu zeigen, sie schien so warm und so schön – da wurde es dem Wanderer bald zu warm. Er zog den Mantel aus und nahm ihn auf den Arm. Die Sonne hatte gewonnen.

Willst du es nicht einmal mit dem Sonnenschein der Liebe versuchen, deinem Nächsten gegenüber? Sicherlich, so gewinnst du sein Herz für den Herrn.

Und zeig ihm auch, daß du fröhlich bist, daß dein Herz die Freude kennt, die tiefe Freude, ein Eigentum Jesu zu sein! Wenn du gebückt einhergehst, wirst du deinen Angehörigen die Nachfolge Jesu nicht begehrenswert machen. Es ist doch wahr, was der Dichter sagt: »Welch Glück ist's, erlöst zu sein, Herr, durch dein Blut!« Sollte von diesem Glück nichts aus den Augen leuchten? Man hat die Augen die Fenster des Herzens genannt. Wenn das Herz dieses Glück der Gemeinschaft mit Jesus kennt, dann wird es auch aus den Fenstern des Herzens herausleuchten. Das kann gar nicht anders sein.

Christen sind auch Menschen des Friedens. Sie fangen keinen Streit an. Sie gehen nicht auf Streit ein. Zum Zanken gehören immer zwei. Wenn du entschlossen bist, nicht darauf einzugehen, dann wüßte ich nicht, wie du zu einem Streit kommen solltest.

Sodann ist die Geduld ein Kennzeichen des Christen. Hab Geduld mit deinem Nächsten, wenn er sich nicht gleich entschließen kann, seine Ansichten aufzugeben, in denen er aufgewachsen ist. Hab Geduld mit ihm und befiehl die Sache dem Helfer Jesus Christus! Viel mehr als dir an seiner Rettung gelegen ist, liegt dem Herrn daran!

Und Freundlichkeit wird weiter als eine Frucht des Geistes genannt. Unfreundliche Fromme bringen die Sache Christi auch in Mißkredit. Alte Legenden erzählen, daß man dem Heiland den Namen »Die Freundlichkeit« gegeben habe. Ja, er war die Freundlichkeit in Person. Es ist zutreffend, was der Apostel schreibt: »Da aber erschien die Freundlichkeit und Leutseligkeit Gottes, unseres Heilandes.«

Bist du freundlich? Ein freundlicher Blick, ein freundliches Lächeln, ein freundliches Wort – wie gewinnt das die Herzen. Denkst du daran?

Und die Gütigkeit ist so wichtig, Gütigkeit gegen jedermann. Nicht nur gegen die, welche dir lieb und teuer sind, die dir nahestehen, gütig auch gegen Fernstehende. Gott ist gütig. Das heißt: Er läßt seine Sonne scheinen über die Bösen und über die Guten und läßt regnen über Gerechte und Ungerechte.

Dann die Treue! Das ist die Zuverlässigkeit im Halten und Erfüllen von Versprechungen. Christen müssen in der Welt als Menschen bekannt sein, auf die man sich verlassen kann.

Und die Sanftmut und die Keuschheit, wie wichtig sind sie! Je weniger sie in der Welt zu finden sind, je seltener man ihnen begegnet in unserer Zeit, um so mehr fällt es auf, wenn ein Mensch diese Eigenschaften hat. Wie wunderbar wirkt es, wenn eine Frau ihren Mann mit Sanftmut behandelt, wenn sie nicht trachtet, das letzte Wort zu haben und ihren Willen durchzusetzen, wenn sie mit sanftmütigem Sinn auch offenbares Unrecht schweigend trägt. Das überzeugt den Mann mehr als die schroffsten Worte. Vorwurfsvolle Worte richten nur Zorn an und erregen nur Erbitterung; aber die schweigende Sanftmut sammelt feurige Kohlen auf das Haupt des ungerechten und harten Mannes.

Es muß sich in unserem Leben offenbaren, was Gottes Gnade uns gegeben hat.

Hat es bei dir daran gefehlt? Sind wir da der Welt nicht viel schuldig geblieben?

Wie soll es denn besser werden? Nicht dadurch, daß du nur gute Vorsätze faßt und dir vornimmst: Es muß besser werden. Nein, mit guten Vorsätzen kommen wir nicht weiter. Das wäre ein ganz falscher Weg.

Sondern wir wollen uns dichter an Jesus anschließen, wir wollen uns ihm völlig hingeben, damit er diese Eigenschaften in uns wirken kann, damit diese vielfache Frucht des Geistes offenbar werde in unserem Leben.

Das Wiedersehen

Und Jakob sandte Juda vor sich her zu Josef, daß dieser ihm Goschen anwiese. Als sie in das Land Goschen kamen, spannte Josef seinen Wagen an und zog hinauf seinem Vater Israel entgegen nach Goschen. Und als er ihn sah, fiel er ihm um den Hals und weinte lange an seinem Halse. Da sprach Israel zu Josef: Ich will nun gerne sterben, nachdem ich dein Angesicht gesehen habe, daß du noch lebst (1. Mose 46, 28-30).

Als Jakob die frohe Botschaft erhalten hatte, daß Josef noch lebe und ein Herr über Ägyptenland sei, da machte er sich alsbald auf, um nach Ägypten zu reisen. In Beerscheba, nahe der Grenze Palästinas, brachte er Gott die Opfer seines Lobes und Dankes dar, an der Stätte, die durch den Aufenthalt seines Vaters Isaak und seines Großvaters Abraham geweiht worden war. Und zugleich bat er Gott um sein Geleit, da er im Begriff war, das verheißene Land zu verlassen, um nach Ägypten zu ziehen. Und wie Gott ihm einst erschienen war in den Tagen seiner Jugend, als er das Land verlassen mußte, so erschien er ihm auch jetzt in den Tagen des Alters in einem Nachtgesicht. Und er ermutigte ihn und sprach: »Fürchte dich nicht, gen Ägypten hinabzuziehen, denn daselbst will ich dich zum großen Volk machen. Ich will mit dir hinab nach Ägypten ziehen und will dich auch wieder heraufführen, und Josef soll seine Hände auf deine Augen legen.«

So zog denn Jakob, durch dieses Wort Gottes ermutigt und gestärkt, nach Ägypten.

Als er nicht mehr ferne war, sandte er Juda vor sich her, um Josef sein Kommen zu melden.

Wie hatte Josef diesen Augenblick herbeigesehnt, daß er seinen Vater wiedersehen und in die Arme schließen dürfte! Nun brachte ihm Juda die Kunde: Jakob ist unterwegs! Bald wird er am Ziel sein!

Da ließ Josef die besten Pferde vor seinen Wagen spannen, und dann eilte er, seinem Vater entgegenzuziehen.

Was für eine Begegnung! Was für ein Wiedersehen!

Wie lange hatte Jakob um seinen Liebling getrauert! Wie lange hatte er Leid um ihn getragen! Und nun hielt er ihn in den Armen. Nun weidete er sich an dem Anblick des geliebten, lange entbehrten Gesichtes.

Tränen der Freude, Tränen der Rührung liefen über die welken Wangen des Greises – und ebenso über das Gesicht des Sohnes, der in königlicher Pracht gekommen war, um seinen alten Vater abzuholen.

Was für eine Stunde! Jakob konnte sich nicht satt sehen an dem Gesicht seines Sohnes, das er so lange entbehrt und vermißt hatte, und an der Pracht seiner Kleidung und den Zeichen seiner Würde und seiner hohen Stellung, die er in Ägyptenland bekleidete.

Da sprach Israel zu Josef: »Ich will nun gerne sterben, nachdem ich dein Angesicht gesehen habe, daß du noch lebst.«

Was war alles geschehen seit jenem sonnigen Morgen, als Josef das Zelt seines Vaters verließ, um seine Brüder zu suchen. Durch was für Tiefen war es für Josef gegangen bis zu der Höhe, auf die ihn die Gnade Gottes und die Gunst des Königs gestellt hatten. Und was hatte Jakob alles erlebt in diesen langen Jahren! Wie hatte die Last der Jahre seine Schultern gebeugt und seine Haare weiß werden lassen.

Aber – das war nun alles vergessen, da Vater und Sohn sich in den Armen lagen und sich des Wiedersehens freuten.

Was für eine Stunde! Was für ein Wiedersehen!

Und solch einer Stunde gehen auch wir entgegen. Weißt du das, daß so eine Stunde auch auf dich wartet?

Wie herrlich wird diese Stunde sein, wenn wir unseren Erretter Jesus schauen dürfen!

Es gibt wohl viel Schweres durchzumachen auf Erden. Immer wieder geht unser Weg an Särgen und Gräbern vorüber. Immer wieder gilt es, Abschied zu nehmen von Menschen, die uns teuer waren, die uns nahe standen. Wie schmerzlich ist das Entbehren und das Vermissen! Wie einsam wird unser Pfad!

Und immer müder wird der Fuß auf der Wanderung durch das Leben. Immer baufälliger wird die Hütte unseres Leibes.

Aber – welch eine Stunde wartet auf uns, wenn wir den König sehen werden in seiner Schöne! Wenn er uns entgegenkommt in seiner Herrlichkeit, um uns heimzuholen, dann versinkt das Leid des Lebens hinter uns.

Wohl wird das schön sein, wenn unsere Lieben uns grüßen an den Perlentoren des himmlischen Jerusalem, unsere Lieben, die im Glauben an den Herrn Jesus gelebt haben und entschlafen sind. Wohl wird es schön sein, wenn wir die liebe Mutter wiederfinden, die so treu für uns gebetet hat, das herzige Kind, das uns früh verlassen hat, die teure Frau, den treuen Mann –, aber ich bin gewiß, wir werden nach der ersten Freude des Wiedersehens zu ihnen sagen:

»Laßt mich gehn, laßt mich gehn,
daß ich Jesum möge sehn!
Meine Seel ist voll Verlangen,
ihn auf ewig zu empfangen
und vor seinem Thron zu stehn!«

Ja, ihn zu sehen, der für uns in Schmach und Schande hinabgestiegen ist, ihn zu sehen, der sich für uns ans Kreuz schlagen ließ, um uns zu Gotteskindern und zu Gotteserben zu machen – wie wird das sein!

Was für eine Stunde wird das sein, wenn wir ihn sehen dürfen, wie er ist! Wie wirft diese Stunde im voraus ein helles Licht auf unsern Weg! Wie wird es auch hell im finstern Tal durch das Licht dieser lebendigen Hoffnung!

Darum, wenn dir der Mut entfallen will, wenn deine Seele ermatten will, dann denk an diese Stunde der Begegnung mit unserem Heiland Jesus Christus. Das stärkt den gesunkenen Mut wieder neu, das macht das matte Herz wieder getrost, das hebt und belebt die brechende Kraft.

Unser Herr wartet auf uns, er sehnt sich nach uns. Sollten wir da nicht auf die Stunde warten und uns nach ihr sehnen, in der wir ihn schauen dürfen?

Nur Viehhirten!

Josef sprach zu seinen Brüdern und zu seines Vaters Hause: Ich will hinaufziehen und dem Pharao ansagen und zu ihm sprechen: Meine Brüder und meines Vaters Haus sind zu mir gekommen aus dem Lande Kanaan und sind Viehhirten, denn es sind Leute, die Vieh haben; ihr Kleinvieh und Großvieh und alles, was sie haben, haben sie mitgebracht. Wenn euch nun der Pharao wird rufen und sagen: Was ist euer Gewerbe? so sollt ihr sagen: Deine Knechte sind Leute, die Vieh haben, von unserer Jugend an bis jetzt, wir und unsere Väter –, damit ihr wohnen dürft im Lande Goschen. Denn alle Viehhirten sind den Ägyptern ein Greuel (1. Mose 46, 31-34).

Man hätte denken können, es wäre Josef sehr unangenehm gewesen, daß seine Brüder nach Ägypten kamen. Sie waren ja nur Viehhirten, und er war Regent des Landes. War ihm das nicht peinlich, solche Verwandte zu haben? Nicht im geringsten! So ein Gedanke ist ihm wohl gar nicht gekommen. Es waren ja seine Brüder! Und wenn sie auch Viehhirten waren, er schämte sich ihrer nicht im geringsten. Ja, er sprach zu ihnen, nachdem er seinen Vater begrüßt hatte: »Ich will hinaufziehen und Pharao ansagen und zu ihm sprechen: Meine Brüder und meines Vaters Haus sind zu mir gekommen aus dem Lande Kanaan und sind Viehhirten, denn es sind Leute, die mit Vieh umgehen.«

Vielleicht wäre es ja nicht unbedingt nötig gewesen, dem König die Ankunft seiner Brüder zu melden. Er konnte sie ja in Goschen ansiedeln, ohne es dem König mitzuteilen. Aber das wäre dem edlen und offenen Sinn Josefs als eine Feigheit, als eine Verleugnung erschienen.

Ja, aber er hätte dem König doch wenigstens nicht zu sagen brauchen, daß seine Brüder Viehhirten seien. Er konnte die Sache doch etwas anders darstellen. Er konnte doch sagen: »Sie sind die Besitzer großer Herden« oder »Sie haben große Züchtereien« oder so ähnlich. Aber nein, Josef wollte dem König die ganze und volle Wahrheit sagen. Er wollte ihm sagen: »Meine Brüder sind Viehhirten.«

Zwar erscheint dieses Gewerbe den Ägyptern verächtlich und gering. Ja es heißt sogar: »Denn alle Viehhirten sind den Ägyptern ein Greuel.« Aber wenn das auch so ist, Josef schämt sich seiner Brüder und ihres Standes nicht. Er sagt dem König mit allem Freimut und mit ganzer Offenheit: »Meine Brüder sind Viehhirten.«

Können wir hier nicht wieder etwas von Josef lernen? Ich meine wohl. Nämlich dies können wir ihm nachmachen: uns unserer Brüder nicht zu schämen. Hat dich die Gnade Gottes zu einem Gotteskind gemacht, dann gehörst du zu der großen Familie Gottes, dann hast du auch Brüder und Schwestern, sogar viele Brüder und Schwestern. Das sind diejenigen, welche demselben Ziel zustreben wie du, die denselben Herrn anerkennen und ihm folgen wie du.

Als Jesus seine Jünger rief, waren es Fischer und Zöllner, Handwerker und Bauern, Arbeiter und Unterbeamte, die ihm nachfolgten; die Gelehrten und Weisen wollten nichts von ihm wissen. Das stellt auch Paulus fest, wenn er an die Korinther schreibt: »Nicht viel Weise nach dem Fleisch, nicht viel Gewaltige, nicht viel Edle sind berufen, sondern was töricht ist vor der Welt, das hat Gott erwählt, daß er die Weisen zuschanden mache. Und was schwach ist vor der Welt, das hat Gott erwählt, daß er zuschanden mache, was stark ist. Und das Unedle vor der Welt und das Verachtete hat Gott erwählt, und das da nichts ist, daß er zunichte mache, was etwas ist« (1. Kor 1, 26-28).

So wie es damals war, so ist es auch heute. Es sind nicht viele Vornehme und »Gebildete« unter diesen Mitchristen. Wohl gibt es auch solche. Gott sei Dank, daß der Herr sein Volk hat in jedem Stand und Beruf. Aber doch ist ihre Zahl klein im Verhältnis zu denen, die nur geringen Standes, wie Josefs Brüder »Viehhirten« sind. Viele in der Gemeinde Jesu sind schlichte, unstudierte Leute.

Wie stellst du dich zu ihnen? Ist es dir unangenehm, Brüder zu haben, die »nur Viehhirten« sind? Schämst du dich ihrer?

Die Welt verachtet sie. Sie sagt mit Achselzucken: »Nur Christen!« Und du, wie machst du es?

Dabei ist es etwas Herrliches, zu dieser Bruderschaft gehören zu dürfen.

Ich habe immer gefunden, daß zum Wachsen in der Gnade drei Stücke gehören: Gottes Wort, Gebet und Gemeinschaft. Man kann nicht eins davon vernachlässigen. Sie sind alle drei unbedingt zum Wachstum nötig. Wer auch nur eins davon versäumt, der geht zurück in seinem Glaubensleben. Das ist ganz unvermeidlich. Gott kann nicht segnen, wenn man sich hochmütig über seine Kinder erhebt. Er erklärt sich mit den Seinen so völlig eins, daß er sagt: »Wer euch antastet, der tastet meinen Augapfel an.«

So wichtig ist die Stellung zu den Brüdern, daß Johannes sie zum Kennzeichen wirklichen Lebens gemacht hat. Er sagt: »Wir wissen, daß wir aus dem Tod ins Leben gekommen sind, denn wir lieben die Brüder.« Wo keine Bruderliebe ist, wo man sich der Geringen schämt, da ist – nach der Schrift – kein Leben aus Gott.

Darum ist die Frage so wichtig und so bedeutsam: Liebst du die Brüder? Oder stößt du dich an ihrem geringen Stand, an ihrer mangelnden Bildung, an ihrer Armut und Niedrigkeit?

Ich wünschte, du lerntest es, dich deiner Brüder nicht mehr zu schämen.

Wenn du deine Brüder nicht liebst, dann rede nicht mehr davon, daß du Gott liebst. Es ist nicht wahr. Du bildest dir das nur ein. Denn es steht geschrieben: »Wer seinen Bruder nicht liebt, den er siehet, wie kann er Gott lieben, den er nicht siehet?«

Wer du auch bist, der du dies liesest, ob hoch oder niedrig, ob reich oder arm, ob studiert oder unstudiert, – es muß bei dir dahin kommen, daß du nicht mehr verächtlich auf deine Mitchristen herabschaust, sondern voll Freude und Dank sie nennst: »Meine Brüder!«

Nicht bloß Worte!

Da kam Josef und sagte es dem Pharao an und sprach: Mein Vater und meine Brüder, ihr Kleinvieh und Großvieh und alles, was sie haben, sind gekommen aus dem Lande Kanaan, und siehe, sie sind im Lande Goschen. Und er nahm von allen seinen Brüdern fünf und stellte sie vor den Pharao. Da sprach der Pharao zu seinen Brüdern: Was ist euer Gewerbe? Sie antworteten: Deine Knechte sind Viehhirten, wir und unsere Väter. Und sagten weiter zum Pharao: Wir sind gekommen, bei euch zu wohnen im Lande; denn deine Knechte haben nicht Weide für ihr Vieh, so hart drückt die Hungersnot das Land Kanaan. So laß doch nun deine Knechte im Land Goschen wohnen. Der Pharao sprach zu Josef: Es ist dein Vater und es sind deine Brüder, die zu dir gekommen sind. Das Land Ägypten steht dir offen, laß sie am besten Ort des Landes wohnen, laß sie im Lande Goschen wohnen, und wenn du weißt, daß Leute unter ihnen sind, die tüchtig sind, so setze sie über mein Vieh (1. Mose 47, 1-6).

Als Josef seinen Vater und seine Brüder begrüßt hatte, sprach er zu ihnen: »Ich will hinaufziehen und Pharao ansagen: Meine Brüder sind gekommen.« Dies Kapitel fängt nun an: »Da kam Josef und sagte es Pharao an.« Es blieb nicht nur bei dem »Ich will«, sondern der Entschluß wurde zur Tat. Josef machte nicht bloß Worte!

Wie oft ist das anders! An so mancher Wand habe ich schon den Spruch gelesen: »Ich und mein Haus wollen dem Herrn dienen.« Ein schöner Entschluß! Aber – man merkte in dem Haus, wo der Spruch an der Wand hing, nichts von der Verwirklichung dieses Wortes. Man ging seinen Weg, ohne nach dem Willen Gottes zu fragen. Man bekümmerte sich um irdische und diesseitige Dinge; aber um den Herrn der Welt bekümmerte man sich nicht. So schön der Spruch an der Wand aussah, es waren – bloß Worte! Die Verwirklichung fehlte. Es wurde keine Tat aus dem Wort.

Wie oft geht das so! Wie oft werden Entschlüsse gefaßt und Gelübde getan: Es muß anders werden, und es soll anders werden! Es kann so nicht weiter gehen! Und – es bleibt doch alles beim alten!

Hast du es am Ende auch schon so gemacht? Hast du auch Gelübde getan und Versprechungen gemacht, die du nicht gehalten und ausgeführt hast? Dann »bezahle dem Höchsten deine Gelübde«! Gott verlangt keine Gelübde. Aber wenn du sie getan hast, dann mußt du sie halten!

Es ist sehr bequem, Gott mit Worten und Redensarten abzuspeisen, während er eine Tat von uns verlangt! Anstatt ihm gehorsam zu sein und seinen Willen zu tun, verspricht man ihm Gehorsam und gelobt man ihm Übergabe. Und – es bleibt bei leeren Worten!

So dürfen wir mit dem heiligen Gott nicht umgehen. Hast du ihm etwas gesagt und versprochen, dann halte es auch!

Nicht bloß Worte!

Das war Josef selbstverständlich, daß er das auch tun mußte, was er versprochen hatte. Auf sein »ich will es Pharao ansagen« folgte sofort »da kam Josef und sagte es Pharao an«. Das verstand sich für Josef ganz von selbst.

Hältst du Wort? Gott und Menschen gegenüber?

Wie gesegnet ist es, Wort zu halten! Das sehen wir hier bei Josef.

Als er es Pharao sagte, daß seine Brüder gekommen seien, da wünschte der König, sie zu sehen. Er gewährte ihnen huldvoll eine Audienz.

Das hätte Josef nicht gedacht, daß der König das tun werde. Waren doch Viehhirten ein Greuel vor den Ägyptern! Aber der König wollte die Brüder seines Regenten kennenlernen. Er wollte die Familie kennenlernen, die einen solchen Mann wie Josef hervorgebracht hatte.

So hatten denn die Brüder Josefs eine Audienz beim König von Ägypten. Freundlich ließ er sich mit ihnen in eine Unterhaltung ein und fragte sie nach ihrem Beruf. Und als sie ihm dann offen und ehrlich gesagt hatten, daß sie Viehhirten seien und daß die Teuerung sie von Kanaan nach Ägypten getrieben habe, da gewährte der König huldvoll ihre Bitte und sprach zu Josef: »Laß sie am besten Ort des Landes wohnen!«

Ja, er fügte noch eine besondere Auszeichnung hinzu: »Und wenn du weißt, daß Leute unter ihnen sind, die tüchtig sind, so setze sie über mein Vieh!« Eine königliche Anstellung bot er ihnen an, den landfremden Männern. So ehrte er sie, weil sie Josefs Brüder waren.

Wenn Josef in der Gunst Pharaos noch mehr steigen konnte, dann stieg er um dieses Freimuts willen, mit dem er zu dem König von seinen Brüdern sprach.

Und wenn Josef in der Achtung seiner Brüder noch steigen konnte, dann geschah es darum, weil er sich ihrer nicht im geringsten schämte, daß er auf seine Worte Taten folgen ließ und ihnen eine Audienz beim König verschaffte.

Stell dir einmal vor, Josef hätte wohl gesagt, er wolle Pharao von seinen Brüdern erzählen, aber er hätte es nicht getan –, was für einen Eindruck hätte das auf sie gemacht? Wie kränkend wäre es für sie gewesen. Aber nun wußten sie: auf Josef kann man sich verlassen, der macht nicht nur Worte!

Kann man sich auf dich auch verlassen?

Wenn der Apostel die Frucht des Geistes schildert, dann zählt er unter allerlei andern Stücken auch die Treue auf.

Denn so ist das griechische Wort hier besser wiederzugeben, das man sonst auch mit »Glaube« übersetzen kann. Er meint die Treue im Halten von Versprechungen, die Zuverlässigkeit im Handeln und Reden.

Wenn dein Christentum nur in Worten besteht, so ist es wenig nütze, ja, es schadet mehr, als es nützt. Denn das ist ein arger Anstoß für die Umwelt, wenn sie Leute sieht, die so fromm sprechen – und es ist nichts dahinter, der Tatbeweis fehlt. Das Reich Gottes besteht nicht in Worten, sondern in Kraft!

Ich lernte irgendwo einen Mann kennen, der in der Bibelstunde klar und schön sprach und das Wort auslegte. Nachher wollte ich ihm einen Besuch machen, traf aber nur seine Frau zu Hause an. Da sagte ich ihr, wie gut sie es doch habe, die Frau eines solchen Mannes zu sein. Da ging ein schmerzliches Lächeln über ihr Gesicht, und sie sagte: »Ja, Sie sollten meinen Mann mal zu Hause hören!« Da wußte ich, es waren – bloß Worte, die der Mann machte, wenn er in der Bibelstunde sprach.

Welche Verantwortung tragen wir!

Wer du auch bist, ich bitte dich: Mach nicht bloß Worte! Sondern laß hinter deinen Worten die Predigt deines Lebens und den Tatbeweis deines Wandels stehen. Verwirkliche das, was du sagst und führe aus, was du versprichst. Und du wirst ein Segen sein für deine Umgebung. Denn man wird sich auf dich verlassen können!

Darum beherzige meine Mahnung: Nicht bloß Worte!

Kindesliebe

Josef brachte auch seinen Vater Jakob hinein und stellte ihn vor den Pharao (1. Mose 47, 7).

Jakob war ein alter, gebeugter Mann. Von der Weisheit und Gelehrsamkeit Ägyptens wußte er nichts. Wir wissen nicht mal, ob er lesen und schreiben konnte. Dazu war er ein Krüppel. Seit jener wunderbaren Nacht am Jabbok hinkte er.

Aber Josef dachte nicht daran, sich seines Vaters zu schämen. Er brachte ihn zu Pharao, um dem König seinen Vater vorzustellen.

Was für eine Liebe und Ehrfurcht sprach aus diesem Verhalten Josefs seinem Vater gegenüber! Wie hielt er seinen alten Vater in Ehren! Und wenn er auch Herr von Ägyptenland geworden war – Jakob war doch sein Vater, den er zärtlich liebte.

Wieviel könnte mancher junge Mann und manches junge Mädchen heutzutage von Josefs Kindesliebe lernen! Kaum verdient der junge Mensch sein erstes Geld, dann heißt es: »Jetzt hat mir kein Mensch mehr etwas zu befehlen!« Und wenn der Vater ein Wort des Tadels spricht, dann heißt es: »Was fällt denn dem Alten ein?« Und wenn die Mutter bittet und mahnt, dann sucht man sich eine andere Wohnung, um ungestört nach eigener Willkür leben zu können.

Das ist eine ernste Sache, wenn man keine Liebe und Ehrerbietung hat für die Eltern. Denn Gott hat Leben und Wohlergehen an die Bedingung geknüpft, daß wir Vater und Mutter ehren.

Wenn du diese Bedingung nicht erfüllst, dann wundere dich nicht, wenn du kein Glück im Leben hast, wenn deine Unternehmungen scheitern. Du selbst trägst daran die Schuld.

Und wie viele gibt es, die sich ihrer alten, einfachen Eltern schämen, wenn sie es zu etwas gebracht haben in der Welt! Die Eltern haben es sich sauer werden lassen, die Kinder etwas lernen zu lassen – und nun sieht der Sohn auf die alten Leute herab. Sie passen nicht in seinen Umgang, in seinen Verkehr hinein. Er schämt sich ihrer.

Ich hörte von einem bekannten und beliebten Arzt in England. Er war armer Leute Kind. Er hatte auf Kosten seiner Gönner studiert. Nun war er ein großer und berühmter Mann geworden, der in einem herrlichen Haus wohnte, in dem ihm eine große Dienerschaft zur Verfügung stand. Seine Mutter war eine schlichte, alte Frau. Der Sohn sorgte treulich für sie. Er ließ es nicht fehlen an Unterstützungen und sonstigen Liebesbeweisen. Besucht hatte er sie lange nicht. Seine Praxis erlaubte es nicht, wie er ihr schrieb. Da wurde in der Heimat, wo sie wohnte, eine Bahn gebaut, so daß ihr Häuschen angekauft und abgebrochen wurde. Da dachte sie: »Ich ziehe zu meinem Sohn. Wie wird er sich freuen!«

Sie machte sich auf und kam in die große Stadt. Man zeigte ihr das Haus, wo er wohnte. Sie verwunderte sich, daß ihr Junge solch ein Palais bewohnte. Endlich faßte sie sich ein Herz und ging in das Haus hinein. Ein Diener sagte ihr, der Herr Doktor habe jetzt keine Sprechstunde. Aber sie blieb dabei, sie müsse ihn sprechen. Er solle nur sagen, daß ihn jemand zu sprechen wünsche.

Da meldete der Diener seinem Herrn, daß eine alte Frau vom Lande da sei, die sich nicht abweisen lasse. »Dann laß sie kommen«, sagte der Doktor.

Er freute sich sehr, wie er seine Mutter erkannte. »Das ist aber mal schön, daß du mich besuchst, Mutter!« sagte er nach der ersten Begrüßung.

»Ja, mein Junge«, sagte sie und streichelte ihn, als ob er noch ein kleines Kind wäre, »und denke dir, ich bleibe jetzt immer bei dir. Ich gehe gar nicht wieder fort!«

Da war es, als ob eine Wolke über sein Gesicht zöge. Er machte sich am Kamin zu schaffen, um das Feuer zu schüren.

Dann sagte er nach einer Weile: »Das ist ein guter Gedanke von dir gewesen, Mutter. Aber du kennst die Großstadt nicht, du weißt nicht, wie unruhig es hier ist und wie schlecht die Luft ist. Du bist so an die Stille und an die frische Luft gewöhnt, daß ich fürchte, du würdest dich hier nicht wohlfühlen. Ich will dir etwas sagen, Mutter! Ich kaufe dir ein kleines Häuschen draußen vor der Stadt. Da wohnst du dann in meiner Nähe und ich komme öfter hinaus, um dich zu besuchen!«

Die Mutter sagte nichts mehr von ihrem Vorhaben. Sie sprachen über dies und das. Sie erzählte aus der alten Heimat, und er sprach über sein Leben und seine Erfolge. Als sie sich endlich getrennt hatten, um zur Ruhe zu gehen, da kam sie noch einmal in sein Schlafzimmer und deckte ihn zu, wie sie das getan hatte, als er noch ein kleiner Junge war. Dann küßte sie ihn und sagte: »Gott behüte dich, mein Junge«, und legte segnend die Hand auf seine Stirn. Dann ging sie hinaus.

»Es ist doch eine liebe, alte Mutter«, sagte er, als sie fort war. »Ich will ihr morgen früh doch sagen, daß sie hier bei mir bleiben kann.« Dann schlief er ein.

Am andern Morgen kam sie nicht zum Frühstück. Der Diener erzählte auf Befragen, sie sei am frühen Morgen schon fortgegangen. Sie habe ein Briefchen hinterlassen für den Herrn Doktor. Er riß es auf und las: »Ich habe mich anders besonnen. Ich will Dir nicht zur Last sein, mein Junge. Ich habe bemerkt, daß Du Dich Deiner alten Mutter schämen würdest, wenn ich bei Dir bliebe. Darum gehe ich fort. Lebe wohl!«

Wie gern hätte jetzt der Sohn die alte Mutter aufgenommen! Wie schämte er sich seiner Worte gegen sie! Aber sie war fort. Und all sein Suchen und Forschen war umsonst. Da endlich, nach Jahren, da entdeckte er sie. Aber er kam nur noch gerade zurecht, um ihr die Augen zuzudrücken. Die Jahre, die er mit der Mutter noch hätte zusammen sein und ihr seine Liebe hätte beweisen können, die waren unwiederbringlich verloren! –

Und wie ist es mit dir? Schämst du dich auch deines alten Vaters, deiner alten Mutter? Wie lange ist es her, daß du den letzten Brief geschrieben, den letzten Besuch gemacht hast? Hast du nicht ein Plätzchen übrig in deiner Wohnung für den alten Vater oder für deine Mutter?

Darum überlege dir, was du tust und was dir entgeht! Du bringst dich um den Segen Gottes, du bringst dich um das Glück deines Lebens, wenn du es fehlen läßt an Liebe und Dankbarkeit, an Treue und Ehrfurcht gegen deine Eltern!

Wie lange noch, dann schließt dein Vater seine Augen für immer, dann steht das Herz deiner Mutter still. Dann kommt deine Reue zu spät. Anstatt ihnen dann Kränze auf das Grab und auf den Sarg zu legen, streue ihnen jetzt Blumen der Liebe und der Dankbarkeit auf den Weg!

Denk an Josef und seine vorbildliche Liebe zu dem alten gebrechlichen Vater und lerne von ihm – Kindesliebe!

Wahre Größe

Und Jakob segnete den Pharao (1. Mose 47, 7).

Gewiß hatte Josef seinem Vater gesagt, wie er sich zu verhalten habe, wenn er ihn zum König hineinbringe, wie er sich vor Pharao zu verneigen und ihm seine Ehrfurcht zu bezeugen habe. War doch Pharao der Herrscher des größten Reiches, das es damals gab.

Und Jakob hatte den Anweisungen seines Sohnes gelauscht und sich vorgenommen, danach zu tun, um auf das vorgeschriebene Zeremoniell zu achten.

Aber als dann Jakob zum König hineinkam, von seinem Sohn eingeführt, da – wurde aus all den Anordnungen nichts, da wurde die ganze Hofetikette durchbrochen. Da trat Pharao dem alten Nomaden entgegen und – neigte sich vor ihm. Und Jakob hob die Hände gegen den König auf und – segnete ihn.

Das war gegen alles Herkommen, gegen alle Etikette. Wäre ein Zeremonienmeister dabei gewesen, der wäre gewiß ganz außer sich geraten. Jakob hätte sich doch vor dem König neigen müssen! Und nun neigte sich der König vor dem alten Jakob!

Wie kam das?

Der Hebräerbrief sagt Kapitel 7, Vers 7: »Nun ist es ohne alles Widersprechen also, daß das Geringere von dem Besseren gesegnet wird.«

In der Tat, das ist nicht zu bestreiten. Wenn jemand sich neigt, um von einem andern den Segen zu empfangen, dann bezeugt er damit, daß er den andern höher stellt als sich selber.

Demnach wäre Jakob größer gewesen als der König von Ägypten?

Offenbar!

Wohl war der König ein mächtiger Herrscher. Das Volk in seinem Land gehorchte seinem Wink. Aber Jakob war größer als der König mit seiner Macht. Denn Jakob war – ein Mann mit Gott. Wenn er auch ein alter, von Leid geprägter Mann war, so lag doch etwas auf seiner Stirn von dem Frieden Gottes, der sein Herz erfüllte. Es war etwas in dem Antlitz und dem Auftreten dieses alten Mannes, daß Pharao den Eindruck hatte: Das ist ein Mensch, der gewohnt ist, mit dem Gott Himmels und der Erde zu verkehren. Und darum neigte er sich vor ihm, um sich von dem alten Patriarchen segnen zu lassen.

Es ist etwas Merkwürdiges um diesen Umgang mit Gott. Er allein verleiht einem Menschen wahre Größe.

Keine irdische Macht und Pracht, keine Wissenschaft und Gelehrsamkeit, keine Kenntnisse und Fähigkeiten geben einem Menschen so den Charakter der wahren Größe, als der Umgang mit Gott.

Das Volk Israel tanzte um das goldene Kalb, das es gemacht hatte. Da trat Mose plötzlich unter sie. »Er nahm das Kalb, das sie gemacht hatten, und zerschmelzte es mit Feuer und zermalmte es zu Pulver und stäubte es aufs Wasser und gab's den Kindern Israel zu trinken« – und keine Hand rührte sich, um ihm zu wehren. Mose war ein einzelner Mann. Wie leicht hätten sie ihm Widerstand leisten können. Warum taten sie es nicht? Auf seiner Stirn lag der Widerschein der Nähe Gottes, in der er geweilt hatte. Darum fürchtete sich Israel vor dem einzelnen Mann und vor seiner wahren Größe.

Auf dem Karmel kommt das ganze Volk Israel zusammen, um zu entscheiden, ob Jahwe oder Baal die Herrschaft in Israel haben soll. Der König Ahab kommt mit seinem glänzenden Hofstaat. Die vierhundertfünfzig Priester Baals kommen mit der goldenen Sonne an ihrem Turban. Um sie her ein ganzes in Götzendienst gefallenes Volk.

Und dieser großen Menge gegenüber tritt ein einzelner Mann, der Prophet Elia. Er hat den Himmel verschlossen. Er hat um seines Abfalls willen Jammer und Not auf sein Volk herabgerufen. Zutiefst haßt ihn der König. Bitter hassen ihn die Baalspriester. Warum winkt der König nicht seinen Trabanten, ihn gefangen zu nehmen und abzuführen? Er fürchtet sich vor ihm. So groß seine Macht auch ist – Elia ist größer, denn Elia ist ein Mann mit Gott. Er kann in Wahrheit sagen: »So wahr der Herr lebt, vor dem ich stehe.« Und das sagt Elia nicht nur, das merkt man ihm an. Das ist in seinem ganzen Wesen ausgeprägt.

So viel Macht und Pracht auf seiten der Welt sein mag – die wahre Größe ist immer auf seiten derer, die vor Gott stehen, die Umgang mit dem lebendigen Gott haben.

Das finden wir immer wieder, wenn wir die Kirchengeschichte durchblättern. Ob wir von den Verfolgungen in der Zeit der römischen Kaiser lesen, welche die Christen den wilden Tieren vorwarfen oder sie mit Werg und Teer umgaben, als Fackeln anzündeten – oder ob wir den Blutzeugen folgen, welche die Inquisition Roms zum Schafott und zum Scheiterhaufen führte; es ist immer dasselbe Bild: die wahre Größe ist auf seiten derer, die mit Gott Umgang haben. Das stachelt die Wut der Richter so besonders an, daß sie die überlegene Ruhe, den nicht zu trübenden Frieden der Seele bei ihren Opfern sehen. Sie müssen zähneknirschend gestehen: Diese Ketzer haben etwas, was wir nicht haben, – wahre Größe!

Jakob war sich dieser Größe nicht bewußt. Aber Pharao bemerkte sie. Mose wußte es nicht, daß sein Angesicht leuchtete, als er vom Berg herabstieg; aber Israel sah es und wurde geblendet. Elia wußte nichts von der Macht seiner Persönlichkeit, aber Ahab zitterte davor.

Darf ich dich fragen, ob du im Besitz dieser wahren Größe bist? Das wäre ganz falsch. Dann würde ich dich zur Selbstbespiegelung verleiten und zum geistlichen Hochmut.

Aber bitten möchte ich dich: Wenn du Einfluß nehmen willst auf deine Umgebung, auf die ungläubigen Menschen in deiner Nähe, in deiner Familie, in deiner Fabrik, in deinem Büro, dann – lebe in der Nähe Gottes, habe fleißig Umgang mit Gott. Und in dem Maße, wie du diesen Verkehr pflegst, wirst du göttliche Macht bekommen über die Herzen der Menschen.

Glaube nicht, daß du eines größeren Vermögens bedürftest, um mehr Macht über die Menschen zu bekommen; glaube nicht, daß Wissen Macht sei, wie man so oft sagen hört, sondern: Umgang mit Gott, das gibt Macht; ein Leben mit Gott, das wirkt wahre Größe.

Ich bitte alle, die dies lesen, sich ernstlich zu fragen und zu prüfen, wie es um ihren Wandel vor Gott und mit Gott steht; daß sie sich eingestehen möchten: Daher kommt mein Unvermögen, darum werde ich geschlagen von meinen Widersachern, weil es mir an der Macht fehlt, welche man durch den Umgang mit Gott durch Wort und Gebet empfängt!

Wird unser Wandel ein Wandel mit Gott, wie das beim alten Jakob der Fall war, dann wird sich gewiß auch – uns unbewußt, aber den Menschen offenbar – in unserem Wesen zeigen: wahre Größe!

Eine wichtige Frage

Der Pharao aber fragte Jakob: Wie alt bist du? (1. Mose 47, 8).

»Wie alt bist du?« So fragte der König von Ägypten den Patriarchen. War es das Greisenhafte in der Erscheinung des Alten – oder war es vielmehr der Eindruck, daß dieser Mann ein besonders hohes Alter erreicht haben mußte? Ich weiß es nicht.

Wie alt bist du? Wie oft kommt diese Frage über unsere Lippen. Aber die Zahl der Jahre, die wir gelebt haben, ist nicht die Hauptsache. Es kommt vielmehr darauf an, wie wir diese Jahre ausgefüllt und ausgenützt haben. Oder hatte das Leben keinen Wert, weil es nur für die Welt und nicht für Gott gelebt wurde?

Ich kannte einen alten Mann, wenn man den nach seinem Alter fragte, dann sagte er traurig: »Ich bin drei Jahre.« Man dachte erst, der Alte sei vielleicht schon etwas kindisch. Aber nein, das war er nicht. Denn er fügte seiner Antwort hinzu: »Erst vor drei Jahren habe ich mich bekehrt. Das ganze lange Leben vorher habe ich verloren.«

Ja, der Alte hat recht: Ein Leben, das nicht für Gott gelebt ist, hat keinen Wert. Man kann es vielleicht zu Ehren und Würden gebracht haben im Lauf der Jahre; aber was helfen Ehren und Würden, wenn es zum Sterben geht?

Hast du mit einem solchen Leben vor und für Gott schon einen Anfang gemacht? Oder noch nicht? Dann laß mich dich heute einmal fragen, wie Pharao den alten Jakob fragte: Wie alt bist du?

Du sagst vielleicht: Siebzehn! Da liegt die Zeit der Jugend vor dir im Schein der Frühlingssonne. Du denkst, du willst dein Leben genießen, du willst etwas von deiner Jugend haben.

Wieviel hängt davon ab, daß du gleich von der Zeit der Jugend an in die Nachfolge Jesu trittst. Dann kommst du gar nicht erst auf ein falsches Geleise. Wie viele haben schon darüber geklagt, daß sie sich so spät für Christus entschieden haben. Da war man in einem falschen Beruf, in einer Ehe, die nicht im Himmel geschlossen war, man lebte in Verhältnissen und Beziehungen, die nicht nach dem Willen Gottes waren – das alles wäre vermieden worden, wenn man sich in der Jugend schon bekehrt hätte. Darum, wenn du noch jung bist, wenn das Leben noch vor dir liegt – weihe es Jesus! Dann wird es ein gesegnetes Leben!

Wie alt bist du? Du sagst: dreißig. Deine Ausbildungszeit ist abgeschlossen. Du stehst auf der Höhe des Lebens, in der Fülle der Kraft. Hast du Jesus als Steuermann im Schiff deines Lebens? Oder baust du auf deine eigene Klugheit und Kraft? Bedenke doch: Das Leben hat so viele Riffe und Klippen! Wenn du keinen Steuermann an Bord hast, der den Kurs kennt, dann wirst du elend zerschellen und scheitern. Wie vielen ist es schon so gegangen, daß sie mit vollen Segeln auf das Meer des Lebens hinausgefahren sind – und sie haben jammervoll Schiffbruch erlitten.

Du lächelst. Du meinst, du habest für »solche Dinge« noch keine Zeit. Du wollest nun erst einmal zeigen, wer du bist und was du kannst. Aber wenn du es zu wer weiß was bringst, vergiß es nicht: »Was hülfe es dem Menschen, wenn er die ganze Welt gewönne und nähme doch Schaden an seiner Seele?«! Werde ein geachteter, geehrter Mann, verdiene viel Geld, baue dir ein trautes Heim – und wenn du weiter nichts hast als das, dann bist du doch ein armer Mann. Ja, brause nur auf! Das bist du! Das Beste fehlt. Die Hauptsache fehlt!

Wie alt bist du? Du antwortest: fünfundvierzig. Dann weißt du auch, daß du die Höhe überschritten hast und auf dem westlichen Abhang wie die Sonne langsam hinabsteigst. Deine Kinder wachsen heran. Was haben sie an dir gesehen? Was haben sie von dir gelernt? Manches Schwere hat das Leben dir gebracht – was hat es erreicht? Hast du schon den Heiland zu deinem Begleiter erwählt? Oder gehst du noch immer ohne ihn? Wenn du es noch nicht getan hast – schieb es nicht auf. Wenn du erst einmal hinabsteigst, geht es immer schneller, immer schneller. Nutze die Zeit aus! Es ist noch Gnadenzeit!

Wie alt bist du? Zögernd kommt die Antwort: Ich bin sechzig! Langsam fällt dir der Schnee des Alters aufs Haupt. Dein Haar wird weiß. Du wirst inne, daß es nicht mehr so geht wie früher. Du kannst dich der Erkenntnis nicht mehr verschließen: Ich werde alt.

Hat dein Leben die Erfüllung der Verheißung gebracht: »Ich will euch tragen bis ins Alter und bis ihr grau werdet«? Hat dich die Gnade getragen? Oder hast du dich dem Zug der Gnade noch immer widersetzt? Willst du nicht bald bedenken, was zu deinem Frieden dient?

Wie alt bist du: Fünfundsiebzig, so lautet die Antwort. Das ist ein schönes Alter. Da hast du den ersten Meilenstein schon passiert, den Mose, der Mann Gottes im 90. Psalm dem menschlichen Leben gesetzt hat. Schon gehst du auf den zweiten Meilenstein zu. Und die Frucht deines Lebens? Ist es ein köstliches Leben gewesen?

Dein Weg wird mühsamer. Viele Gefährten früherer Jahre sind dahingegangen. Es sind nicht mehr viele da, die du von der Jugend her kennst. Ist Jesus dein Stecken und Stab? Ist die Ewigkeit in Gottes Reich deines Weges Ziel? Hast du eine lebendige Hoffnung?

Was ist das für ein großer Unterschied: Ein Greisenalter mit Jesus oder ohne Jesus! Wie mürrisch machen die Beschwerden des Alters. Wie verdrießlich wird man, wenn man merkt, wie die Kräfte schwinden. Man möchte den Verfall der Hütte aufhalten – und kann es doch nicht.

Aber ein Alter mit Jesus – wie herrlich ist das! Da fühlt man die Mühen des Alters auch, o ja. Aber – man kann sie ertragen, denn man weiß: »Es wird nicht lang mehr währen, dann komme ich nach Hause!« Und je länger, je mehr geht ein Sehnen durch die Seele: »Jerusalem, du hochgebaute Stadt, wollt Gott, ich wär in dir!«

Wie alt bist du?

War dein Leben ein Wandel mit Gott? Brachte dein Leben Frucht für Gott?

Oder hast du es verloren? Verloren in den Dingen, die doch vergänglich sind und keinen Wert haben?

Du kannst so jung sein, wie du willst, oder so alt, wie du willst, ich bitte dich: Kehre um! Damit du das, was du noch zu leben hast, im Glauben des Sohnes Gottes lebst, der dich geliebt und sich für dich dargegeben hat. Damit doch die noch übrige Zeit deines Lebens etwas werde zum Preis der Gnade Gottes!

Darum beantworte dir einmal die Frage Pharaos im Lichte der Ewigkeit: Wie alt bist du?

Ein Rückblick

Jakob sprach zum Pharao: Die Zeit meiner Wanderschaft ist hundertunddreißig Jahre; wenig und böse ist die Zeit meines Lebens und reicht nicht heran an die Zeit meiner Väter in ihrer Wanderschaft. Und Jakob segnete den Pharao und ging hinaus von ihm (1. Mose 47, 9.10).

Da steht der greise Erzvater vor dem mächtigen König von Ägypten. Wenn er auch »nur ein Viehhirte« ist, so hat der König sich doch vor ihm geneigt, weil der alte Mann einen so majestätischen Eindruck auf ihn machte. Es lag etwas von der göttlichen Ewigkeit auf seinem Gesicht und über seinem ganzen Wesen.

Etwas von der Ewigkeit lag auch in der Antwort, die Jakob dem König auf die Frage nach seinem Alter gab. Er sagte: »Die Zeit meiner Wanderschaft ist hundertunddreißig Jahre; wenig und böse ist die Zeit meines Lebens und reicht nicht heran an die Zeit meiner Väter in ihrer Wanderschaft.«

Er sieht sein ganzes Leben als eine Wallfahrt, als eine Pilgerschaft an, deren Ziel nicht auf Erden ist, sondern droben, in der Herrlichkeit Gottes. Und er bekennt offen, wieviel er in seinem Leben verfehlt hat, daß sein Leben böse gewesen ist, böse durch eigene Schuld.

So spricht ein Mensch ohne Gott nicht. Der redet nicht von einer »Wallfahrt«. Der gibt seine Schuld nicht zu.

So wie Jakob kann nur einer reden, der vor Gott lebt, der die Ewigkeit im Herzen trägt und der Ewigkeit entgegenhofft.

Das Leben eine Wallfahrt! Wie oft wird das vergessen! Wie wenige bedenken es:

»Wir bauen hier so feste
und sind doch fremde Gäste!«

Eine Wallfahrt! Unsere Heimat ist nicht hier. Hier sind wir nur auf der Wanderschaft. »Ein Tag, der sagt's dem andern, das Leben sei ein Wandern zur sel'gen Ewigkeit.« Wie wenig denkt man daran! Man richtet sich so behaglich hienieden ein, als ob man immer hierbleiben könnte. Und es kommt doch die Stunde, wer weiß wie bald, da müssen wir ausziehen und unser Haus verlassen.

Es gibt eine stillschweigende Abmachung unter den Leuten, nicht vom Tod zu reden. Man will nicht ans Sterben erinnert werden. Und doch ist es das Allergewisseste, daß der Tod auf uns wartet, daß er früher oder später an unsere Tür klopft, um uns abzuberufen.

Das Leben eine Wallfahrt. Wenn wir es so ansehen, dann fällt Licht vom Himmel auf unseren Weg. Dann verstehen wir manche Führung in unserem Leben, die uns so dunkel geblieben ist.

Das Leben eine Wallfahrt. Dann ist es nicht Selbstzweck, sondern nur Vorbereitung auf die Ewigkeit, wo unsere wahre Heimat, wo unser ewiges Zuhause ist.

Ist auch dein Leben eine Wallfahrt? Hat es schon die Wendung zu Gott genommen?

Jakob tut einen Rückblick auf sein Leben. Und da gesteht er, daß es böse gewesen ist. Ja, es war böse, und zwar durch seine eigene Schuld.

Wie böse war es, daß er seinen Bruder Esau um den Segen der Erstgeburt brachte!

Wie böse war es, daß er als ein Flüchtling das Vaterhaus verlassen mußte, heimatlos, elternlos, obwohl Vater und Mutter noch lebten!

Wie böse war es, daß er als ein Fremdling um Lohn dienen und arbeiten mußte, wo er es zu Hause so gut hätte haben können!

Ach ja, sein Leben war böse. Es war voll Sünde und Schuld. Er mußte die Folgen seiner Sünde jahrelang, jahrzehntelang tragen.

Aber Gott ließ ihn nicht im Stich. Er nahm ihn in seine Schule. Er wollte sich gerade dadurch verherrlichen, daß er aus Jakob etwas machte zum Lob und Preis seiner Gnade, daß er aus diesem Betrüger und Lügner einen Israel, einen Gotteskämpfer machte. Das war eine lange und schwere Arbeit, die Gott an Jakobs Seele tat. Es ging nicht anders, als daß er ihn in den Tiegel der Trübsal tat.

Wieviel Schweres ist über Jakob in seinem langen Leben gekommen! Ein Unglück nach dem andern brach über ihn herein! Eine Heimsuchung folgte auf die andere. Sein geliebtes Weib starb ihm unterwegs. Dann kam er gerade rechtzeitig in Mamre an, um seinen Vater zu begraben. Und dann all das Schwere, das er mit seinen Söhnen erlebte! Was ihm Ruben antat und Juda! Was ihm dadurch zugefügt wurde, daß sie seinen Liebling Josef verkauften!

Ein schweres Leben. Und warum so schwer? Weil Gott ihn läutern und reinigen wollte von den Schlacken seines eigenen Wesens. Weil Gott aus ihm etwas machen wollte.

Hat es Gott fertig bekommen? Ja, er ist auch mit Jakob zum Ziel gekommen. Es ist wahr:

»Was Gott sich vorgenommen
und was er haben will,
das muß doch endlich kommen
zu seinem Zweck und Ziel!«

Wie tröstlich ist es, das zu wissen. Es gibt wohl kaum einen Menschen, der so wenig versprach besser zu werden wie Jakob. Er hatte gar keinen guten Charakter. So listig, so verschlagen, so auf seinen Vorteil bedacht, daß man sich voll Entrüstung und voll Verachtung von ihm abwenden möchte.

Aber siehe da, diesen wirklich schlechten und niedrig gesinnten Menschen nimmt Gott in seine Hand und macht aus ihm ein Denkmal seiner Gnade. Ist das nicht wunderbar? Ist das nicht großartig?

Wenn Gott den Esau zu einem Gottesstreiter erzogen hätte, diesen geraden, ehrlichen Charakter, dann würden wir das viel eher verstehen können. Aber so tröstlich wäre das für uns nicht. Aber daß er aus Jakob etwas hat machen können, – was für ein Trost ist das für uns!

Denn nun können wir glauben: Der »Gott Jakobs« kommt auch mit uns zum Ziel. Er wird auch mit uns fertig werden. Ganz gewiß! Er kann es. Er will es. Er wird es. Das hat er im Leben Jakobs bewiesen.

So schlecht Jakob war, so schwer seine Schuld war – Gott hat ihn überwunden. Gott hat aus dem Jakob, der nur dem Diesseits lebte, einen Israel gemacht, auf dessen Antlitz Ewigkeitslicht leuchtete.

Und darum neigt sich der große König vor dem alten Hebräer.

Er sieht etwas von der Hand Gottes im Leben dieses Mannes, von der Macht der Gnade, die aus verlorenen Sündern Gotteskinder und Gotteserben macht.

Und Jakob hebt seine Hände auf und segnet den König als ein Fürst Gottes.

Das hat Gott fertig bekommen mit Jakob.

Darum nennen ihn die Psalmisten so gerne den »Gott Jakobs«. Und ich muß gestehen, daß mir keine Bezeichnung Gottes so tröstlich und so köstlich ist wie diese: »der Gott Jakobs«.

Der Rückblick auf das vergangene Leben könnte uns wohl den Mut rauben. Man könnte wohl verzagt werden und fragen: Wird denn jemals aus uns etwas werden zum Lob Gottes? Und dann steht dieser köstliche Name da: »der Gott Jakobs«. Er hat es erreicht mit Jakob. Er wird es auch mit uns erreichen! Und wir stimmen dankend und anbetend, hoffend und vertrauend in die Worte des 46. Psalms ein: »Der Herr Zebaoth ist mit uns, der Gott Jakobs ist unser Schutz!«

Wer du auch bist, wieviel dir dein Charakter zu schaffen macht, wie sehr du klagst, daß du immer wieder von den alten Sünden hingerissen wirst, gib die Hoffnung nicht auf! Laß auf den Rückblick den Ausblick und den Aufblick folgen. Der Gott Jakobs kommt mit dir zum Ziel, wenn es auch durch Trübsale und Heimsuchungen geht, durch Leiden und Schwierigkeiten. Er wird mit dir und deinem Widerstand fertig, er ist – der Gott Jakobs!

Versorgt!

Aber Josef ließ seinen Vater und seine Brüder in Ägyptenland wohnen und gab ihnen Besitz am besten Ort des Landes, im Lande Ramses, wie der Pharao geboten hatte. Und er versorgte seinen Vater und seine Brüder und das ganze Haus seines Vaters mit Brot, einen jeden nach der Zahl seiner Kinder (1. Mose 47, 11.12).

Es gibt Leute, die sind der Meinung, in den Angelegenheiten und Bedürfnissen des inneren Lebens dürfte man sich wohl an Gott wenden, aber mit den Dingen des äußeren Lebens dürfte man ihm nicht kommen. Die seien zu klein für ihn.

Aber diese Ansicht ist ganz falsch. Wir dürfen mit all unseren Anliegen zu ihm kommen. Ihm ist gar nichts zu geringfügig und zu nebensächlich. Er kümmert sich um unsere Kleinigkeiten.

Das können wir so recht aus diesem Abschnitt der Geschichte Josefs sehen. Wie treulich sorgte er für seinen Vater und seine ganze große Familie. Bis ins einzelne ging seine Fürsorge. Er sorgte nicht nur so im allgemeinen und im ganzen, sondern er erkundigte sich ganz genau nach allem. Er stellte die Zahl der Kinder in jeder Familie fest. Und danach bestimmte er die Anteile, die jede Familie bekam. So praktisch und bis ins einzelne gehend war seine Fürsorge. Kein Kind wurde übersehen. Jedes bekam seinen Anteil an der königlichen Versorgung.

Im besten Teil des Landes wurden sie angesiedelt, im Lande Ramses, wie Pharao geboten hatte. Sie sollten es gut haben in Ägyptenland. Sie sollten nicht nur versorgt sein, sie sollten gut versorgt sein, das war Josefs Wille.

Meinst du, Jesus ließe sich von Josef beschämen? So herrlich das Bild Josefs vor uns steht, es war doch nur ein Vor-Bild! Das wahre Urbild ist Jesus. Und wenn schon Josef so treu, so bis ins kleinste hinein sorgt, dann tut es Jesus erst recht.

Verlaß dich nur getrost und ganz auf ihn!

Das ist der Fehler, den so viele machen, in den oft sogar gläubige Christen verfallen. Sie rechnen mit Menschen und menschlicher Hilfe. Wie mancher Kaufmann denkt: Wenn ich Kundschaft bekommen will, muß ich des Abends in Gesellschaft gehen! Er rechnet mit irdischen, menschlichen Faktoren.

Und doch bleibt es bei dem Wort, so sehr es in Mißkredit gekommen ist in der Öffentlichkeit: »Verflucht ist der Mann, der sich auf Menschen verläßt! Gesegnet ist der Mann, der sich auf den Herrn verläßt!«

Verlaß dich auf den Herrn von ganzem Herzen und nicht auf deinen Verstand! Es kann so praktisch, so vernünftig aussehen, was du tust, und es ist doch ein Rechnen mit menschlicher Hilfe. Vertraue Gott völlig. Lege ihm deine Gegenwart und deine Zukunft, lege Frau und Kind in seine Hand, und du wirst es erfahren: Er sorgt für dich!

Er hat einen Platz für dich. Laß ihn dir von ihm anweisen. Such ihn dir nicht selbst aus nach Rücksichten und Erwägungen. Wenn du das tust, wirst du falsche Wege gehen, so wie Lot einst falsche Wege ging, als er sich für Sodom entschied – nach menschlichen Überlegungen. Was für traurige Erfahrungen hat er in Sodom gemacht! Es wird dir nicht besser gehen, wenn du selbst dir den Platz aussuchst. Das ist seine Sache, nicht deine! Er will dir und er wird dir den Weg zeigen, den du wandeln sollst. Er will dich mit seinen Augen leiten. Das hat er versprochen, und das hält er auch.

Es ist ein gutes Land, in dem Josef seine Familie ansiedelt. Josef gibt nichts Schlechtes. Meinst du, das täte Jesus? Was denkst du nur von ihm! Nein, er führt auch dich auf grüne Auen und zum frischen Wasser. Laß dich nur von ihm führen. Er bringt dich an einen guten Platz. Er bringt dich an den einzig richtigen Platz, wo er dich haben und brauchen, wo er dich segnen will.

Und an diesem Platz versorgt er dich. Er versorgt dich nicht an jedem beliebigen Ort. O nein. Er versorgt dich nur da, wo er dich haben will. Wenn Elia anstatt im Gehorsam an den Krith zu gehen, irgendwo anders geblieben wäre, hätte ihn Gott nicht versorgt. Und wenn er, anstatt nach Zarpath zu gehen, ins Heidenland hinein, in Israel Unterkommen gesucht hätte, dann hätte Gott ihn nicht versorgt. Aber Elia ging dahin, wohin Gott ihn schickte, und da wurde er versorgt.

So macht es Gott auch mit dir. Bist du am rechten Platz, dann versorgt Gott dich und die Deinen, geradeso wie Josef seinen Vater und seine Brüder und das ganze Haus seines Vaters versorgte.

Womit versorgt Josef die Seinen? Er versorgt sie mit Brot. Besondere Leckerbissen ließ er ihnen nicht zukommen. Überflüssige Genüsse verschaffte er ihnen nicht. Aber für das Nötige sorgte er.

So macht es auch der Herr. Wir haben keine Verheißung, daß er uns große Reichtümer gibt und auserlesene Genüsse. Aber das tägliche Brot gibt er uns; für unser Auskommen und Durchkommen sorgt er. Das ist ganz gewiß. Und wenn ich höre, daß jemand Mangel hat am täglichen Brot – dann fürchte ich immer, daß irgendein Hindernis vorhanden ist, weshalb Gott ihn nicht so segnen kann, wie er so gerne möchte.

Ja, so genau sorgt der Herr, daß er auch nicht das kleinste Kind übersieht. Er weiß ganz genau, daß eine Familie mit vielen Kindern mehr braucht, als eine mit wenig Kindern. Und er versorgt wie Josef alle seine Brüder, je nachdem jeder Kinder hat.

Und das ist wahr: Wenn der Herr die Seinen fragt, wie er einst seine Jünger fragte: »Habt ihr je Mangel gehabt?«, dann lautet die Antwort heute wie damals: »Herr, niemals!«

Du kannst es erleben und erfahren, daß man versorgt ist durch Gottes Hilfe für Leib und Seele, mit Weib und Kind, für Zeit und Ewigkeit! Völlig versorgt!

Wie töricht ist es darum, wie unrecht und sündhaft, wenn gläubige Christen sich Sorgen machen.

Hat dir dein Sorgen schon etwas geholfen? Noch nichts! Es hat noch keinem etwas genützt und geholfen. Aber wenn du dem Herrn vertraust, das hilft!

Was willst du tun? Du hast die Wahl. Willst du dich sorgen – und den Herrn betrüben und enttäuschen? Oder willst du ihm vertrauen und ihn durch dein Vertrauen ehren? Du kannst wählen.

Sorgen ist zwecklos. Sorgen ist Sünde.

Vertrauen macht dem Heiland Freude. Vertrauen hilft und nützt. Was willst du tun?

Ich wünschte, du würdest dem Herrn vertrauen! Du würdest deinen Lebensweg in seine Hand befehlen. Du würdest ihm Weib und Kind, Haus und Hof, Gegenwart und Zukunft in seine Hand befehlen. Und ich sage dir, du wirst es nie bereuen. Denn du wirst bei ihm für Zeit und Ewigkeit versorgt!

Erkauft

Da sprach Josef zu dem Volk: Siehe, ich habe heute euch und euer Feld für den Pharao gekauft; siehe, da habt ihr Korn zur Saat, und nun besäet das Feld. Und von dem Getreide sollt ihr den Fünften dem Pharao geben; vier Teile sollen euer sein, das Feld zu besäen und zu eurer Speise und für euer Haus und eure Kinder (1. Mose 47, 23.24).

Eine Zeitlang währte die Teuerung schon, da fing in Ägypten allmählich auch die Not an. In Kanaan und in andern Ländern war sie schon längst fühlbar gewesen. Aber in Ägypten hatte man noch von den Vorräten der sieben reichen Jahre gezehrt. Aber nun gingen diese Vorräte langsam zu Ende.

Aber Josef hatte ja die großen Magazine errichtet. Da konnte man Getreide kaufen. Und so kamen die Ägypter und kauften. Jetzt lachte niemand mehr über die ungeheure Größe der Kornspeicher, wie man wohl früher getan hatte. Jetzt freute man sich ihrer. Jetzt war man dankbar, daß Josef für diese schwere Zeit Vorsorge getroffen hatte. Wenn auch eine Mißernte der andern folgte, man ging zu Josef und kaufte Getreide.

Aber zum dritten Mal und zum vierten Mal trat der Nil nicht über die Ufer, wie er sonst tat, um das Land zu überschwemmen und fruchtbar zu machen. Und wieder gab es Mißernte.

Da fing die Not an. Man hatte kein Geld mehr, um Getreide zu kaufen. Was sollte nun werden?

In dieser Not kamen die Ägypter zu Josef und sprachen: »Schaffe uns Brot! Warum läßt du uns vor dir sterben, darum daß wir ohne Geld sind?«

Und Josef wußte Rat. Er antwortete: »Schafft euer Vieh her, so will ich euch um das Vieh geben, weil ihr ohne Geld seid.«

Das geschah. Sie verpfändeten ihm ihre Pferde, ihre Schafe, Rinder und Esel. Und Josef gab ihnen dafür soviel, daß sie ein Jahr lang leben konnten.

Aber – dann standen sie wieder vor dem Nichts. Noch immer gab es keine Aussicht auf Ernte. Was sollten sie nun anfangen?

Sie kamen wieder zu Josef und sprachen: »Wir wollen unserem Herrn nicht verbergen, daß nicht allein das Geld, sondern auch alles Vieh dahin ist zu unserem Herrn, und ist nichts mehr übrig vor unserem Herrn, denn nur unsere Leiber und unser Feld. Warum läßt du uns vor dir sterben und unser Feld? Kaufe uns und unser Land ums Brot, daß wir und unser Land leibeigen seien dem Pharao. Gib uns Samen, daß wir leben und nicht sterben und das Feld nicht verwüste.«

Josef tat nach ihrem Begehr und kaufte so ganz Ägypten für den König, so daß Pharao der alleinige und unbedingte Besitzer des ganzen Landes war und alle seine Untertanen ihr Land von ihm in Pacht hatten.

Vier Teile ihres Ernteertrages durften sie für sich selbst gebrauchen; den fünften Teil aber mußten sie Pharao geben.

Niemand hatte mehr ein Eigentum. Das ganze Land gehörte dem König. Ja, niemand war mehr sein eigener Herr, sondern jeder war ein Höriger, ein Leibeigener des Königs.

Josef hatte Land und Leute für Pharao gekauft. Das war eine gewaltige Umwälzung, die sich in diesen Jahren vollzog. Als Josef Regent im Lande wurde, da hatte Pharao wohl keine besondere Macht, aber jetzt wurde er ein unumschränkter Herrscher und Gebieter. Das dankte er Josef und seiner Verwaltung. –

Wem fielen dabei nicht die Worte ein: »Du hast uns Gott erkauft mit deinem Blut.«? Ja, so wie Josef die Ägypter für Pharao gekauft hat, so ist Jesus hingegangen, um die Freiheit der Menschen für Gott zu erkaufen.

Aber es hat ihn mehr gekostet, als Josef der Kauf Ägyptens kostete. Josef kaufte die Ägypter um das Brotkorn, das er ihnen gab, das er aus seinen Magazinen nahm. Jesus aber fiel selbst als das Weizenkorn in die Erde, um dadurch der Welt das Leben zu geben. Er gab sein Blut und Leben hin, um uns für Gott zu erkaufen.

So ein Preis ist nie bezahlt worden in aller Welt! »Wisset, daß ihr nicht mit vergänglichem Silber oder Gold erlöst seid von eurem eitlen Wandel nach väterlicher Weise, sondern mit dem teuren Blut Christi als eines unschuldigen und unbefleckten Lammes.«

Sieh ihn dir einmal an, wie die römischen Kriegsknechte ihre Geißeln niedersausen lassen auf den Rücken des Heiligen in Isra-

el! Wie die Geißelhiebe blutige Furchen ziehen! Bald ist der ganze Rücken eine große blutende Wunde!

Und schau dir einmal das Marterbild auf Golgatha an! Blut fließt von den Wunden, welche die Dornenkrone ihm gerissen, über sein Gesicht. Blut fließt aus den Nägelmalen in seinen Händen, an den ausgestreckten Armen entlang. Blut fließt aus den durchbohrten Füßen.

Und was noch von Blut in ihm war, das bringt der Speerstoß des Kriegsknechtes in die Seite noch heraus.

Welch ein Preis! Das heilige Blut des unschuldigen Lammes!

Ja, der Apostel hat recht, wenn er sagt: »Ihr seid teuer erkauft!«

Weißt du das? Bedenkst du das, was der Heiland um deinetwillen getan und gelitten hat?

Vielleicht lebst du noch ohne ihn. Vielleicht kehrst du noch dem Heiland den Rücken, gleichgültig, teilnahmslos. Du hast kein Auge für ihn, kein Ohr für ihn, kein Herz für ihn! Und doch gehörst du ihm! Von Rechts wegen! Weil er den Preis für dich bezahlt hat, weil er sein Blut für dich vergossen hat. Und wenn du noch in der Ferne von ihm lebst und die Sünde liebst, du hast kein Recht dazu. Du gehörst dem Heiland. Er hat ein Anrecht auf dich. Er hat dich erkauft, für Gott erkauft, mit seinem Blut.

Darum komm und gib dem Heiland, worauf er Anspruch hat! Gib ihm dein Herz und dein Leben. Gib ihm sein Eigentum! Ich bitte dich.

Und du, der du schon gekommen bist und dich ihm anvertraut hast – vergiß es nicht: du gehörst nicht mehr dir, du darfst nicht mehr deinem Eigenwillen leben. Jesus hat dich für Gott erkauft. »Darum so preise Gott an deinem Leib und an deinem Geist, welche sind Gottes!«

Ich wünschte, daß unser ganzes Leben es beweisen und offenbaren möchte: wir leben nicht mehr uns selber, sondern wir stehen unserem Gott zur Verfügung, durch des Lammes Blut teuer erkauft!

Leibeigen

Sie sprachen: Du hast uns beim Leben erhalten; laß uns nur Gnade finden vor dir, unserm Herrn, dann wollen wir dem Pharao leibeigen sein (1. Mose 47, 25).

Josef hatte durch seine Verwaltung die Ägypter zu Leibeigenen Pharaos gemacht. Sie hatten ihre Selbständigkeit und Unabhängigkeit verloren. Sie saßen nicht mehr auf eigenem Grund und Boden, sondern waren Pächter des Königs geworden. Das ganze Land gehörte der Krone und die Leute auch.

Wie nahmen die Ägypter diese Veränderung auf? Waren sie nicht wütend, daß Josef sie aus freien Leuten zu Leibeigenen gemacht hatte? Bildete sich keine Verschwörung gegen ihn? Trat keine Partei für die Rechte des Volkes ein?

Nein, im Gegenteil! Sie waren dankbar für seine Maßnahme. Sie kamen zu ihm und sprachen: »Du hast uns beim Leben erhalten; laß uns nur Gnade finden vor dir, unserm Herrn, so wollen wir gerne Pharao leibeigen sein!«

Was hatten sie sich für Sorgen gemacht, als eine Mißernte der andern folgte! Wie bange hatten sie in die Zukunft geschaut! Wie soll das werden, wenn wir noch mehr Mißernten erleben? Wir werden elend verhungern müssen! Wie sehnsüchtig hatten sie auf die Überschwemmung des Nils gewartet!

Aus dieser ganzen Sorge und Not waren sie auf einmal heraus. Sie hatten sich mit allem an Josef verkauft. Sie hatten sich ganz und gar in seine Hand gegeben. Nun sorgte er für sie. Ob der Nil übertrat oder nicht, sie sorgten sich deswegen nicht mehr. Ob es eine Mißernte gab oder nicht, sie machten sich deshalb keine Sorge. Josef sorgte ja für sie!

An die Stelle der Sorge, der Unruhe, der Angst war ein tiefer Friede, eine völlige Ruhe getreten. Sie wußten, daß ihre Zukunft in guten Händen lag. Sie wußten, daß Josef treu und gewissenhaft für sie sorgte. Und sie wußten, daß sie ihm getrost vertrauen konnten.

Wäre Josef nicht gewesen, dann hätten sie verhungern müssen. Aber seiner weisen Vorsorge dankten sie ihr Leben. Darum sagten sie ihm mit einem Herzen voll Dank und Liebe: »Du hast uns beim Leben erhalten; laß uns nur Gnade finden vor dir, unserm Herrn, so wollen wir gerne Pharao leibeigen sein.«

Es ging den Ägyptern etwa so, wie es einem Kaufmann geht, der merkt, daß sein Geschäft zurückgeht, daß sich sein Kundenkreis verringert. Das sind bange Tage und Nächte, wenn er von einem Tag zum andern auf Besserung hofft, auf einen Umschwung der Verhältnisse wartet, und es geht weiter den Krebsgang. Drohend und immer drohender tritt das Gespenst des Bankrotts vor seine Seele. Wird er sich über Wasser halten können? Oder ist alle Mühe umsonst?

Und der Bankrott kommt. Das mühsam gestützte Gebäude bricht endlich zusammen. Der vorher selbständige Kaufmann nimmt eine Stelle an als Angestellter. Wohl ist er kein Unternehmer mehr, aber wie ruhig kann er jetzt wieder schlafen. Die entsetzlich aufreibenden Sorgen und Gedanken sind vorbei. Er hat sein sicheres Brot, sein gutes Auskommen. Er will lieber Angestellter sein als Unternehmer, wenn das mit solchen Mühen und Sorgen verbunden ist.

Und du? Sieh, dahin muß es auch mit uns kommen, daß wir unsere mühsam behauptete Selbständigkeit und Unabhängigkeit aufgeben und Leibeigene Gottes werden.

Das ist kein modernes Wort. Es wird manchem nicht passen, der es liest. Und doch gibt's keinen seligeren Stand, als Gottes Leibeigener zu sein durch Jesus Christus. Man sträubt sich nur dagegen, solange man diesen Zustand nicht kennt. Wer sich seinem Gott als ein Leibeigener ergeben hat, der weiß, das Gebundensein an ihn, das ist die wahre Freiheit.

Solange man seine Selbständigkeit gegen Gott behaupten will, hat man ein armes Leben. Man will sein Ich behaupten, sein Eigenleben festhalten. Darum wehrt man sich gegen Gott bis zum äußersten. Was für eine Torheit ist das! Darum gib dich ihm zu eigen und du kommst zur Ruhe. Alles Sorgen hat ein Ende.

Leibeigen sein, wie herrlich ist das! Da hat man keine eigene Verantwortung mehr. Die trägt er. Man hat es nicht mehr mit den tausend Dingen und Verhältnissen des täglichen Lebens zu tun. Weiß man keinen Rat, er ist der Wunderrat. Weiß man keinen Weg, er ist der Weg. Er führt uns auf rechter Straße um seines

Namens willen. Tun dir die Menschen Unrecht, du sagst und klagst es deinem Herrn. Er wird deine Sache schon führen. Brauchst du Trost oder Kraft oder was es sein mag – du gehst im Gebet zu ihm und er handelt.

Wie gut ist es doch, der Leibeigene eines so guten, so liebevollen, so gnädigen Herrn zu sein!

Wie kommt da unser unruhiges Herz zur Ruhe! Wie zieht da ein tiefer Friede in unsere Seele ein, wenn das eigene Sorgen und Sinnen, das eigene Rennen und Laufen ein Ende hat, wenn die Herrschaft auf seiner Schulter liegt!

Bist du sein Eigentum? Halte nichts mehr zurück. Übergib dich ihm ganz,

»also, daß sich kein Gebiet
seinem Einfluß mehr entzieht!«

Leibeigene! Ja, soll man denn gar nichts mehr zu sagen haben? fragst du vielleicht erschrocken. Nein, gar nichts mehr. Denn gerade in diesem Gar-nichts liegt unser Glück und unser Friede. Solange man noch etwas festhalten will, solange man sich noch in einer Beziehung behaupten will, solange ist noch eine Differenz da zwischen Gott und uns, solange sind noch Reibungsflächen da. Aber gibst du dich Gott ganz hin, so hört das ganz auf, und du kommst zur Ruhe, zur Ruhe in Gott!

Ich wünschte, du würdest von den Ägyptern heute etwas lernen. Du würdest dich nicht von ihnen beschämen lassen. Sie haben zu Josef gesagt: Wir wollen gerne leibeigen sein!

Sollten wir das nicht erst recht zu Jesus sagen? Hat er es nicht viel mehr um uns verdient? Hat er nicht sein Blut und Leben für uns gegeben?

Heimweh

Da nun die Zeit herbeikam, daß Israel sterben sollte, rief er seinen Sohn Josef und sprach zu ihm: Habe ich Gnade vor dir gefunden, so lege deine Hand unter meine Hüfte, daß du die Liebe und Treue an mir tust und begrabest mich nicht in Ägypten, sondern ich will liegen bei meinen Vätern, und du sollst mich aus Ägypten führen und in ihrem Grab begraben. Er sprach: Ich will tun, wie du gesagt hast. Er aber sprach: So schwöre mir. Und er schwor ihm. Da neigte sich Israel anbetend über das Kopfende des Bettes hin (1. Mose 47, 29-31).

Siebzehn Jahre lang wohnte Jakob mit seiner ganzen Familie in Ägypten. Der beste Teil des Landes war ihnen zugewiesen. Er hatte alle die Seinen um sich. Er freute sich an der hohen Stellung seines Lieblingssohnes Josef. Und doch wurde er nicht heimisch in Ägypten. Er hatte alles, was er brauchte, nur eins fehlte ihm. Das war die Heimat. Die Täler und Hügel Kanaans hatten es ihm angetan. So schön es auch in Goschen war, es war doch kein Kanaan. Und so gut es ihm auch in Ägypten gefiel, es war doch nicht die Heimat.

Je länger je mehr erfüllte die Sehnsucht nach der alten Heimat seine Seele. Wie lange hatte er schon die Berge des Libanon nicht mehr gesehen, die er auf all seinen Wegen in der Heimat geschaut hatte! Wie lange war er nicht mehr in Mamre gewesen, wo sein Vater und sein Großvater ruhten!

Da zog das Heimweh nach Kanaan in sein Herz ein.

Er fühlte wohl, daß er lebend die Heimat nicht wiedersehen würde. Seine Kraft verfiel. Seine Gebrechlichkeit nahm zu. Aber wenigstens wollte er in dem Boden Kanaans zur Ruhe gebettet werden. Wenigstens wollte er in der Heimat begraben liegen.

Er ließ Josef zu sich rufen und dann teilte er ihm seinen Herzenswunsch mit. Wie rührend klingt seine Bitte: »Hab ich Gnade vor dir gefunden, so schwöre mir, daß du die Liebe und Treue an mir tust und begrabest mich nicht in Ägypten, sondern ich will liegen bei meinen Vätern, und du sollst mich aus Ägypten führen und in ihrem Grab begraben!«

Josef verspricht ihm das. Wer könnte auch einem Sterbenden seinen letzten Wunsch abschlagen? Aber Jakob ist mit dem Versprechen noch nicht zufrieden. Er will ganz sicher darüber sein, daß seine Gebeine einmal im Boden der Heimat, in dem alten Erbgrab liegen werden. Josef muß es ihm schwören. Da ist Jakob zufrieden. Nun weiß er, sein Heimweh wird einmal befriedigt und erfüllt werden.

Weißt du auch etwas von diesem Heimweh nach der ewigen Heimat? Geht auch durch deine Seele etwas von der Sehnsucht des Liedes:

»Jerusalem, du hochgebaute Stadt,
wollt Gott, ich wär in dir!«?

Jung-Stilling hat einmal das Wort gesagt: »Selig sind, die da Heimweh haben, denn sie werden nach Hause kommen.«

Was sind es für arme Menschen, die der Meinung sind, mit dem Tod sei alles aus, die nichts wissen von dem Jerusalem droben, von Gold erbaut! Wie dauern sie mich!

Und wie dauern mich auch jene, die wohl davon überzeugt sind, daß es ein Leben nach dem Tod gibt, die aber keine Gewißheit haben, daß ihre Namen im Himmel geschrieben sind als die Namen von Bürgern und Hausgenossen Gottes! Die keine lebendige Hoffnung haben!

Wie selig aber sind alle, welche es wissen, daß ihr Leben nur eine Wanderschaft ist, daß die Heimat auf sie wartet, die ewige Ruhe bei Jesus im Licht!

Dann mag die Kraft des Leibes verfallen, so wie im Herbst das welke Laub abfällt von den Bäumen – sie grämen sich nicht, ja, sie schauen diesem langsamen Verfall mit einer wissenden Ruhe zu. Sie wissen: Der Herr fängt an, die Wurzeln unseres Wesens ganz sacht aus dem Erdboden zu lösen, um uns einmal in den Garten des Paradieses zu verpflanzen. Und darüber bekümmern sie sich nicht, o nein, darüber sind sie dankbar.

Jakobs Sehnsucht und Heimweh ging nach dem irdischen Kanaan, wo er gewohnt hatte, und nach den Gräbern seiner Eltern und Großeltern. Unser Heimweh geht höher hinauf. Es geht hinauf zu der seligen Heimat, wo Jesus Christus auf uns wartet, der hingegangen ist, uns die Stätte zu bereiten.

Kennst du dieses himmlische Reich als deine Heimat?

Ich will nicht jeden fragen, ob er dieses Heimweh hat. Du bist vielleicht noch jung. Deine Kraft ist noch frisch. Viele Jahre der Arbeit und des Erfolgs liegen noch vor dir. Da hast du noch kein Heimweh, und du kannst auch noch keins haben. Deine Aufgabe ist es, zu wirken und zu schaffen, solange es Tag ist, ehe die Nacht kommt, da niemand wirken kann. Danach will ich dich fragen, ob du das himmlische Reich als deine Heimat kennst, ob du gewiß bist, daß dein Name im Himmel geschrieben ist.

Aber unter denen, die dieses lesen, sind auch alte Männer und alte Frauen. Der Schnee des Alters liegt auf ihrem Haupt. Euch will ich fragen: Kennt ihr dieses Heimweh nach dem himmlischen Zuhause? Oder klammert ihr euch noch an diese Erde? Wie wird der Lebensabend schön durch dieses Himmels-Heimweh! Wenn man sieht, wie die irdische Hütte immer baufälliger wird, und man möchte sie mit Gewalt noch zusammenhalten – und man kann doch ihrem Verfall nicht wehren, wie schmerzlich ist das! Aber wenn das Licht aus der Heimat auf den Weg fällt, wenn die Strahlen der Ewigkeit schon das Leben erleuchten, dann wird es wahr: Um den Abend wird es licht sein.

Ich möchte allen, die dieses lesen, von Herzen etwas wünschen. Den einen wünsche ich, daß sie die selige Gewißheit bekommen möchten: »Meine Heimat ist dort in der Höh«; daß niemand auf Erden so festwachse und wurzle, als wolle er ewig hier bleiben.

Und den andern wünsche ich, daß dieses Heimweh nach der Ewigkeit immer mehr ihr Herz ausfüllen möchte, daß je länger je mehr die Heimat da droben ihre Anziehungskraft ausüben möchte. Denn dadurch wird unser Alter verklärt und der Lebensabend vergoldet.

Sehr großer Lohn

Danach wurde Josef gesagt: Siehe, dein Vater ist krank. Und er nahm mit sich seine beiden Söhne Manasse und Ephraim. Da wurde Jakob angesagt: Siehe, dein Sohn Josef kommt zu dir. Und Israel machte sich stark und setzte sich auf im Bett und sprach zu Josef: Der allmächtige Gott erschien mir zu Lus im Lande Kanaan und segnete mich und sprach zu mir: Siehe, ich will dich wachsen lassen und mehren und will dich zu einer Menge von Völkern machen und will dies Land zu eigen geben deinen Nachkommen für alle Zeit. So sollen nun deine beiden Söhne Ephraim und Manasse, die dir geboren sind in Ägyptenland, ehe ich hergekommen bin zu dir, mein sein gleichwie Ruben und Simeon (1. Mose 48, 1-5).

Als Josef den Krankenbesuch bei seinem Vater gemacht hatte, wobei er ihm geschworen hatte, für seine Überführung nach Kanaan zu sorgen, da hatte er gewiß die Weisung gegeben, ihn sofort zu benachrichtigen, wenn eine Verschlimmerung in dem Befinden seines Vaters eintrete. Diese Nachricht ließ nicht lange auf sich warten. Der alte Mann hatte das Bett nicht mehr verlassen. Man merkte, es ging mit ihm zu Ende.

Da machte sich Josef eilends auf, ihn noch einmal zu besuchen. Seine beiden Söhne, Manasse und Ephraim, nahm er mit zu dem sterbenden Großvater, sicher weil er dachte, daß diese feierliche Stunde an dem Sterbebett des alten Gottesstreiters einen tiefen Eindruck auf ihr Herz machen würde.

Welch eine Freudenkunde für Jakob, als ihm angesagt wurde: »Siehe, dein Sohn Josef kommt zu dir.« Diese Botschaft flößte ihm neue Kraft ein. Josef kommt, an dem er mit solcher Liebe gehangen, um den er so viele Jahre schmerzlich getrauert hatte, an dem er sich nun innig freut – Josef kommt! Er machte sich stark und setzte sich im Bett, um ihn zu empfangen.

Dann fing er an von seiner Jugend zu reden, von der Nacht, da er als ein heimatloser Flüchtling draußen unter freiem Himmel gelegen hatte. An jenen wunderbaren Traum von der Himmelsleiter dachte er, in dem Gott ihm erschienen war und mit ihm geredet hatte. Wie war doch alles buchstäblich so geschehen, wie es Gott ihm damals verheißen hatte! Und ebenso, wie bisher alles eingetroffen war, so würde sich auch in der Zukunft alles erfüllen. Gott würde seinen Nachkommen das Land Kanaan zu eigen geben, wie er es versprochen hatte. Das war dem alten Jakob ganz sicher und gewiß. Deswegen hatte er ja auch gewünscht, daß seine Gebeine in Kanaan begraben würden. Aber wenn nun das Land Kanaan das Eigentum seiner Nachkommen werden sollte, wenn nun jeder seinen Anteil bekommen sollte, dann sollte Josef zwei Anteile erhalten. So hatte Gott es dem sterbenden Jakob klargemacht.

Levi bekam zur Strafe für früher begangene Sünden keinen Anteil am Land. Erst viel, viel später, als Levi so mannhaft auf Gottes Seite trat, als das Volk um das goldene Kalb tanzte, da wurde der Fluch aufgehoben und in Segen verwandelt. Zwar bekam Levi auch da keinen Anteil im Land; aber er bekam etwas anderes und Besseres: der Stamm Levi gab dem Volk die Priester und Diener Jahwes.

Als Jakob starb, wußte er diese Wendung noch nicht. Er wußte nur, daß er Levi ausschließen sollte von dem Erbe Kanaans. So entstand eine Lücke in der Reihe der zwölf Stämme. Wer sollte sie ausfüllen? Einer von Jakobs Söhnen mußte ein doppeltes Erbe bekommen. Wer sollte das sein?

Josef sollte das sein. Er sollte das doppelte Erbe haben. Und das sollte so geschehen, daß für ihn seine beiden Söhne, Manasse und Ephraim, in die Reihe der Söhne Jakobs treten sollten.

Wie wunderbar! Der Sohn, der die tiefsten Wege gegangen ist, wird am höchsten erhoben. Der Sohn, der als ein armer, rechtloser Sklave in die Knechtschaft verkauft und ins Gefängnis geworfen wurde, der bekam die höchste Stellung auf Erden und das größte Erbe für die Zukunft.

Ja, die Gottseligkeit ist wirklich zu allen Dingen nütze und hat die Verheißung dieses und des zukünftigen Lebens. Und das Wort der Bergpredigt: »Selig sind die Sanftmütigen, denn sie werden das Erdreich besitzen« erfüllt sich buchstäblich. Und auch jenes Wort, das Gott einst zu Abraham gesprochen hatte: »Ich bin dein Schild und dein sehr großer Lohn.«

Wie ist das Leben Josefs ein Beweis dafür, was für ein sehr großer Lohn von Gott dem Treuen gegeben wird.

Vielleicht bist du schon manchmal betrübt und niedergeschlagen gewesen, wenn du durch Tiefen und Dunkelheiten gehen mußtest. Es war dir so schwer, daß du von Menschen mißverstanden und verkannt wurdest, daß du dir schlechte Behandlung gefallen lassen mußtest. Manchmal wollte dir die unmutige Frage auf die Lippen kommen: Warum passiert mir das alles? Warum muß gerade ich solche Wege gehen? Wenn du die Wege nicht verstehst, die Gott dich führt, dann denke an Josef! Was hat er durchzumachen gehabt! Was für dunkle Wege mußte er gehen! Und – wie herrlich wurde er entschädigt! Wie hat Gott seine Treue belohnt, nachdem er nicht gemurrt und gehadert hatte, sondern still und geduldig auch die dunklen Wege ging und die Mißhandlungen der Menschen erlitt!

Ein sehr großer Lohn wartet auch auf dich, wenn du in Treue deinem Herrn Jesus Christus nachfolgst, wenn du dich nicht beirren läßt.

»Hier durch Spott und Hohn,
dort die Ehrenkron!«

Laß dir Spott und Verfolgtwerden ruhig gefallen, nimm die Schmach und Schande getrost auf dich – es wird dir solches alles wohl belohnt werden, wie der Herr gesagt hat. Es wird die Stunde kommen, wo du das Wort aus dem Mund des Richters hörst: »Ei, du frommer und getreuer Knecht, du bist über wenigem getreu gewesen, ich will dich über viel setzen! Gehe ein zu deines Herrn Freude!«

Wie wird das sein, wenn dann die Kronen ausgeteilt werden, die der Herr denen verheißen hat, die ihm treu gewesen sind bis an den Tod!

Darum, wenn du durch Tiefen zu gehen hast, wenn Menschen dir Schwierigkeiten bereiten, wenn dir das Herz schwer werden will, dann denke daran: die Krone wartet! Ist das nicht ein sehr großer Lohn?

Wie deine Wege auch gehen mögen, ob sie über steile Höhen führen oder durch tiefe Täler: Er führt dich auf rechter Straße um seines Namens willen. Und am Ende des Weges wartet ein sehr großer Lohn!

An den Toren der Ewigkeit

Und Israel sah die Söhne Josefs und sprach: Wer sind die? Josef antwortete seinem Vater: Es sind meine Söhne, die mir Gott hier gegeben hat. Er sprach: Bringe sie her zu mir, daß ich sie segne. Denn die Augen Israels waren schwach geworden vor Alter, und er konnte nicht mehr sehen. Und Josef brachte sie zu ihm. Er aber küßte sie und herzte sie und sprach zu Josef: Siehe, ich habe dein Angesicht gesehen, was ich nicht gedacht hätte; und siehe, Gott hat mich auch deine Söhne sehen lassen. Und Josef nahm sie von seinem Schoß und verneigte sich vor ihm zur Erde. Dann nahm sie Josef beide, Ephraim an seine rechte Hand gegenüber Israels linker Hand und Manasse an seine linke Hand gegenüber Israels rechter Hand und brachte sie zu ihm. Aber Israel streckte seine rechte Hand aus und legte sie auf Ephraims, des Jüngeren, Haupt und seine linke auf Manasses Haupt und kreuzte seine Arme, obwohl Manasse der Erstgeborene war. Und er segnete Josef und sprach: Der Gott, vor dem meine Väter Abraham und Isaak gewandelt sind, der Gott, der mein Hirte gewesen ist mein Leben lang bis auf diesen Tag, der Engel, der mich erlöst hat von allem Übel, der segne die Knaben, daß durch sie mein und meiner Väter Abraham und Isaak Name fortlebe, daß sie wachsen und viel werden auf Erden. Da aber Josef sah, daß sein Vater die rechte Hand auf Ephraims Haupt legte, mißfiel es ihm, und er faßte seines Vaters Hand, daß er sie von Ephraims Haupt auf Manasses Haupt wendete, und sprach zu ihm: Nicht so, mein Vater, dieser ist der Erstgeborene; lege deine rechte Hand auf sein Haupt. Aber sein Vater weigerte sich und sprach: Ich weiß wohl, mein Sohn, ich weiß wohl. Dieser soll auch ein Volk werden und wird groß sein, aber sein jüngerer Bruder wird größer als er werden, und sein Geschlecht wird eine Menge von Völkern werden. So segnete er sie an jenem Tage und sprach: Wer in Israel jemanden segnen will, der sage: Gott mache dich wie Ephraim und Manasse! Und so setzte er Ephraim vor Manasse (1. Mose 48, 8-20).

An den Toren der Ewigkeit ist der alte Jakob angelangt. Er teilt seinem Sohn Josef den Entschluß mit, den Gott in seinem Herzen gewirkt hat, daß Josefs beide Söhne mit eintreten sollen in die Reihe seiner eigenen Söhne, so daß also Josef zwei Erbanteile an dem Boden Kanaans bekommen soll. Aber ehe Josef seine beiden Söhne herbeibringen kann, daß sie den Segen des Sterbenden empfangen, schweift der Geist Jakobs ab. Wie er von Josefs Söhnen spricht, da denkt er wieder an die schwere Stunde, da ihm sein jüngster Sohn Benjamin geboren wurde, wobei seine geliebte Rahel starb. Wie viele Jahrzehnte sind seitdem vergangen! Aber das Bild seiner Rahel steht noch frisch und lieblich vor seiner Seele. Und diese Trauerstunde hat sich ihm so deutlich eingeprägt, als ob es erst gestern gewesen wäre, als er sein heißgeliebtes Weib begraben mußte.

Wahre Liebe wird durch die Jahre nicht verringert und ausgelöscht: Wahre Liebe hört nimmer auf.

Inzwischen hat Josef seine Söhne herbeigeholt. Wie aus tiefen Gedanken fährt Jakob auf. »Wer sind die?« fragt er. »Es sind meine Söhne, die mir Gott hier gegeben hat«, antwortet Josef und bringt sie näher herzu, daß Jakob, dessen Augen nicht mehr gut sehen, sie besser sehen könne. Dieser zieht die jugendlichen Gestalten an sich und küßt sie und herzt sie, indem er dabei seiner Dankbarkeit Ausdruck gibt: »Ich habe dein Angesicht gesehen, was ich nicht gedacht hätte; und siehe, Gott hat mich auch deine Söhne sehen lassen!«

Dann stellt Josef seine Söhne so, daß die rechte Hand Jakobs sich auf seinen Erstgeborenen, auf Manasse, legen kann, und seine linke Hand auf Ephraim, den Jüngeren. Aber Jakob macht es – im Namen Gottes – anders. Er hat an den Toren der Ewigkeit einen Blick in die Zukunft getan, und er hat gesehen, daß Ephraim eine größere und bedeutendere Zukunft haben wird als Manasse. Darum legt er die rechte Hand segnend auf Ephraims Haupt und die linke auf Manasses Haupt.

Josef will die Hände Jakobs anders führen. Er meint, der Vater verwechsle die beiden. Aber Jakob bleibt dabei. Während die gekreuzten Hände auf den beiden Jünglingen liegen, schaut er Josef mit einem Blick voll Liebe an und spricht: »Der Gott, vor dem meine Väter gewandelt sind, der Gott, der mein Hirte gewesen ist mein Leben lang, der Engel, der mich erlöst hat von allem Übel, der segne die Knaben, daß sie nach meinem und nach meiner Väter Namen genannt werden, daß sie wachsen und viel werden auf Erden! Wer in Israel jemand segnen will, der sage: Gott mache dich wie Ephraim und Manasse!«

Aber warum hat denn Jakob den Ephraim dem Manasse vorgezogen? Weil es so Gottes Wille war. Wie oft finden wir es in der Bibel, daß Gott nicht nach natürlichen Gaben und Vorrechten fragt, daß er das Geringe und Verachtete erwählt. Es handelt sich im Reich Gottes nicht nur um natürliche Begabung, sondern um göttliche Begnadigung. Wie oft finden wir solche Fälle in der Heiligen Schrift, daß Gott an den Großen und Starken vorübergeht und die Kleinen und Schwachen erwählt. Er macht nicht den starken und stattlichen Esau zum Träger und Erben der Verheißung, sondern den schwachen und zarten Jakob. Er beruft nicht Elia oder Abinadab zum König über Israel, sondern den draußen bei der Herde vergessenen David.

»Der Mensch sieht, was vor Augen ist, Gott aber sieht das Herz an«, so erklärt Gott dem Propheten Samuel seine Wahl. So muß er wohl auch im Herzen Manasses etwas gesehen haben, was ihn bewog, ihn hinter seinen Bruder zurückzustellen. War Ephraim vielleicht der Demütigere von den beiden? »Dem Demütigen gibt Gott Gnade.« War Manasse als der ältere, als der erste Sohn des mächtigsten Mannes im Reich, zum Hochmut und zur Überheblichkeit geneigt? Dann war diese Zurücksetzung gewiß eine heilsame Demütigung für ihn. Wie es auch sein mochte; Gott macht keine Fehler. Er wußte, warum er so handeln mußte und nicht anders.

Und Jakob geht auf den Willen Gottes ein. Je mehr seine Sinne abnehmen für die Zeit, um so aufgeschlossener werden sie für die Ewigkeit.

Wie köstlich ist das, wenn ein Mensch an den Toren der Ewigkeit nur noch Ohr und Auge und Herz hat für die obere Welt, in die er nun bald eintreten wird! Wie köstlich, so einen Vater, so einen Großvater zu haben wie der alte Jakob es war!

Wie steht es mit dir? Bist du vielleicht auch nahe an den Pforten der Ewigkeit? Auch dein Augenlicht nimmt ab. Auch dein

Ohr hört schwer. Aber schaut dein Auge hinein in die Herrlichkeit? Vernimmt dein Ohr die Stimme Gottes, die letzten Aufträge, die du noch im Namen Gottes auszuführen hast auf Erden?

Wie war doch Gott mit Jakob zum Ziel gekommen! Wie eigenwillig war Jakob gewesen! Wie hatte er auf seine eigene Kraft und Klugheit vertraut!

Und nun war aus ihm ein Mann geworden, der nur noch Auge und Ohr für seinen Gott hatte.

Nun hatte er ausgelernt. Nun konnte Gott ihn aus der langen Schule entlassen.

Daß es auch bei uns allen so werden möchte, daß Gott mit uns zu seinem Recht käme! Daß der Heilige Geist auch einmal im Blick auf unsere Erziehung, auf unsere Reinigung und Heiligung sagen könnte: Es ist vollbracht!

Gott gebe Gnade, daß wir etwas lernen in der Schule unseres Gottes bis zu den Toren der Ewigkeit!

Rechtes Sterben

Und Israel sprach zu Josef: Siehe, ich sterbe; aber Gott wird mit euch sein und wird euch zurückbringen in das Land eurer Väter (1. Mose 48, 21).

Mit welcher Ruhe Jakob vom Sterben spricht! Wie beschämt dieser Mann des Alten Bundes so manche, die sich gläubige Christen nennen!

Wieviel Furcht vor dem Tod ist bei so vielen Menschen! Das brauchte nicht zu sein! Wenn unsere Sache mit Gott in Ordnung ist, dann sollten wir nicht so viel Wesens aus dem Sterben machen.

Das war so groß bei dem Heimgang des gesegneten Bruders Otto Schopf von der Freien evangelischen Gemeinde. Mit welcher Seelenruhe nahm er die Botschaft auf, daß es mit ihm dem Ende zugehe. Sein Freund Fries hatte vom Arzt den Auftrag erhalten, dem Kranken zu sagen, daß er sterben werde. Er kam und sagte es ihm offen, daß die Lage ernst sei. Da sprach der Kranke: »Dann soll also jetzt gestorben sein. Laßt mich ein wenig allein!« Nach zehn Minuten rief ihn der Sterbende zurück und sagte: »Die Sache ist in Ordnung.«

Wenn dich der Tod so ereilte, wie diesen Bruder Schopf, mitten im vollen Leben, mitten in der besten Arbeit, wärst du auch in zehn Minuten bereit, durch das dunkle Tor zu gehen? Könntest du auch mit der Seelenruhe Jakobs sagen: »Siehe, ich sterbe!« – ?

Wann kann man das? Wenn nichts zwischen Gott und uns steht. Wenn keine unvergebenen Sünden auf dem Gewissen liegen; wenn man vor dem Angesicht Gottes gelebt hat.

Was sagte doch Jakob zu seinem Sohn Josef und zu dessen Söhnen? »Der Gott, der mein Hirte gewesen ist mein Leben lang bis auf diesen Tag, der Engel, der mich erlöst hat von allem Übel.« Wohl dem, der sich dem guten Hirten anvertraut hat, daß er ihn führe. Denn wen er leitet, den »führt er auf rechter Straße um seines Namens willen«. Wohl dem, der sich erlöst weiß von allem Übel! Der kann getrost sein Haupt auf das letzte Kissen legen und sagen: »Siehe, ich sterbe!«

Was ist die rechte Vorbereitung auf ein seliges Sterben? Nicht der Genuß des heiligen Abendmahles, das man sich noch schnell geben läßt. Nicht ein eilig gesprochenes Gebet oder Lied. Sondern ein Wandel vor Gott und mit Gott. Ein Leben in der Führung des guten Hirten. Ein Leben mit der seligen Gewißheit: erlöst von allem Übel!

Gib dein Herz und Leben dem Heiland in die Hand und laß dich von ihm führen! Bring ihm all deine Sünden und laß dich erlösen von allem Übel, dann kannst du auch einmal, wenn der Tod kommt, ob er lange angemeldet oder unerwartet kommt, getrost sagen: »Siehe, ich sterbe!«

Das ist das eine, was wir von diesem Wort Jakobs lernen können, daß unser Sterben nicht so wichtig ist, wenn unser Leben die rechte Vorbereitung darauf war. Und das andere ist, daß wir auch das Sterben der Großen im Reich Gottes nicht für so wichtig halten. Die Knechte Gottes kommen und gehen; aber Gott bleibt! »Siehe, ich sterbe; aber Gott wird mit euch sein!«

Wir wollen uns dieses Wort recht fest einprägen. Wir sind so geneigt, Menschen für unentbehrlich zu halten. Wir blicken viel zu viel auf Menschen und zu wenig auf den Herrn.

Kein Mitarbeiter im Reich Gottes, auch nicht der gesegnetste, ist unentbehrlich. Das Reich Gottes hängt nicht von Menschen ab. Es ist wahr, was wir so oft im Lied gesungen haben:

»Die Sach ist dein, Herr Jesu Christ,
die Sach, an der wir stehn,
und weil es deine Sache ist,
kann sie nicht untergehn!«

»Aber Gott wird mit euch sein!« Wie tröstlich ist dieser Gedanke beim Heimgang von bedeutenden Verkündigern! Wenn wir auch vielleicht viel verlieren – wir behalten ihn, den großen, gewaltigen, lebendigen Herrn. Er stirbt nicht. Er führt seine Sache weiter. Er führt sie zum Heil und zum Sieg, ob auch seine Mitarbeiter darüber ins Grab sinken!

Und auch denen hat dieses Wort etwas zu sagen, die vielleicht an einem Krankenbett sitzen und denken: Wie soll das gehen, wenn Gott mir meinem Mann nimmt? Wenn Gott mir meine Frau nimmt? Wie soll ich dann durchkommen?

Auch euch möchte ich dieses Wort ins Gedächtnis schreiben: »Siehe, ich sterbe, aber Gott wird mit euch sein!«

Darum verzage nicht! Wenn auch dein Mann dich verläßt – Jesus bleibt! Er ist der Witwen und Waisen Vater und Berater. Er bleibt bei den Seinen alle Tage bis an der Welt Ende. Sei getrost!

Und wenn dir um das Leben deiner Gattin bangt – »Gott wird mit euch sein!« Er kennt dich und deine Bedürfnisse. Er hat gesagt: »Ich will dich nicht verlassen noch versäumen.« Und er hält Wort!

Darum laßt uns doch Ernst damit machen für das Leben und Sterben, daß wir uns in Gottes Hand geben, daß wir ihm ganz und fröhlich vertrauen. »Die völlige Liebe treibt die Furcht aus.«

Laßt uns heute dem Herrn vertrauen. Laßt uns heute mit Gott wandeln, und so alle Tage. Dann brauchen wir uns einmal, wenn unser Stündlein kommt, vor dem Sterben nicht zu fürchten, und dann können wir die Unsrigen trösten wie Jakob seinen Sohn:

»Siehe, ich sterbe; aber Gott wird mit euch sein!«

Das ist – rechtes Sterben!

Das Geheimnis der Fruchtbarkeit

Josef ist ein junger Fruchtbaum, ein junger Fruchtbaum an der Quelle; seine Zweige klettern über die Mauer hinaus (Min.-Bibel) (1. Mose 49, 22).

Zum letzten Mal sammeln sich die Söhne Jakobs um das Sterbelager des Vaters. Er will Abschied von ihnen nehmen. Er will ihnen noch ein letztes Wort sagen im Namen Gottes.

Nur sein Leib ist müde und matt. Sein Geist ist noch frisch und klar. Nur für diese ihn umgebende Welt ist sein Auge dunkel geworden. Um so klarer blickt er in die obere Welt hinein. Nur für die Stimmen der Zeit hat sein Gehör abgenommen. Für die Stimme Gottes ist sein Ohr um so feiner geworden.

Und so sagt er seinen Söhnen nicht, was er ihnen zugedacht hat und wünscht, sondern was Gott von ihnen denkt und urteilt, und was die Zukunft ihnen bringen wird. Wenn hier allein der Vater zu seinen Söhnen redete, würde er gewiß manches Wort nicht gesagt haben. Sicherlich hätte er von den alten Sünden Rubens, Simeons und Levis in diesem feierlichen Augenblick nicht gesprochen. Aber in prophetischem Geist teilte er ihnen Gottes Urteil mit. Da durfte er nichts verschweigen und verändern.

Besonders verweilte er bei Juda. Sah er doch aus seiner Nachkommenschaft den Helden kommen, dem einst die Völker anhangen würden, den Messias, das Heil der Welt.

Zu wahrhaft dichterischem Schwung erhob sich sodann seine Abschiedsrede, als er sich seinem Lieblingssohn Josef zuwandte. In erhabenen Worten zeichnet er ein Bild seiner Vergangenheit und seiner Zukunft. Und zugleich zeigt er das Geheimnis des Segens, der auf dem Leben Josefs so wunderbar geruht hat. Er zeigt das Geheimnis seiner Fruchtbarkeit, seiner Kraft und seines Segens.

So haben diese Worte auch für uns Bedeutung. Auch wir können daraus lernen, was das Geheimnis der Fruchtbarkeit, was das Geheimnis der Kraft und des Segens ist.

Laßt uns darum diesen Worten Jakobs einmal lauschen. Sie haben auch uns etwas zu sagen.

»Josef ist ein junger Fruchtbaum, ein junger Fruchtbaum an der Quelle; seine Zweige klettern über die Mauer hinaus.«

Ein junger Fruchtbaum? Josef war ein Mann von fünfzig Jahren, als Jakob diese Worte zu ihm sprach. Wie kann er da so genannt werden? Wohl war er kein Jüngling mehr, und doch war er ein junger Fruchtbaum, wie er zweimal nacheinander genannt wird.

Wie ist das zu verstehen?

Er war ein Fruchtbaum. Was für reiche Frucht hat sein Leben gebracht! Was wäre aus Ägypten geworden – ohne Josef? Und was aus Kanaan, was aus der Familie seines Vaters, wenn Josef nicht gewesen wäre? Nicht nur das Volk der Ägypter dankte ihm seine Errettung und Bewahrung in der Not; man kann sagen, daß er der Erretter der Welt war.

Ein Fruchtbaum war Josef. Und ein junger Fruchtbaum war er auch. Wie wunderbar hat sich bei ihm das Wort des Psalmisten erfüllt: »Und wenn sie gleich alt werden, werden sie dennoch blühen, fruchtbar und frisch sein.« Mit jugendlicher Frische leitete er nach wie vor die Verwaltung des Landes. Er war nur an Jahren älter geworden, aber in seiner Arbeitsfreudigkeit hatte er nicht nachgelassen.

Ein junger Fruchtbaum war Josef, wenn er auch in reiferen Jahren war. Seine Zweige kletterten über die Mauer hinaus. Das heißt: Er stieg über seine Verhältnisse, über seine Herkunft weit hinaus. Der Sohn eines hebräischen Hirten – der Regent des ganzen Ägyptenlandes! Das war wohl ein Emporwachsen über die Mauer. Weit, weit ließ er Vater und Brüder hinter sich zurück bei diesem Emporsteigen zu den höchsten Ehren, welche die Welt einem Menschen zu bieten imstande ist.

Aber wie kam es, daß er so ein Fruchtbaum wurde, dessen Früchte nicht nur einem Volk zugute kamen, sondern dessen Früchte zum Heil der ganzen Welt gereichten?

Wie kam es, daß er ein junger Fruchtbaum blieb bis in sein hohes Alter hinein?

Wie kam es, daß seine Zweige sich so hoch über die Mauer seiner Herkunft und seiner Abstammung erhoben?

Das Geheimnis seiner Fruchtbarkeit liegt in den Worten »an der Quelle«. Er blieb jung – an der Quelle. Seine Zweige stiegen über die Mauer, denn er zog seine Kraft, sein Leben – aus der Quelle.

Was war das für eine Quelle, an der Josef wuchs, aus der er sein Leben zog? Das war der verborgene Umgang seines Herzens mit Gott.

Die Quelle liegt tief im Grund. So senkte Josef die Wurzeln seines Wesens tief in den Grund hinein. Er lebte aus der Verbindung mit Gott.

Er wäre vergangen in seinem Elend, als er in der langen Sklavenkarawane die Heimat verließ und nach Ägypten gebracht wurde – wenn er nicht aus dieser Quelle Trost und Kraft geschöpft hätte.

Josef wäre gestrauchelt und gefallen in den Stunden der Versuchung, in denen Potifars Weib ihm Nachstellungen bereitete – wenn er diese Quelle nicht gekannt hätte, aus der er im stillen Kämmerlein immer wieder Kraft und Sieg holte.

Er wäre verzweifelt im Gefängnis, als Monat um Monat dahingingen, ohne daß Hilfe und Rettung sich zeigte, wenn diese Quelle nicht gewesen wäre.

Er wäre den Aufgaben seiner hohen Stellung nicht gewachsen gewesen, er hätte dem Neid und der Eifersucht der ägyptischen Großen nicht standhalten können, wenn er nicht die Zuflüsse dieser verborgenen Quelle gehabt hätte.

Was er wurde, was er war, das war er durch diese Quelle, durch seinen verborgenen Herzensumgang mit Gott.

Wie kann uns dieser Mann beschämen! Wieviel leichter haben wir es, als er es hatte! Er hatte keine Bibel, in der er lesen konnte. Er konnte in keinen Gottesdienst und in keine Bibelstunde gehen. Er konnte keine Rüstzeit oder Konferenz besuchen. Nichts von alledem, was wir haben, hatte er! Er lebte inmitten eines heidnischen, götzendienerischen Volkes. Niemand, der ihn verstand. Und doch ein junger Fruchtbaum an der Quelle! Darum laßt uns von Josef das Geheimnis der Fruchtbarkeit lernen, daß alles darauf ankommt, daß wir die Wurzeln unseres Wesens in diese Quelle tauchen, daß wir diesen verborgenen Umgang mit Gott pflegen!

Unser Leben wird nur in dem Maß fruchtbar werden für Gott und Menschen, wenn es seine Kraft zieht aus dem Umgang mit Gott! Und je mehr Anforderungen das Leben an uns stellt, je mehr wir alle unsere Kräfte anspannen müssen, um diesen Anforderungen nachzukommen – um so nötiger ist es, daß wir aus dieser Quelle schöpfen. Sonst werden wir bald kahl und dürr sein, unfruchtbar und unbrauchbar!

Darf ich dich fragen: Kennst du das Geheimnis der Fruchtbarkeit? Nicht die großen Gaben sind es, auf die es ankommt, nicht große Kenntnisse und Fähigkeiten, sondern daß wir gewurzelt sind an der Quelle und daß wir aus ihr alle Tage und für alle Verhältnisse die Kraft schöpfen, die wir brauchen.

Wenn wir etwas nötig haben in unserer Zeit, dann sind es: junge Fruchtbäume an der Quelle! Gott schenke sie uns unter Jungen und Alten! Und Gott mache solche aus uns, zum Preise seines Namens und zum Segen der Welt, die Frucht bringen.

Ja, gewurzelt sein an der Quelle und aus der Quelle leben, das ist – das Geheimnis der Fruchtbarkeit.

Das Geheimnis der Kraft

Und wiewohl ihn die Schützen erzürnen und gegen ihn kämpfen und ihn verfolgen, so bleibt doch sein Bogen fest und seine Arme und Hände stark durch die Hände des Mächtigen in Jakob, durch ihn, den Hirten und Fels Israels (1. Mose 49, 23.24).

Das Leben ist ein Kampf, so hört man oft sagen. Und das ist wahr. Auf allen Seiten gibt es Feinde, die ihre Geschosse auf uns abfeuern. Und wie mancher unterliegt in diesem Kampf und wird geschlagen!

Auch Josefs Leben war ein Kampf. Heftig haben ihn die Schützen beschossen und bekämpft. Die Schützen waren – seine eigenen Brüder! Und das tut weh, das kann das Herz tief verwunden, wenn die, welche uns nahe stehen, sich als unsere Feinde beweisen, wenn die eigenen Hausgenossen wohl gar unsere Feinde sind.

Wie schnöde haben die Brüder Josef behandelt, als sie ihn in die Grube warfen, um ihn dem Hungertod auszuliefern, und dann als sie ihn in die Sklaverei nach Ägypten verkauften.

Wir könnten es verstehen, wenn Josef dadurch verbittert geworden wäre. Aber er wurde es nicht. Er überließ sich nicht der Verzweiflung, und er machte seinem Herzen nicht in Verwünschungen Luft, nein! »Sein Bogen blieb unerschütterlich.«

So schwer sein Leben war – er gab den Kampf nicht auf. Er erklärte sich nicht für besiegt. Er kämpfte weiter, er überwand jede Anfechtung zur Schwermut und zur Verzweiflung. Er gewann den Sieg, auch in der furchtbarsten Versuchung.

Wie brachte er das fertig in so einer Lage, in der Sklaverei und im Gefängnis nicht mutlos zu werden, nicht mit Gott und Menschen zu hadern? Was war das Geheimnis seiner Kraft?

Jakob deutet es uns an in den Worten: »Seine Arme, seine Hände wurden gelenkt von den Händen des Mächtigen, vom Namen des Hirten, des Felsens Israels.«

Hast du nicht schon mal deinem Kind geholfen, einen Brief zu schreiben? Zwar – es ging noch gar nicht zur Schule. Es konnte noch gar nicht schreiben. Aber es wollte doch gerne »einen Brief schreiben«. Nicht wahr, du hast das Kind nicht ausgelacht und gesagt: Du kannst ja noch gar nicht schreiben. O nein, du hast ein Stück Papier genommen und hast dem Kind einen Bleistift in die Hand gegeben. Und dann hast du gesagt: »Was wollen wir denn schreiben?« Und das Kind hat es gesagt. Dann legtest du deine große Hand auf die kleine Hand des Kindes – und lenktest den Stift. So kamen ganz richtige Buchstaben zustande. So halfst du dem Kind, »seinen Brief zu schreiben«.

Sieh, so war es auch bei Josef. Er war ganz und gar nicht imstande, seinen schweren Kampf siegreich zu führen. Wie manchmal werden ihn schwermütige Gedanken umflattert haben wie Raben. Wie manchmal wird allerlei Nachtgevögel Einlaß begehrt haben in seinem Herzen. Wie hätte da Josef Widerstand leisten sollen?

Er sagte sich: Ich kann nicht! Und das sagte er nicht nur sich, das hätte nicht viel genützt, das sagte er auch Gott. Er sagte ihm: »Herr, ich kann mich der Gedanken nicht erwehren! Herr, sie umgeben mich wie Bienen! Hilf mir! Steh mir bei und gib mir Sieg!«

Und da wurden seine Arme, seine Hände gelenkt von den Händen des Mächtigen. Da legte Gott seine Hand auf Josefs Hand. Da gab es Sieg.

Kennst du die Geschichte, wie der Prophet Elisa in seiner letzten Krankheit Besuch bekam von dem König Joas? Da sprach der Prophet zu Joas: »Nimm den Bogen und die Pfeile!« Und der König nahm Bogen und Pfeile. Dann gebot Elisa weiter: »Spanne mit deiner Hand den Bogen!« Das tat der König. Dann tat Elisa seine Hand auf des Königs Hand und gebot: »Schieß!« Als der Pfeil hinausschwirrte, rief Elisa: »Ein Pfeil des Heils vom Herrn; ein Pfeil des Heils wider die Syrer! Du wirst die Syrer schlagen, bis sie aufgerieben sind!«

Der Schuß des Königs würde nicht viel zu bedeuten gehabt haben, wenn nicht Elisa seine Hand auf die Hand des Königs gelegt hätte. Das sollte heißen: Jahwe wird mit dir streiten! Jahwe wird dir Sieg geben! So wie ich meine Hand auf die deine lege, o König, so legt Gott seine Hand auf die deine. Gott hilft dir zum Sieg!

So hat es auch Josef erfahren. Josef wäre nicht imstande gewesen, die furchtbaren Versuchungen, die auf ihn eindrangen, siegreich zu bestehen. Und das wußte er, daß er dazu nicht imstande war. Und darum wandte er sich an Gott um Hilfe. Und der Herr half ihm.

Das war das Geheimnis seiner Kraft. Er vertraute nicht auf sich selbst. Er erwartete nichts von sich. Er sagte es dem Allmächtigen.

Warum bist du so oft zu kurz gekommen? Warum hast du so oft Niederlagen erlitten? Du hast auf dich selbst vertraut. Du hast etwas von dir und deiner Kraft erwartet. Darum bist du zuschanden geworden!

Das Geheimnis der Kraft besteht darin, daß man von seiner Ohnmacht, daß man von seinem Unvermögen tief überzeugt wird; daß man selber nichts mehr kann und nichts mehr hat und nichts mehr weiß. Wenn das der Fall ist, dann klammert man sich an den Herrn. Und dann legt er, der Mächtige, seine Hände, seine treuen und starken Hände auf unsere schwachen Hände – dann hilft er uns. Dann lenkt er unsere Pfeile, daß sie Pfeile des Heils vom Herrn werden, daß wir Sieg haben in Versuchungen und Anfechtungen.

Ich wünschte, daß du dieses Geheimnis der Kraft lernen möchtest, daß du dich von deinem Unvermögen überzeugen ließest; daß all dein Selbstbewußtsein, all dein Selbstvertrauen in Trümmer und Scherben sänke!

»Da, wo deine Mittel enden,
tritt er ein, verherrlicht sich,
kann dich brauchen, will dich senden,
breitet Segen aus durch dich!«

Die Niederlagen werden aufhören, man wird wieder vom Sieg singen in den Hütten der Gerechten, wenn wir das Geheimnis der Kraft lernen, das Josef kannte.

Rechne nicht mehr mit dir! Rechne mit Gott! Erwarte nichts mehr von dir! Aber erwarte alles von Gott! Gott hat. Gott kann. Gott will. Gott wird!

Wirst du weiter dein Vertrauen auf dich selbst setzen und Niederlagen erleiden, oder wirst du Sieg erhalten im Kampf mit dem Feind, weil du es kennst, das Geheimnis der Kraft?

Das Geheimnis des Segens

Von deines Vaters Gott werde dir geholfen, und von dem Allmächtigen seist du gesegnet mit Segen oben vom Himmel herab, mit Segen von der Flut, die drunten liegt, mit Segen der Brüste und des Mutterleibes. Die Segnungen deines Vaters waren stärker als die Segnungen der ewigen Berge, die köstlichen Güter der ewigen Hügel. Mögen sie kommen auf das Haupt Josefs und auf den Scheitel des Geweihten unter seinen Brüdern! (1. Mose 49, 25.26).

Hat Jakob bis dahin von Josefs Vergangenheit geredet, so wendet er sich nun der Zukunft zu. Er kann gar nicht genug Worte finden, um das zum Ausdruck zu bringen, was sein Herz empfindet.

Er denkt an die Stunde, da der alte Isaak ihm die Hand aufs Haupt legte, um ihn zu segnen, und daß er sich den Segen erschlich durch Lug und Trug. Wie anders ist diese Stunde! »Die Segnungen deines Vaters sind größer als die Segnungen meiner Eltern, sie reichen bis an die ewigen Hügel hinan!« (Schlachter-Übersetzung).

Und was wünscht Jakob seinem Sohn? »Von deines Vaters Gott werde dir geholfen!« Das ist das erste. Tägliche Hilfe wünscht er ihm. In allen Lagen des Lebens, in allen Fragen seines hohen und verantwortungsvollen Berufs soll er täglich die Hilfe Gottes erfahren.

»Von deines Vaters Gott werde dir geholfen!« Warum nennt Jakob Gott mit seinem Namen? Weil er die Hilfe Gottes in seinem langen Leben so reichlich erfahren hat. Und weil er Gott in so mancher schweren Stunde erprobt hat als einen Meister zu helfen, darum wünscht er seinem Sohn: »Von deines Vaters Gott werde dir geholfen!«

Wie wichtig ist dieser Wunsch! Wie nötig ist diese Hilfe! Daß die Menschen es nur mehr bedächten!

»Auf dem so schmalen Pfade
gelingt uns ja kein Tritt,

es geh denn seine Gnade
bis an das Ende mit!«

Ja, wir brauchen Hilfe, tägliche Hilfe. Hilfe in den Versuchungen und Anfechtungen, Hilfe in den Gefahren und Schwierigkeiten, Hilfe in unserem Beruf und in unserer Familie, Hilfe in guten Tagen und in schweren Zeiten, Hilfe jeden Tag und jede Stunde!

Und weiter wünscht Jakob seinem Sohn: »Der Allmächtige segne dich mit Segnungen vom Himmel herab, mit Segnungen der Tiefe, die drunten liegt!«

Was will er damit sagen? Ich denke mir, er wünscht Josef damit Glück und Wohlergehen, die ungetrübte Gunst des Königs, die Liebe des Volkes, Frieden in seinem Haus, Freude an seinen Kindern. Das sind Segnungen von oben herab.

Aber Jakob weiß als ein alter Pilger, als ein Mann, der das Leben kennt, daß es nicht immer gute Tage gibt im Leben, daß es auch Tiefen gibt, mächtige, dunkle Tiefen. Er denkt an die Stunde, da ihm seine Rahel starb. Er denkt an die Botschaft: »Esau kommt dir entgegen mit vierhundert Mann!« Er denkt an die Stunde, als ihm Josefs blutbefleckter und zerrissener Rock gebracht wurde. Er weiß, daß es Tiefen gibt im Leben, große Tiefen.

Aber er weiß auch, daß der Allmächtige imstande ist, aus den Tiefen Segnungen hervorgehen zu lassen. Er wünscht, daß auch die Trübsale Segen bringen. Und darum wünscht er seinem Sohn zu den »Segnungen vom Himmel herab« auch die »Segnungen der Tiefe, die drunten liegt«.

Er wünscht ihm mit andern Worten, daß alles, was ihm widerfährt in Freud und Leid, Glück und Unglück, ihm zum Segen gereichen möchte.

Das ist auch der Wille Gottes, das ist auch des Herrn Wunsch und Absicht, daß »denen, die Gott lieben, alle Dinge zum Besten dienen«.

Wie gut ist es, das zu wissen! Dann fürchtet man sich nicht mehr vor der Zukunft, dann scheut man das Leid nicht mehr, wenn man weiß:

»Es kann mir nichts geschehen,
als was er hat ersehen
und was mir selig ist!«

Ja, gelobt sei Gott! Ob es Segnungen sind »vom Himmel herab« oder »von der Tiefe, die drunten liegt« – der Allmächtige kann und will uns alles zum Besten dienen lassen. Er ist der Allmächtige. Auch aus dem größten Schmerz und dem tiefsten Weh kann er einen Segen für uns machen für Zeit und Ewigkeit! –

Jakob wünscht seinem geliebten Sohn Josef noch etwas, was damals mit zum Segen gehörte. Er wünscht ihm: »Der Allmächtige segne dich – mit Segnungen an Brüsten und Mutterschoß!«

Kindersegen! Welch ein schönes Wort! Es sagt uns, daß Kinder ein Segen sind. Wenn das Bild eines gesegneten Mannes gemalt werden soll, dann sagt der Psalmist: »Dein Weib wird sein wie ein fruchtbarer Weinstock drinnen in deinem Hause, deine Kinder wie Ölzweige um deinen Tisch her. Siehe, also wird gesegnet der Mann, der den Herrn fürchtet!«

Und wiederum heißt es: »Siehe, Kinder sind eine Gabe des Herrn, und Leibesfrucht ist ein Geschenk. Wie die Pfeile in der Hand eines Starken, also geraten die jungen Knaben. Wohl dem, der seinen Köcher derselben voll hat!«

Aber wohin sind wir heute gekommen? Man hält Kinder nicht mehr für einen Segen! Auch in christliche Kreise ist diese nichtswürdige Ansicht und Auffassung eingedrungen, daß Kinder eine Last sind und daß man gut tut, ihre Zahl auf die eine oder andere Weise zu beschränken! Gott sei es geklagt, wie es in dieser Beziehung in unserem Volk steht, und wie auch Gläubige von diesem Gift angesteckt und vergiftet sind!

Es bleibt dabei, daß Kinder ein Segen sind, eine kostbare Gabe Gottes.

Und wenn die Bissen auch kleiner werden und der Platz eng, es ist doch wahr und soll wahr bleiben: »Wohl dem, der seinen Köcher derselben voll hat!«

Wie frisch und jung erhält die Eltern der Umgang mit der heranwachsenden Jugend! Wie bewahrt die Kinderschar die Eltern vor Selbstsucht und Eigenleben! Was für gute Erzieher sind so die Kinder für ihre Eltern!

Gott schenke uns Häuser, wo man Kinder für Segen hält, wie die Bibel tut; wo man nicht seufzt und klagt: »Schon wieder ein Kind!«, sondern wo man sie in heiliger Stunde als ein Geschenk Gottes erwartet und empfängt!

Das ist Segen!

Aber wer wird so gesegnet wie Josef – mit dem Segen täglicher Hilfe, mit Segnungen vom Himmel herab und von der Tiefe, die unten liegt, wer wird gesegnet mit Kindersegen und Familienglück?

Was ist das Geheimnis des Segens?

Wir sehen es aus Jakobs letzten Worten: »Mögen die Segnungen kommen auf Josefs Haupt, auf den Scheitel des Ausgesonderten unter seinen Brüdern!«

Das ist das Geheimnis: Josef war ein Ausgesonderter, ein Geweihter. Er hatte sich von früher Jugend an seinem Gott geweiht, darum war er ein Ausgesonderter unter seinen Brüdern. Er war nicht zu haben für Torheiten und Sünden der Brüder. Er wußte: Ich bin für Gott da.

Und weil er für Gott da war, darum war Gott auch für ihn da. Darum war sein Leben ein so gesegnetes Leben.

Möchtest du, daß die Segnungen Gottes so auch auf dich kämen, wie sie auf Josef kamen, dann mußt du ein Ausgesonderter werden wie er. Dann mußt du dich deinem Gott weihen, um für ihn da zu sein, für ihn allein.

Ausgesondert sein für Gott – das ist das Geheimnis des Segens.

Am Ziel

Und als Jakob dies Gebot an seine Söhne vollendet hatte, tat er seine Füße zusammen auf dem Bett und verschied und wurde versammelt zu seinen Vätern. Da warf sich Josef über seines Vaters Angesicht und weinte über ihn und küßte ihn. Als nun die Trauertage vorüber waren, redete Josef mit den Leuten des Pharao und sprach: Hab ich Gnade vor euch gefunden, so redet mit dem Pharao und sprecht: Mein Vater hat einen Eid von mir genommen und gesagt: Siehe, ich sterbe; begrabe mich in meinem Grabe, das ich mir im Lande Kanaan gegraben habe. So will ich nun hinaufziehen und meinen Vater begraben und wiederkommen. Der Pharao sprach: Zieh hinauf und begrabe deinen Vater, wie du ihm geschworen hast. Da zog Josef hinauf, seinen Vater zu begraben. Und es zogen mit ihm alle Großen des Pharao, die Ältesten seines Hauses und alle Ältesten des Landes Ägypten, dazu das ganze Haus Josefs und seine Brüder und die vom Hause seines Vaters. Allein ihre Kinder, Schafe und Rinder ließen sie im Lande Goschen. Und es zogen auch mit ihm hinauf Wagen und Gespanne, und es war ein sehr großes Heer (1. Mose 49, 33; 50, 1. 4-9).

Am Ziel! Lange ist Jakob auf Irrwegen gegangen. Lange war er in der Fremde in Mesopotamien. Dann kamen die Jahre daheim, wo er sich an dem Heranwachsen Josefs erfreute. Dann der Schmerz um den geliebten Sohn. Dann die Freude des Wiedersehens und der Feierabend in Josefs Nähe. Nun endlich ist der müde Pilger am Ziel.

Kaum hat er den Segen beendet, den er auf seine Söhne legte, und noch einmal ihnen aufgetragen, ihn in der Höhle auf dem Acker Ephrons, des Hethiters, zu begraben, da schließen sich die müden Augen, da steht sein Herz still.

In kindlicher Liebe wirft sich Josef über ihn und weint und küßt die erkaltende Stirn. Wohl war Josef selbst ein Mann von fünfzig Jahren, aber seine Liebe zu seinem Vater war noch dieselbe wie damals, als er mit dem Vater zusammen im Zelt in Kanaan saß und den biblischen Geschichten des Vaters lauschte. Nie und nimmer hat er es dem Vater vergessen, daß er ihn früh gelehrt hatte, sein Vertrauen auf den lebendigen Gott zu setzen. Was wäre aus Josef geworden in den schweren Stürmen seines Lebens, wenn ihn nicht sein Vater früh dazu angeleitet hätte, sich von Herzen Gott, dem Herrn, anzuvertrauen? Daß er nicht gestrandet war an den Klippen und Riffen, daß er nicht elend Schiffbruch erlitten hatte, das dankte er seinem Vater.

Darum war sein Schmerz über den Tod des Vaters groß. Darum sorgte er dafür, daß der Wunsch des Vaters gewissenhaft erfüllt wurde. Er ließ alsbald den Leichnam des Vaters einbalsamieren, um ihn für die weite Reise in die Heimat zuzubereiten. Dann schickte er zum König und bat ihn um Urlaub, um seinen Vater in Kanaan begraben zu dürfen.

Der König gab nicht nur die Erlaubnis zu dieser Reise. Er tat mehr. Er gebot seinen Großen, an dem Leichenzug teilzunehmen und ihn bei der Bestattung Jakobs zu vertreten.

So bekam der alte Hirte ein fürstliches Leichengefolge. Viele hochgestellte Beamte vom Hof des Königs, viele Beamte aus allen Teilen des Landes, die Spitzen der Behörden in Stadt und Land machten sich auf, um dem alten Hirten das letzte Geleit zu geben.

Dazu kamen Jakobs Söhne mit ihrem Gesinde, ein ganzer Troß. Zur Bewachung unterwegs hatte Pharao Wagen und eine berittene Eskorte mitgegeben. So war es ein großes Heer, das sich langsam und feierlich in Bewegung setzte, um Josefs Vater zu Grabe zu geleiten.

Das hätte sich Jakob wohl nicht träumen lassen, als er auf freiem Feld übernachtete, einen Stein als Kopfkissen unter seinem Haupt, ein heimatloser Flüchtling, daß er einmal mit königlichen Ehren zu Grabe getragen würde!

So kam Jakob in die Heimat zurück, nach der er sich so gesehnt hatte. Nun war er daheim. Nun war er am Ziel.

Sieben Tage dauerten die Leichenfeierlichkeiten. Dann begrub man den alten Pilger in der Höhle, die Abraham einst zum Erbbegräbnis gekauft hatte, als seine treue Sarah gestorben war.

Dann kehrte der Zug nach Ägypten zurück.

Wie wunderbar mag es Josef zumute gewesen sein, als er nach so vielen Jahren den Boden der Heimat wieder betrat, als die blaue Linie des Libanon wieder am Horizont auftauchte. Was lag alles zwischen dem Damals und dem Heute!

Sein Vater Jakob war am Ziel. Wie lange würde es noch währen, dann war er selbst auch am Ziel. Wie der Weg gehen mag durchs Leben, ob über Höhen oder durch Tiefen, wenn es endlich nur heißen kann: am Ziel!

Und du, bist du auch auf dem Weg ans Ziel, an das rechte, gottgewollte, gottgeschenkte Ziel? Hältst du in allen Wechselfällen des Lebens den Blick aufs Ziel gerichtet, das endliche Daheimsein in dem Kanaan der Verheißung?

Laß dir durch nichts und durch niemand das Ziel verrücken!

Ob dann der Herr dich als einen betagten Pilger, alt und lebenssatt, abruft, oder ob er dich heimholt in der Blüte der Jahre und in der Fülle der Kraft, was tut es, wenn du nur ans Ziel kommst!

Unter Gott

Die Brüder aber Josefs fürchteten sich, da ihr Vater Jakob gestorben war, und sprachen: Josef möchte uns gram sein und vergelten alle Bosheit, die wir an ihm getan haben. Darum ließen sie ihm sagen: Dein Vater befahl vor seinem Tode und sprach: Also sollt ihr Josef sagen: Vergib doch deinen Brüdern die Missetat und ihre Sünde, daß sie so übel an dir getan haben. So vergib doch nun diese Missetat uns, den Dienern des Gottes deines Vaters. Aber Josef weinte, als sie solches mit ihm redeten. Und seine Brüder gingen hin und fielen vor ihm nieder und sprachen: Siehe, wir sind deine Knechte. Josef sprach zu ihnen: Fürchtet euch nicht, denn ich bin unter Gott. Ihr gedachtet es böse mit mir zu machen, aber Gott gedachte es gut zu machen, daß er täte, wie es jetzt am Tage ist, zu erhalten viel Volks. So fürchtet euch nun nicht; ich will euch versorgen und eure Kinder. Und er tröstete sie und redete freundlich mit ihnen. Also wohnte Josef in Ägypten mit seines Vaters Hause und lebte hundertundzehn Jahre und sah Ephraims Kinder bis ins dritte Glied. Auch wurden dem Machir, Manasses Sohn, Kinder geboren auf den Schoß Josephs (1. Mose 50, 15-23).

Bei dem Aufenthalt in Kanaan, wo sie den Leichnam Jakobs zur Ruhe bestatteten, waren in seinen Söhnen die alten Erinnerungen wieder wach geworden. Ihre Schuld ihrem Bruder Josef gegenüber stand wieder riesengroß vor ihrer Seele. Wie wird er sich nun gegen sie verhalten? Wird er sie jetzt nicht doch noch zur Verantwortung ziehen für all das Schwere, das er um ihretwillen gelitten hat? Vielleicht hat er sich bis dahin nur zurückgehalten aus Rücksicht auf den alten Vater. Aber nun, wo Jakob tot ist, hört diese Rücksicht auf. Wird nicht jetzt ein spätes Strafgericht über sie hereinbrechen?

Sie fürchteten sich. Und darum kamen sie auf den Gedanken, ihn im Namen Jakobs um Schonung und Vergebung zu bitten.

Sie ließen ihm sagen: »Dein Vater befahl vor seinem Tode und sprach: So sollt ihr zu Josef sagen: Vergib doch deinen Brüdern die Missetat und ihre Sünde, daß sie so übel an dir getan haben!«

Als Josef diese Botschaft bekam, da brach er in Tränen aus. Er merkte ja, daß diese angebliche Mitteilung Jakobs eine Lüge war. Wenn Jakob die Meinung gehabt hätte, Josef hätte seinen Brüdern noch nicht vergeben, dann hätte er ihm das ja selber sagen können. Dreimal war Josef am Krankenbett des Vaters gewesen. Aber Jakob dachte gar nicht daran. Er kannte seinen Josef. Er wußte, daß längst alles vergeben und vergessen war.

Warum weinte Josef? Über den Herzenszustand seiner Brüder, daß sie noch immer mit Lügen und Unehrlichkeiten umgingen. Über das Mißtrauen, mit dem sie ihm begegneten, daß sie es ihm immer noch nicht glaubten, daß er ihnen längst alles vergeben habe. Über das ganze traurige Leben der Brüder. Denn nun wurde es offenbar, daß sie die ganze lange Zeit niemals froh und glücklich gewesen waren, daß der Druck ihrer Schuld die langen Jahre und Jahrzehnte noch immer schwer auf ihrem Gewissen gelegen hatte.

Was für ein armes Leben! Arm durch ihre Schuld. Arm durch ihr Mißtrauen gegen ihren Bruder.

Und wenn das für Josef so ein Kummer war, daß seine Brüder nicht glaubten, daß er ihnen alles vergeben hatte – was ist das erst für ein Kummer für Jesus Christus, wenn man an seiner Liebe, an seiner Gnade zweifelt! Wie weh tut ihm das, wenn er die Menschen mit der Last ihrer Schuld sich abschleppen sieht, obwohl doch auf Golgatha eine ewige Erlösung vollbracht worden ist!

Josef ließ die Brüder vor sich kommen, um mit ihnen selbst zu reden. Sie fielen vor ihm nieder. Sie sprachen: »Siehe, wir sind deine Knechte!«

Da sprach Josef zu ihnen: »Fürchtet euch nicht! Stehe ich denn an Gottes Statt? Ihr gedachtet es böse mit mir zu machen, aber Gott gedachte es gut zu machen, um zu tun, was jetzt am Tage ist, nämlich am Leben zu erhalten ein großes Volk. So fürchtet euch nun nicht; ich will euch und eure Kinder versorgen.«

Welch ein Gegensatz: Josef und seine Brüder! Sie stehen unter dem Druck der Schuld, unter der Macht der Sünde – Josef steht unter Gott.

Unter der Sünde – das ist ein armseliges Leben. Unter Gott – das ist Ruhe und Seligkeit.

Unter der Sünde – das ist ein Leben der Furcht. Unter Gott – das ist Friede und Freude.

Unter der Sünde – da ist man ein Knecht, ein Sklave. Unter Gott – das ist herrliche Freiheit.

Wie steht es mit dir? Ist dein Leben wie das der Söhne Jakobs, unter der Macht der Sünde? Dann ist es arm und elend, trüb und traurig. Oder ist es ein Leben unter Gott? Ist er dein Herr, dein Gebieter? Das ist Leben und Seligkeit!

Mach es wie Josef! Stell dich unter Gott. Gib ihm die Herrschaft über dein Leben. Wie glücklich wird es dann werden! Nicht nur, daß er dir alle deine Sünden vergibt, er heilt auch alle deine Gebrechen. Nicht nur, daß er dein Leben vom Verderben erlöst, er krönt es auch mit Gnade und mit Barmherzigkeit.

Und wenn du auch schwere Wege geführt würdest, und wenn du auch von Menschen Unrecht zu leiden hättest – wer unter Gott steht, der nimmt alles aus Gottes Hand, der ist nicht rachsüchtig, der trägt nicht nach, sondern der liebt und der vergibt.

Weil Josef unter Gott war, darum hat er auch das Schwere, das seine Brüder ihm zufügten, vergeben und vergessen. Ja, er hat es aus Gottes Hand genommen. Er hat sagen gelernt: »Was Gott tut, das ist wohlgetan!« Hat doch die Sünde der Brüder dazu dienen müssen, Josef nach Ägypten zu bringen, wo Gott ihn brauchte »zu erhalten viel Volks«.

Wenn man unter Gott ist, dann murrt und hadert man nicht, wenn man schwere Wege geführt wird. Dann weiß man: alles kommt von Gott. Und es zeigt sich immer wieder, daß er alles herrlich hinausführt.

Unter Gott ist Josef. Darum sagt er zu seinen Brüdern: »So fürchtet euch nun nicht: ich will euch versorgen und eure Kinder.« Und er tröstete sie und redete freundlich mit ihnen.

Ja, das kann man, wenn man unter Gott ist. Man kann segnen, wenn man uns flucht. Man kann denen wohltun, die uns beleidigen und verfolgen. Das kann man unter Gott.

Jahre vergingen, sechzig Jahre. Wir hören nicht viel davon. Wir erfahren nur, daß Josef Enkel und Urenkel sah. Es war ein gesegnetes Leben. Er erfreute sich der Gunst seines Königs, der

Liebe seines Volkes, des Glücks seiner Familie. Denn er war unter Gott.

Darum laß dir sagen: Soll auch dein Leben ein gesegnetes Leben werden, gesegnet in guten und bösen Tagen, dann stelle dich unter Gott!

Gott hat es gesagt!

> *Und Josef sprach zu seinen Brüdern: Ich sterbe; aber Gott wird euch gnädig heimsuchen und aus diesem Lande führen in das Land, das er Abraham, Isaak und Jakob zu geben geschworen hat. Darum nahm er einen Eid von den Söhnen Israels und sprach: Wenn euch Gott heimsuchen wird, so nehmt meine Gebeine mit von hier. Und Josef starb, als er hundertundzehn Jahre alt war. Und sie salbten ihn und legten ihn in einen Sarg in Ägypten* (1. Mose 50, 24-26).

Sechzig Jahre waren nach dem Tod Jakobs vergangen, da fühlte auch Josef sein Ende herannahen. Die verantwortungsvolle Arbeit hatte seine Kraft früher verzehrt, als wenn er ein Hirte gewesen wäre wie seine Brüder. Immerhin war er hundertundzehn Jahre alt geworden. Achtzig Jahre lang hatte er die Verwaltung des Landes Ägypten geleitet. Auf eine lange und gesegnete Amtsführung konnte er zurückblicken. Und doch war er in der langen Zeit kein Ägypter geworden. Vielmehr wußte er, daß Kanaan seine Heimat war. Darum wollte er auch in der heimischen Erde ruhen wie seine Väter.

Als er merkte, daß es mit ihm zu Ende ging, da ließ er seine Brüder kommen, um ihnen seinen letzten Willen mitzuteilen. Er sagte ihnen: »Ich sterbe, und Gott wird euch heimsuchen und aus diesem Lande führen in das Land, das er Abraham, Isaak und Jakob geschworen hat.« Und er nahm einen Eid von ihnen und sprach: »Wenn euch Gott heimsuchen wird, so nehmt meine Gebeine mit von hier.«

Vom Auszug der Kinder Israel aus Ägypten redete Josef. Menschlich gesehen war es sehr wenig wahrscheinlich, daß Israel aus Ägypten ausziehen würde. Warum sollte es denn ausziehen? Goschen war der beste Teil des reichen, fruchtbaren Ägyptenlandes. Da hatten sie es doch wahrlich gut. In Goschen konnten sie in Frieden leben. Kanaan aber mußten sie erst mit Waffengewalt den Völkern wegnehmen, die das Land bewohnten. In Ägypten erfreute man sich einer hochentwickelten Kultur, in Kanaan dagegen war man noch weit zurück. So sah es sehr wenig danach aus, daß Israel einmal Ägypten verlassen würde.

Wie kam Josef denn dazu, vom Auszug aus Ägypten zu reden?

Gott hatte Abraham, Isaak und Jakob das Land Kanaan zugesagt. Er hatte diese Verheißung mit einem Eid bekräftigt. Einen andern Grund hatte Josef nicht als: Gott hat es gesagt. Aber das Wort Gottes war ihm Grund genug. Er wußte, das Wort Gottes ist ein Fels, der nicht wankt und nicht weicht. Er blickte nicht auf die äußeren Verhältnisse, er rechnete einzig und allein mit Gott und seinem Wort.

Und hat Josef sich verrechnet? Wer mit Gott rechnet, der verrechnet sich nicht. Gott wußte die Kinder Israel dahin zu bringen, daß sie sich sehr nach dem Auszug aus Ägypten sehnten. Als ein Herrschergeschlecht aufgekommen war, das nichts von Josef und seinen Verdiensten um die Errettung des Landes wußte, da fing für Israel eine traurige Zeit der Bedrückung an. Da wurde die Lage des Volkes so schwer, daß es anfing, sich nach Befreiung aus der Knechtschaft Pharaos zu sehnen.

Aber als Israel sich danach sehnte, Ägypten zu verlassen, da schien es wieder, als ob es nicht zu diesem ersehnten Auszug kommen würde. Pharao wollte keine Erlaubnis zum Auszug geben. Er wollte das Volk nicht ziehen lassen. Er hatte eingesehen, daß die Israeliten brauchbare und nützliche Leute seien. Darum widersetzte er sich ihrem Wunsch, das Land zu verlassen, auf das entschiedenste.

Aber »was Gott sich vorgenommen und was er haben will, das muß doch endlich kommen zu seinem Zweck und Ziel.«

Ob Israel ausziehen wollte oder nicht, ob Pharao das Volk ziehen lassen wollte oder nicht, Gott hatte Israel das Land Kanaan verheißen, und er setzte seinen göttlichen Willen durch. Ob es so unwahrscheinlich war wie nur möglich, daß Israel Ägypten verlassen würde, unwahrscheinlich ebensowohl in den Tagen Josefs wie in den Tagen Moses, Gott hatte es gesagt, das war für Josef genug.

Er fragte nicht danach, ob das wahrscheinlich oder unwahrscheinlich sei; er stützte sich einfach auf das Wort Gottes.

Ich wünschte, daß dieser feste und unerschütterliche Glaube

an das Wort bei allen Christen zu finden wäre! Aber wieviel Bibelkritik gibt es heutzutage auch bei Kindern Gottes! Wie leicht macht man Fragezeichen hinter die Verheißungen und Zusagen Gottes! Man sieht die Verhältnisse an, man blickt auf die Schwierigkeiten, und man urteilt: Es ist nicht wahrscheinlich, daß sich diese Verheißung erfüllen wird.

Darum wollen wir von dem sterbenden Josef etwas lernen: seinen unerschütterlichen Glauben an das Wort Gottes! Dann hätten wir viel gelernt, wenn wir gelernt hätten uns darauf zu stützen: Gott hat es gesagt!

So bestimmt rechnete Josef darauf, daß Israel ausziehen würde, daß er den Befehl gab, man solle seine Gebeine mitnehmen in das Land der Verheißung. Er rechnete nicht mit einem langen Aufenthalt in Ägypten, er rechnete mit dem Auszug. So gewiß war ihm das Wort Gottes. Darum gebot er nicht, daß sie seine Gebeine jetzt gleich nach Kanaan bringen sollten, sondern er gebot, sie sollten sie mitnehmen, wenn sie auszögen.

So wurde sein Leichnam einbalsamiert, wie das Sitte war in Ägypten, und in einen Mumien-Sarg gelegt.

Was für eine Predigt war auf diese Weise die Mumie Josefs für die Kinder Israel! Solange sie noch in Ägypten waren und es sich dort wohlgehen ließen, stand die Mumie Josefs und mahnte sie: Wir haben hier keine Heimat. Wir haben in Ägypten keine bleibende Stadt. Gott hat es gesagt!

Und als sie ausziehen wollten und nicht durften, da hielt ihnen die Mumie Josefs wieder eine Predigt: Wenn auch Pharao euch nicht ziehen lassen will, er wird euch ziehen lassen müssen, Gott hat es gesagt!

Und als sie dann aufgebrochen waren und durch die Wüste zogen, wie redete auch da der Leichnam Josefs zu seinem Volk! Als Israel erschrak bei der Kunde von den Riesen und den festen Städten im Lande, da predigte Josefs Mumie: Wir werden hineinkommen! Gott hat es gesagt!

Und als sie verurteilt waren, in der Wüste umherzuirren und ihr Grab in der Wüste zu finden, wie hat da die Mumie Josefs wieder zu ihnen geredet! Warum habt ihr denn Gott nicht geglaubt? Warum habt ihr denn die Hoffnung auf Kanaan verscherzt, so daß ihr nun euer Leben in der Wüste verbringen müßt? Gott hat es doch gesagt!

Was für eine gewaltige Predigt war dieser Leichnam Josefs, bis er endlich beigesetzt wurde in dem alten Erbbegräbnis zu Sichem, wo seine Väter ruhten. Wie predigte dieser Leichnam durch die Jahrhunderte hindurch dem Volk Israel, in guten Tagen und in schweren Zeiten: Gott hat es gesagt!

Wir müssen Abschied von Josef nehmen. So viel uns auch Josef durch die ganze Geschichte seines Lebens gepredigt hat, wir wollen nicht Abschied von ihm nehmen, ohne daß wir auch das noch von ihm gelernt haben: unerschütterlichen Glauben an das Wort Gottes. Wenn man in unseren Tagen das Wort Gottes antastet – bis in gläubige Kreise hinein –, dann wollen wir es um so fester halten und um so höher schätzen! Wir wollen uns von niemand und nichts davon abbringen lassen, uns darauf zu stützen und zu gründen als auf den Felsen der Ewigkeit! Es soll unsere Losung sein und bleiben allewege, wie es Josefs Losung war: Gott hat es gesagt!

Das gibt ein seliges Leben, und das gibt ein fröhliches Sterben, wenn man sich darauf stützt: Gott hat es gesagt!

Gerda Zottmaier (Hrsg.)
Im totalen Einsatz
Ernst Modersohns Wirken in Vergangenheit und Gegenwart
144 Seiten, Bestell-Nr. 70603

Allein der Autor Ernst Modersohn ist ein »Phänomen«; erschienen sind etwa 260 Bücher und Hefte in einer Gesamtauflage von bald vier Millionen. Obwohl vor über 40 Jahren verstorben, sind derzeit 20 Bücher von ihm lieferbar, die teilweise Jahr für Jahr überdurchschnittlich hohe Verkaufszahlen erreichen. Dieses Taschenbuch versucht, den Verkündiger, Seelsorger und Autor Ernst Modersohn in seinem Leben und Wirken nachzuzeichnen. Dies geschieht durch Neuherausgabe (stark überarbeitet) der Biographie von Alfred Modersohn, einem Text von Ernst Modersohn sowie durch die Herausgeberin, die Ernst Modersohn aus ihrer Sicht darstellt und anderen Zeugnissen über ihn.

Ernst Modersohn
Tägliche Stille
Andachten für jeden Tag
392 Seiten, Bestell-Nr. 72175

Wer jeden Tag des Jahres unter einem Bibelwort stille wird und dazu in bilderreicher und leicht verständlicher Sprache eine kurze Auslegung haben will, ist dankbar, daß das Andachtsbuch von dem erfahrenen Seelsorger Modersohn — neu ausgewählt aus zwei Büchern und bearbeitet — wieder zu haben ist. Selbstverständlich lenkt der Autor den Blick des Lesers — sei es mit alt- oder neutestamentlichem Wort oder spannend geschilderter biblischer Geschichte — zum Zentrum unseres Glaubens: Jesus Christus. Erstaunt ist man immer wieder, wie unverändert zeitgerecht und aktuell Modersohns Verkündigung bleibt.

Bitte fragen Sie in Ihrer Buchhandlung nach diesen Büchern!

Ernst Modersohn
Ausgerüstet mit Kraft
88 Seiten, Bestell-Nr. 56814

Wer die Ausführungen von Modersohn liest, erkennt sehr bald, wie einfach, verständlich, natürlich und biblisch die großen Wahrheiten der Schrift in einer Weise ausgelegt werden, die ins Schwarze treffen. Der Autor macht deutlich, daß wir als Christen im Kampf des Glaubens stehen. Wir können uns diesem Kampf stellen und gewinnen – vorausgesetzt, wir kennen die »geistliche Waffenrüstung«, die uns in unserem Glaubensleben zur Verfügung steht. Es kommt nur darauf an, wie wir sie nutzen und uns damit ein siegreiches Vorankommen ermöglicht wird.

Ernst Modersohn
Wie ich beten kann
Kraft, die in uns wirkt
192 Seiten, Bestell-Nr. 70559

In unserer Zeit mit ihrer Hektik und Unruhe wurde bei vielen das Gebet zurückgedrängt und nimmt oft nur noch eine Sonderstellung für den Notfall ein. Doch wer dieses unersetzliche Gebiet im Leben als Christ vergißt oder vernachlässigt, beraubt sich selbst seiner kostbarsten Energiequelle.
Mit diesem Buch stellt Ernst Modersohn deutlich und eindringlich vor Augen, was wir damit aufgegeben haben. Anhand des Vaterunsers Jesu und des »Vaterunsers« des Paulus (Eph. 3, 14–21) zeigt er neue Wege auf und gibt uns geistliche Impulse für unser persönliches Leben.

Bitte fragen Sie in Ihrer Buchhandlung nach diesen Büchern!